北方民族史译丛

蒙古西征研究

[俄] 皮库林等／著   陈弘法／译

内蒙古人民出版社

图书在版编目(CIP)数据

蒙古西征研究 /(俄罗斯)皮库林等著;陈弘法译.
—呼和浩特:内蒙古人民出版社,2014.9(2017.5 重印)
(北方民族史译丛)
ISBN 978—7—204—13068—9

Ⅰ.①蒙⋯　Ⅱ.①皮⋯　②陈⋯　Ⅲ.①中国历史—研究—蒙古时期　Ⅳ.①K247.07

中国版本图书馆 CIP 数据核字(2014)第 220241 号

蒙古西征研究

作　　者	〔俄〕皮库林等	
译　　者	陈弘法	
选题策划	樊志强	
责任编辑	樊志强　王　静	
封面设计	宋双成	
出版发行	内蒙古人民出版社	
地　　址	呼和浩特市新城区中山东路 8 号波士名人国际 B 座 5 楼	
网　　址	http://www.impph.com	
印　　刷	呼和浩特市达思特彩色印务有限公司	
开　　本	720mm×1000mm　1/16	
印　　张	13	
字　　数	160 千	
版　　次	2015 年 1 月第 1 版	
印　　次	2017 年 5 月第 3 次印刷	
印　　数	3001—5000 册	
书　　号	ISBN 978—7—204—13068—9	
定　　价	42.00 元	

图书营销部联系电话:(0471)3946299　3946300
如发现印装质量问题,请与我社联系。联系电话:(0471)3946120　3946173

前　　言

　　蒙古西征,是十三世纪发生在亚欧大陆上的一件惊天动地的大事。其范围之广、规模之大、影响之深,不但同时代人为之震撼且为之惊恐,而且历代各国史家围绕这件大事研究不止且争论不休——记述者有之,议论者有之,诬蔑者有之,赞美者有之。众口千词,不一而足。

　　重要的问题在于我国史学家的声音。我国史学家对此问题多有涉及,但是,资料表明,迄今为止,我国似乎还未有一部系统而详细论述蒙古西征的权威性史书问世。这说明,对蒙古西征史的研究在我国蒙古史学界还相对比较薄弱。

　　历史研究,史书编撰,基础在于史料搜集。本书名曰"蒙古西征研究",实际上是为我国能够尽早出版一部真正的"蒙古西征史"提供来自原苏联历史学家的记述和观点,而原苏联历史学家在记述过程中又引用了事件发生地国家大量原始史料以及当代历史学家的论述。因此,本书与其说是研究,莫如说是提供史料更为妥帖。

　　如果本书的出版能为我国蒙古西征史研究特别是西征史专著的早日问世提供某些史料,起到某种助推作用,那末出版目的就达到了。

目　录

一　成吉思汗征服东突厥斯坦(1218 年)

本文根据原苏联历史学家马·库特鲁科夫《蒙古人对东突厥斯坦的统治》(载论文集《鞑靼—蒙古人在亚洲和欧洲》,莫斯科,1977 年;下同)一文编译而成。

马·库特鲁科夫是原苏联乌兹别克加盟共和国科学院东方学研究所研究员,中亚和东突厥史专家,著有《清代中国与霍罕国之关系》、《1944 年至 1949 年新疆的民族解放运动》等。

本文引用的史籍除汉文史籍《元史》外,尚有波斯文史籍拉施特丁《史集》(十三世纪)、志费尼《世界征服者史》(十三世纪)等,阿拉伯文史籍捏萨维《算端扎阑丁传》(十三世纪)等,当代原苏联历史学家弗·弗·巴托尔德《成吉思汗入侵时期的突厥斯坦》、《七河地区史纲》、《成吉思汗王朝》和《突厥斯坦文化生活史》,德·伊·吉洪诺夫《十至十四世纪畏吾儿国的经济和社会制度》等。

众所周知,十三世纪头二十五年中,东突厥斯坦为成吉思汗所征服。由于这里的统治者没有对蒙古军队进行抵抗,因此该地没有遭到蒙古征服者在其他国家如中亚各国进行军事对抗时出现的那种劫掠和破坏情况。然而,即使如此,蒙古征服者此后在东突厥斯坦的统治也为该地带来了严重后果。

弗·弗·巴托尔德在谈到蒙古人征服中亚时指出:"我们知道,比如说,进行过顽强抵抗的城市……遭到的命运尤为悲惨,好似从地球上被抹掉一般,只有此后才得以重建,并继续存在几百年;而那些自愿向征服者投降的居民们,则可将其所在城市完整地保存下来,然而城市生活却也完全衰败下去。"①

　　七河流域和东突厥斯坦的情形恰恰如此。蒙古人在这一地方没有遭到抵抗,因此城市没有遭到破坏,但是在他们来到这里的三十年之后即十三世纪五十年代,若干城市消失,游牧民的牧场得以扩大。蒙古征服者的统治,给这里的经济文化带来了消极影响。

　　蒙古封建上层建立起残酷压迫的制度,劳动群众生活在极度贫困之中。

　　沉重的赋税压在农民和手工业者头上。整个地区和城市被奉送给蒙古诸汗和军事长官;蒙古诸汗和军事长官将农民和手工业者变成农奴,以供养他们自己。

　　十三世纪六十年代,蒙古开始的长期内讧之争也波及到畏吾儿地面和东突厥斯坦,并在这里的经济生活中反映出来。畏吾儿地面像别失八里、亦剌八里、阿力麻里、哈剌火州等城市,在成吉思汗继承人在位时开始衰败,到十四世纪被察合台王朝征服后变成废墟,城市生再活也无法恢复。

　　这种情景,我们在该地区南部可失哈耳地区也可看到。城市的荒废,在很大程度上与该地区经济的共同衰落以及该地区同邻近地区贸易关系停顿有关。

巴儿术、曲出律与成吉思汗之间的关系

　　长期以来,蒙古人的征服对中亚和中央亚各国历史发展的影响问题,在历史著作中未能得到正确阐释。以此为题目的论著中,弗·弗·巴托尔德的作品占有特殊的地位。他的著作尽管有很大影响,但是他对蒙古人的征服问题所作的总的评价,却不被苏联历

────────────

① 弗·弗·巴托尔德:《突厥斯坦文化生活史》,列宁格勒,1927 年,第 85 页。

史学界所接受。弗·弗·巴托尔德及其学生对于蒙古大军破坏中亚的程度以及该地区和其他地区各国此后在经济文化上出现的衰败事实,估计不足。历史事实只能使我们对蒙古人征服中亚和其他国家及其统治后果,作出否定的评价。

如蒙古时代诸编年史所载,成吉思汗领导的蒙古人于 1205年、1207 年和 1209 年三次对位于中国西北部的唐古特人国家西夏进行了劫掠性征讨。结果,唐古特国王龙—失都儿古附蒙,并将女儿献给成吉思汗为妻①。1207 年至 1208 年,成吉思汗征服色楞格河与叶尼塞河之间地域内的"森林百姓"。②

与此同时,吉利吉思人被征服。1208 年,成吉思汗在也儿的石河畔最终打垮乃蛮部和篾儿乞部。乃蛮汗屈出律投奔哈剌契丹。③

1209 年,畏吾儿地面统治者④巴而术亦都护起兵反对辖制他的哈剌契丹人,并且派出贴身使者向成吉思汗致函,与之结盟⑤。哈剌契丹设置于畏吾儿地面的地方官少监被起事者所杀⑥,这一事件成为东突厥斯坦穆斯林开始进行解放运动的信号。起事者们与乃蛮汗屈出律联合起来,终于在 1211 年推翻了哈剌契丹在东突厥斯坦的统治⑦。但是,等屈出律当政之后,却开始排挤东突厥斯坦

---

① 拉施特丁:《史集》,第 1 卷,第 1 册,莫斯科—列宁格勒,1952 年,第 143—144 页。

② 弗·弗·巴托尔德:《蒙古人入侵时代的突厥斯坦》,载《著作集》,第 1 卷,莫斯科,1953 年,第 459页。

③ 同上,第 426 页。

④ 在史著中,畏吾儿地面通常是指包括乌鲁木齐、吐鲁番、哈剌火州、哈密力(哈密)在内的东突厥斯坦的东北部与之毗邻的库尔扎[伊宁]东南部。

⑤ 亦都护写道:"大汗之高尚品德,仆已闻之。仆憎恨契丹人;愿归贵国之心久已有之,惜无机会,今时机来到,天使降临,仆极愿见到大汗全体臣民。"(康·多桑:《从成吉思汗至跛子帖木儿之蒙古史》,第 1 卷,尼·科兹明翻译并作前言,伊尔库茨克,1937 年,第 246 页,注释 5)。

⑥ 志费尼:《世界征服者史》,抄本,藏乌兹别克加盟共和国科学院东方学研究所,第 4567 号,第 24张。

⑦ 弗·弗·巴托尔德:《蒙古入侵时期的突厥斯坦》,第 427—431 页。

的穆斯林,结果又导致了一场反对屈出律的起义。①

成吉思汗得知哈剌火州和东突厥斯坦有关事件的消息之后,以十分友好的态度接见了亦都护派来的使者,并遣使传语:"令亦都护前来,我将赐以女,可为(吾)第五子"②。巴而术携金银、珍珠、丝绸来到蒙古,献给成吉思汗,以示归顺之意。成吉思汗优渥待之,还将阿勒屯别吉公主下嫁给他③。从此,畏吾儿地面继成吉思汗四子兀鲁思之后,成为第五个兀鲁思。亦都护本人也被当做第五个儿子④。据《史集》载,这一事件当发生在回历607年(公元1210~1211年)⑤,亦即成吉思汗伐金之战的前夕。这一年代可以看做是畏吾儿亦都护与成吉思汗结盟的起始年代。

同年,成吉思汗还接受了哈剌契丹古儿汗先前另外两个附国国王对他的朝觐。一个是哈剌鲁突厥人的首领阿尔思兰汗,另一个是阿力麻里的统治者布匝儿(斡匝儿)。这两个人彻底脱离哈剌契丹,向成吉思汗称臣。布匝儿还将自己家族的一名女郎献给成吉思汗为妻⑥。

一方面,成吉思汗远征西方开始之前,畏吾儿人、哈剌鲁人和其他民族的驻地在没有抵抗的情况下归附成吉思汗,乃是成吉思汗玩弄外交手段的成果;另一方面,这些民族的统治者自愿臣服于

---

① 弗·弗·巴托尔德:《论蒙古人到来之前突厥斯坦的基督教》,载《著作集》,第2卷,莫斯科,1964年,第207页。

② 谢·安·科津:《蒙古秘史》,第1卷,列宁格勒,1941年,第174页。

③ 志费尼:《世界征服者史》,第18张乙—19张甲;还可参阅拉施特丁:《史集》,第1卷,第1册,第148页。不过拉施特丁指出,与阿勒屯别吉成婚一事因成吉思汗去世而未能进行。亦都护即回到别失八里。窝阔台汗登基之后,完成父命,将阿勒屯别吉赐配亦都护。但是在亦都护未到蒙古之前,阿勒屯别吉死去。之后,窝阔台汗又将阿剌只吉许配亦都护。但是在她未到亦都护处,亦都护即已逝去。其子怯失迈因登基,娶了阿剌只吉为妻。参阅拉施特丁:《史集》,第1卷,第1册,第148页。

④ 《新元史》,第104卷;还可参阅康·多桑:《多桑蒙古史》,第82页。

⑤ 拉施特丁:《史集》,第1卷,第2册,第154页,191页。

⑥ 同上,第1卷,第1册,第151页。

蒙古人,也是当时中央亚形势导致的结果。

畏吾儿人和哈剌鲁人举事之日,正是哈剌契丹人在中亚的长期统治处于内部分崩离析之时,也是一个由七河流域到可失哈耳的新国家实际上正在出现之时。这个新国家的首领是乃蛮人的领袖屈出律汗。他利用中亚造成的有利政治形势(花剌子模沙摩诃末占领撒麻耳干和不花剌),登上哈剌契丹国的王位。屈出律企图征服先前脱离开哈剌契丹的全部领地,于是对这些地区发动了一场毁灭性的战争①。结果,畏吾儿人和哈剌鲁人决定归附强大的成吉思汗,以寻求庇护。

畏吾儿统治者依靠蒙古人的帮助,很快结束了自己依附哈剌契丹人的境况。与蒙古征服者结盟,还使封建主们借机掠夺其他被征服民族而大发其财。

但是,畏吾儿人承认归附地位,首先就意味着他们事实上也丧失了独立地位,意味着经济文化生活要受蒙古军事封建上层的统辖。而这种情况又会导致畏吾儿人的分裂和国内物力、人力资源的枯竭,结果就使国家政治、经济、文化诸方面出现衰败的局面。这样,在此后若干世纪中,畏吾儿地面一直未能摆脱停滞不前的状态。

东突厥斯坦的其他地区也像畏吾儿地面一样,只消蒙古军队一次进击,便毫不抵抗地归附了蒙古国。所以出现这种局面,在很大程度上是屈出律对穆斯林推行宗教压迫政策造成的结果。

据志费尼记载,屈出律和其他乃蛮人一样,原先信奉基督教;

---

① 屈出律的第一个牺牲品是布匝儿(斡匝儿)——阿力麻里汗。据志费尼说,屈出律的士兵在狩猎时偶然将他捕获,而后奉屈出律之命将他处死。阿力麻里也被围困并攻克。但是可失哈耳和和阗的居民却拒绝归顺屈出律。屈出律派往可失哈耳的地方官——原可失哈耳汗(阿儿思兰汗阿不勒·法塔赫·穆罕默德)之子还未进城,就被造反的异密们杀死。为了惩罚杀死地方官的可失哈耳人,征服该地区,屈出律派兵在收获季节进行劫掠。此后,他每过二三年即劫掠一次,结果可失哈耳人迫于饥荒而不得不归顺之。参阅志费尼:《世界征服者史》,第 33 张乙。

后来受妻子即古儿汗公主的影响,改信佛教。他用武力征服和阗和可失哈耳之后,决定强迫这些地方的居民放弃伊斯兰教信仰,或者改信他推荐的基督教,或者改信他推荐的佛教①。志费尼写道,他甚至强迫穆斯林穿契丹服装。穆斯林公开的祈祷活动被禁止,不服从者受到他派兵借宿这种方式的惩罚,也就是说,他让士兵住进穆斯林家里,指使士兵千方百计迫害他们②。因为反抗屈出律,和阗的伊袼木阿剌丁被钉死在他的寺院门上。③ 弗·弗·巴托尔德认为,屈出律仇视伊斯兰教的原因之一,是惧怕东突厥斯坦穆斯林在花剌子模沙摩诃末的支持下发动解放运动。

1218 年,成吉思汗派遣哲别那颜率 20000 大军征讨屈出律。哲别一到,便宣布说,每个人均可"保留原来的信仰,遵循祖辈的道路"。可失哈耳居民由是立即举事反抗屈出律,把屈出律安顿在他们家中的士兵通通杀死。屈出律本人逃到巴达哈伤,在那里的撒里桓被蒙古人捉住杀掉④。

拉施特丁证实说,蒙古人没有抢劫东突厥斯坦和平居民的财物。但是他们得到了许多掳获物,以致哲别得以向成吉思汗贡上 1000 匹白面马⑤。

蒙古汗与畏吾儿上层的关系

东突厥斯坦和七河流域被占领之后,便为在当时来说数量最为庞大且用攻城技术武装起来的成吉思汗大军进攻花剌子模沙国打通了道路。进攻花剌子模的借口是所谓讹答剌事件:成吉思汗

① 同上,第 34 张甲。
② 同上。
③ 同上。
④ 同上,第 34 张,第 35 张。
⑤ 拉施特丁:《史集》,第 1 卷,第 1 册,第 194 页。

从东突厥斯坦派遣出去的商队(450 人)全部遇难①。

根据成吉思汗的命令,包括畏吾儿人在内的所有被征服各族,均需为他们出征大军提供士兵。志费尼写道,在成吉思汗西征途中到达卡牙里时,带着队伍加入蒙古大军的除了当地哈剌鲁统治者阿儿思兰汗外,还有阿力麻里的孙子忽儿的斤和畏吾儿亦都护巴而术②。《元史·巴而术传》也谈到,他参加过对乃蛮人之战,杀了太阳汗的四个儿子,还亲自率万名畏吾儿大军征讨穆斯林国家,围攻讹答剌和你沙不儿,帮助成吉思汗摧毁唐古特人西夏国。巴而术死后,他的次子火秃儿的斤继承王位;火秃儿的斤死后,其子马木剌的斤继承王位。蒙哥汗在位期间,马木剌亦都护曾率万名大军参加过征讨中国南方的战斗③。

参加蒙古汗掠夺性远征的畏吾儿人不仅有亦都护的军队,还有一些畏吾儿封建主也带领手下军队加入蒙古军的行列。畏吾儿人昔班传载:"(其)父阙里别斡赤……闻太祖西征(应为北征——编译者),领兵来归。从征回回国"④。

拉施特丁证实,由畏吾儿人、哈剌鲁人、突厥蛮人、可失哈耳人和苦叉人组成的军队,在万户长灭里沙的统率下,在呼罗珊之战中站在成吉思汗一边⑤。另一个畏吾儿人阿里巴黑失也统率千名畏吾儿士兵参战⑥。

---

① 安—捏萨维:《希拉特·阿斯—算端·扎兰丁·曼库别尔提》(《算端扎兰丁传》),第 14 章,第 32页;译文见《吉尔吉斯族和吉尔吉斯历史资料》,第 1 辑,莫斯科,1971 年,第 91—92 页;还可参见弗·弗·巴托尔德:《蒙古入侵时期的突厥斯坦》,第 492 页。

② 志费尼:《世界征服者史》,第 49 张乙。

③ 《元史》,第 122 卷,第 2 叶背面。

④ 参见上书第 134 卷,第 4 叶正面;引文据阿·加·马里亚夫金:《十三世纪的吐鲁番畏吾儿国》,载《哈萨克加盟共和国科学院乔·瓦里哈诺夫历史考古民族研究所著作集》,第 15 卷,1962 年,第 62页。

⑤ 拉施特丁:《史集》,第 1 卷,第 1 册,第 100 页。

⑥ 同上。

畏吾儿军队参与成吉思汗的征讨战争,肯定要影响到东突厥斯坦的经济生活,参战的畏吾儿人常常不能生还,留驻征服地区的人还得担当驻防任务。

得利于蒙古汗征讨而发财致富的只是畏吾儿封建主。他们因劫掠和受赏而富裕起来。许多封建主当上了被征服地区城市中的蒙古地方官吏(达鲁花,或曰达鲁花赤)。比如,成吉思汗曾任命一个名叫哈剌亦哈赤的人的儿子为某城达鲁花,并发给他金符①。另一个名叫阙里别斡赤的畏吾儿人,因参加征讨扎阑丁而得到封地(200户),并被委任为坤间城的达鲁花。②在满洲地区打过仗的畏吾儿人撒吉思获达鲁花官衔,并因战功而得到千顷(合6144公顷)封地③。这类例子还有很多。

许多畏吾儿封建主凭借掠夺和剥削被奴役国家的居民而致富。比如,畏吾儿将领阿里海牙参加过征服中国南方的战争,在荆湖(湖北省)抓到3800户农民,将这些农户变成家奴④。

畏吾儿封建主甚得蒙古汗的信任。他们甚至担任国家的要职。志费尼和拉施特丁都提到过一些在成吉思汗及其继承人手下任过要职的畏吾儿官吏的名字。其中之一是塔塔统阿,他当过乃蛮汗的掌玺人,后来在成吉思汗宫中也担任同样的职务。此外,他还奉命教汗太子学习畏吾儿文。蒙古人沿用了畏吾儿人的文字⑤。

在蒙古汗宫中有许多畏吾儿高僧、语言学家、天文家和数学家,其中之一是畏吾儿人阿台萨理。他是中国元朝王宫中的著名佛教高僧,在向蒙古人传播佛教方面起过很大作用。其子孙也是佛教徒,都因传播佛教有功而得到蒙古汗的封号。还有一个畏吾

---

① 《元史》,第124卷,第4叶。
② 同上,第134卷,第4叶。
③ 同上。
④ 《中国史纲(从古代至鸦片战争)》,尚钺主编,莫斯科,1959年,第369页。
⑤ 志费尼:《世界征服者史,》,第13张乙。

儿人叫(叶)仙鼐,他任过西道都元帅①。另有一个畏吾儿人镇海,在窝阔台(1229～1241 年)和贵由(1246～1248 年)两位大汗执政时当过宰相②。此外,一些畏吾儿人受大汗委派,率使团出访过。比如,亦黑迷失作为汗的使臣访问过马八儿和海外其他国家③。

弗·弗·巴托尔德说过,畏吾儿人是蒙古人最初的老师,也是蒙古帝国的第一批官员④。畏吾儿人在管理被蒙古人征服国家方面,发挥过很大作用。比如,拉施特丁就证实过,蒙古人在阿姆河以南所占领地方,即呼罗珊和伊朗,授权畏吾儿人阔儿吉思进行管理。他使呼罗珊和祃拶答而走上正规⑤。拉施特丁还作过如下记载:中国北部交给撒希卜·马合木·牙老瓦赤进行管理。马合木·牙老瓦赤过去曾担任过成吉思汗在马维兰纳儿的地方长官。其子麻速忽伯管理过马维兰纳儿、东突厥斯坦和畏吾儿地面,直到去世(1289 年)为止⑥。

同时,蒙古统治者还将蒙古人和汉人派往中亚、东突厥斯坦,在这些地方的国家机构中服务⑦。

如此看来,主要用异族人参与对每个被征服国家的管理,乃是蒙古征服者的一种策略。蒙古人作为游牧民,文化水平低,缺乏管理被征服民族的经验,也是他们吸收穆斯林人为之效劳的一个原因。

在蒙古人将被征服地区的地方政权机构交给地方上层人物的同时,他们还派去蒙古官吏——达鲁花赤。弗·弗·巴托尔德认

---

① 《元史》,第 130 卷,133 卷。
② 拉施特丁:《史集》,第 2 卷,莫斯科—列宁格勒,1960 年,第 102 页,120 页。
③ 《元史》,第 131 卷。
④ 弗·弗·巴托尔德:《蒙古入侵时期的突厥斯坦》,第 1 卷,第 452 页,453 页。
⑤ 拉施特丁:《史集》,第 1 卷,第 1 册,第 142 页;第 2 卷,第 46 页。
⑥ 同上,第 64 页,120 页。
⑦ 弗·弗·巴托尔德:《蒙古入侵时期的突厥斯坦》,第 543 页。

为,达鲁花的主要职责是:(一)登记户籍;(二)从地方居民中征兵;(三)建立驿站;(四)征敛贡赋;(五)向汗宫进贡;(六)监督地方政权①。

在畏吾儿地面,国家首领名义上是当地世袭统治者——亦都护,亦都护领有地方官吏——都督、叶护、伯等。

然而,畏吾儿地面虽有第五兀鲁思之名,蒙古统治者对畏吾儿亦都护的态度却不是一贯不变的。初期,当成吉思汗要同东部的对手进行斗争时,他需要与西方国家包括畏吾儿亦都护在内保持密切关系,在这种情况下,畏吾儿人只要表示归顺,缴纳贡品,蒙古人就已满足,既没有委派达鲁花,也没有规定税赋标准②。但是一当蒙哥汗(1251~1259 年)执政之后,蒙古人对待附属国的态度就变了。其部分原因是由于蒙古人在中国和西方取得了军事胜利。现在他们在畏吾儿地面执行的政策与在其他被征服各国执行的政策并无二致③。除了地方官吏外,蒙古人还派来了达鲁花。达鲁花的主要任务是为蒙古汗搜刮民脂民膏。达鲁花一到,亦都护的权利,直到内部管理方面的权利,如征收赋税、监督徭役、考察吏行等,都受到了限制。

1251 年,西准噶尔和可失哈耳被拼入察合台兀鲁思,而畏吾儿地面仍作为蒙古汗的附属国保存下来。

亦都护虽如原先那样算做是最高统治者,然而真正的国家大权却完全落入蒙古官员手里。畏吾儿亦都护在各方面均须服从蒙古当局的意志,完成它的指令。只要稍有差错,或违背成吉思汗的扎撒,他们就会受到蒙古人的严厉惩罚。比如,在畏吾儿人上层人

---

① 同上,第 468 页。
② 德·伊·吉洪诺夫:《十至十四世纪回鹘王国的经济和社会制度》,莫斯科—列宁格勒,1966 年,第58 页。
③ 同上,第 50 页。

士中甚有影响的亦都护萨伦的斤,就根据蒙哥汗的命令被处死①。窝阔台汗执政末期,管理呼罗珊和伊朗的阔儿吉思,也遭到了同样的命运。拉施特丁说,他的罪名仅只由于说了对察合台妻不敬的话②。

《维吾尔族简史》一书中说:"蒙古人向高昌畏吾儿国(即高昌回纥)委派达鲁花赤,对畏吾儿国之政治、经济、军事进行监督。他们在畏吾儿都城大量驻军,设置征税官和必阇赤;一旦打仗即派畏吾儿军队远征;高昌畏吾儿王亦都护必须服从和遵守蒙古人的法律。比如,萨伦的斤的仆人谎报其主要杀死领地内的所有穆斯林,于是蒙古汗便将(萨伦的斤)召至哈剌和林,投入监牢,而后将他杀掉。蒙古人常将畏吾儿人中有影响的上层人士召到蒙古或中国,对他们施行经常性的监视"③。

蒙古人统治下东突厥斯坦百姓的生活状态

在被蒙古人征服的国家中,包括东突厥断坦在内,农民由于力不胜任的捐税徭役以及官员们的胡作非为而痛苦不堪。

不去出征的畏吾儿人主要从事农业生产,种植棉花,培育葡萄,繁殖牲畜。手工业和商业在经济中占有重要地位。封建关系在畏吾儿地面盛行,农民和手工业者必须定期向国家缴纳税金。蒙古人征服东突厥斯坦后,利用现成的封建封度为自己服务。在蒙古人的统治下,畏吾儿农民的农奴化程度更趋严重。蒙古统治者在将畏吾儿封建主委派为达鲁花赤的同时,还将农民与土地一起分配给他们。分配给封建主的附庸农民和土地,一般称为"因

---

① 志费尼:《世界征服者史》,第 24 张乙—25 张,第 27 张乙。
② 拉施特丁:《史集》,第 1 卷,第 1 册,第 143 页。
③ 《维吾尔族简史》,乌鲁木齐,1960 年,第 24 页(维吾尔文)。

主"。这种将农民和土地进行分配的"因主"制曾广为流行①。

根据成吉思汗的命令,被编入某个千户、百户和十户的人,不能离开原来的主人而投奔另一个主人。逃亡者要处以死刑,窝藏者也要受到惩治②。

实物地租依然是剥削农民的主要形式。同时,还存在着徭役地租。为国家服徭役这种形式十分盛行③。每个农民须用货币和实物缴纳赋税,此外还须出徭役。出徭役表现在农民去完成一定的劳动或向国家提供所需马匹等方面④。

中央政府和地方政府摊派的赋税,常常使农民走向破产的境地⑤。东突厥斯坦出土的一份文书有如下字句:"倘若每个男子缴纳双份赋税,今年我们必死无疑。只有汗的旨意才能免去我们的赋税"⑥。不顾耶律楚材的一再建议而推行穆斯林商人包办征税的做法,更加重了农民的赋税重负。这种情况在中国有,在中亚也有⑦。包办征税法为滥用职权大开了方便之门。

驿站差役是加在居民头上最为沉重的徭役。这种制度建立于1235年。每个农民均须轮流出差。驿站是为整个管理体系服务的,要运送大批使者、信使和官员,还要转送货物。

驿道主要通过畏吾儿地面,因此这里设立了大量的驿站。每个驿站驻有20名"兀剌臣"(驿卒),备有健壮的马匹,还养着供往来人员食用的羊群⑧。

---

① 德·伊·吉洪诺夫:《十至十四世纪回鹘王国的经济和社会制度》,第 128 页—135 页。

② 米尔洪德:《拉乌扎特·阿斯—萨法》(《净洁之园》),乌兹别克加盟共和国科学院东方学研究所藏,第 1813 号,第 5 册,第 287 页。

③ 德·伊·吉洪诺夫:《十至十四世纪回鹘王国的经济和社会制度》,第 97 页。

④ 参阅上书。

⑤ 参阅上书,第 99 页—110 页。

⑥ 参阅上书,第 103 页。

⑦ 尼·策·蒙库耶夫,《关于最初几位蒙古汗的汉文史料》,莫斯科,1965 年,第 58 页。

⑧ 《蒙古人民共和国通史》,第 2 版,莫斯科,1967 年,第 118 页。

普兰·迦尔宾证实说,蒙古帝国的贡民不仅须向往来人员提供车辆和食品,而且还须提供喂养马匹的人和供使者役使的人员①。

乘坐驿车往来于驿道上的贵族、官吏、使者、信使及其大批随行人员带着"牌子"——金牌、银牌、铜牌,除了有权索要交通工具,还有权要居民承担各种徭役。这使东突厥斯坦城乡居民大受其苦②。

蒙古当局的胡作非为甚至在蒙哥汗的诏令中也有所反映。比如,诏令中有这样的字句:"暴虐和重负无以复加,农户受害尤为严重。种种负担——过重的赋税和罕见的惩处,使农户所得之益不足其苦(徭役)之半"③。

蒙古封建主的土地和赋税政策,特别是地方政权的倒行逆施,使农民的处境急剧恶化——失去土地,讨吃觅食,饥荒不断。汉文史籍对此记载甚详。比如,《元史》中写道:"上以财畜赈济合木里(哈密)、哈剌火州之贫民"④。1289年条中记载哈密受灾民户之状时写道:"合木里(哈密)饥,(忽必烈)命甘肃省发米……赈之"⑤。1286年条中提到,忽必烈命"以籽种、牲畜赈济哈剌火州、哈密之饥民"⑥。

失去土地而生活无着的农民,大批大批离乡背井。无法逃离的农民,则成了蒙古封建主的农奴。鬻妻卖子为奴的现象常有发生。一份文书中提到,有一人曾卖子木八剌—阔赤为奴⑦;另一份

---

① 《普兰·迦尔宾与鲁不鲁克游记》,莫斯科,1957年,第46页。

② 《蒙古人民共和国通史》,第118页。

③ 拉施特丁:《史集》,第2卷,第141页。

④ 埃·布莱特施奈德:《中世纪东方著作中关于吉尔吉斯及其毗邻地区的历史、地形等资料(辑录)》,第118章,上海,1875年。

⑤ 见上书〔见《元史》卷十五《世祖纪》至元二十六年二月壬戌条〕。

⑥ 见上书。

⑦ 拉德洛夫第57号报告,转引自德·伊·吉洪诺夫:《十至十四世纪回鹘王国的经济和社会制度》,第179页。

文书中提到,有一兄曾卖弟三年为奴①。

宗教特别是佛教在蒙古人封建压迫制度中起到很大的作用。在绝大多数居民信奉佛教的畏吾儿地面,宗教享有种种特权。佛寺拥有大量的土地。僧人可以不纳税、不出徭役。农民为了逃避力不胜任的赋税,常常自愿将土地交给寺院,充当寺院的附庸民。

我们知道,蒙古统治人物对异教持宽容态度。但同时他们又要求异教徒必须严格遵守蒙古人的习俗传统。拉施特丁说过,在察合台和忽必烈当政时期,穆斯林只能偷偷地用流水洗礼,偷偷地按照伊斯兰教法典的规定宰羊②,因为这些习俗与蒙古人的习俗不合,谁按穆斯林的方式而不按蒙古人的方式宰杀牲畜,谁将被迫抹自己的脖子,其妻子房产将归告密者③。拉施特丁指出:"在这种借口下,许多人的财产被剥夺。蒙古人对穆斯林家奴说,谁能告发自己的主人,我们就解放谁;于是家奴们为了得到自身的解放,不惜谎报情况,诬陷主人犯罪。事情最终竟发展到如此地步:一连四年穆斯林不敢为自己的儿子举行割礼。莫剌纳·不儿罕丁·不花里在汗八里宣讲教义时,被人告发;他被发配到蛮子地方,老死在那里。结果,大多数穆斯林离开了中国地面"④。

蒙古人残酷的封建压迫,以及农业上遭到的破坏,也给手工业和商业带来了同样严重的恶劣后果。

东突厥斯坦有利的地理位置和连接中国与中亚并通过畏吾儿城市的商道,本当能促进畏吾儿地面商业的发展。但是,几乎连年发生的内讧之争,蒙古帝国许多独立兀鲁思出现事实上的衰败(畏吾儿地面最为严重),都影响了这里商业的发展。1260年之前,在

---

① 见上书。
② 拉施特丁:《史集》,第2卷,第49页,190页。
③ 见上书。
④ 见上书,第190页。

蒙古汗廷以及中国确曾驻过许多畏吾儿商人和穆斯林商人。但其中多数人在中国和蒙古是一些高利贷者。即使他们之中有人通过畏吾儿地面做一点小额贸易,对该地经济发展也无大作用。

以上就是畏吾儿地面的经济状况。极端贫困的人民群众不得不起来斗争。1238 年,不花剌城的农民和手工业者在马合木·塔剌必的领导下起义。畏吾儿地面也爆发了同样的起义,参加者还有亦都护的士兵。这两次起义都在蒙古封建主和当地封建主的联合镇压下失败。

蒙古统治者慑于起义的威力,且担心农民的贫困会导致国库收入的减少,故试图调整税赋制度。他们以人头税代替种种税赋。人头税以居民收入多寡为基础,收入不同者税金也不同。据拉施特丁记载,中国北部和马维兰纳儿的财主每年须缴 10 至 15 个第纳尔,穷人须缴 1 个第纳尔。呼罗珊的财主须缴 7 至 10 个第纳尔,穷人须缴 1 个第纳尔。至于畏吾儿地面的赋税情况,史籍中没有谈到;但是我们知道,牲畜税"科普楚"与其他地方是相同的,值百抽一,不满百者可不纳税[1]。

蒙哥汗曾发布诏令,对地方军政当局各行其是的做法加以限制。诏令说:"蒙哥汗下令收回宫廷官员和王公未加斟酌而滥发出去的所有印信和诏令,严禁诸王子不征求汗之地方官吏的意见而签发有关各省管理事务的任何命令"[2]。他还发布命令说,每个信使向驿站征用的马匹不得超过 14 匹,私人不得使用驿马,向居民摊派饲料和食品时不得超过他所规定的标准[3]。

然而事实上,在内讧的情况下,无论在马维兰纳儿,或者在东突厥斯坦,蒙哥汗的诏令都不可能到贯彻。

---

[1] 见上书,第 142 页。

[2] 见上书。

[3] 见上书,第 141 页。

蒙古封建主内讧对东突厥斯坦的影响

1259年,蒙哥汗死后,他的两个弟弟为争夺王位而在蒙古掀起了一场内讧之战。一个(阿里不哥)在蒙古称汗,另一个(忽必烈)在中国称汗。两个人都想让中亚和东突厥斯坦归顺自己,并向这里派来王子。内讧虽以忽必烈得胜而告结束,但是他最终也没有臣服中亚。一个反对忽必烈的新的蒙古王公联盟在这里组成。这个联盟的首领是窝阔台的孙子海都。他于1269年在中亚建立了一个独立的蒙古国[①]。

海都组织起一个相当强大而持久的反忽必烈联盟。这个联盟是由当年被蒙古汗打败的窝阔台和察合台后裔王公组成的。海都占领了叶密立河两岸的领地,并将自己的领有权扩展到东突厥斯坦。于是畏吾儿地面便成了海都和忽必烈不和的导火线。

海都与忽必烈之间的军事斗争一直持续到忽必烈去世(1294年)时为止。军事之争几乎波及东突厥斯坦和准噶尔全境。在一部中亚史籍中这样写道:"也先不花(笃哇汗之子,死于回历709年,即公元1309～1310年)登基之后,他独立执政凡三年。牙撒兀—斡黑兰(统治过呼罗珊的察合台系宗王——作者)极愿遵照(忽必烈)汗的旨意(占领)察合台封地,于是陈兵哈剌火州。也先不花和怯伯(笃哇汗之子,死于回历721年,即公元1324～1322年)率大军抵御。因许多士兵难于从一条道路通过,于是也先不花走途经可失哈耳之路,怯伯走途经阿力麻里之路。也先不花的军队一路开来,每见一处村庄,就彻底破坏之。他们认为,假如他们战胜敌人之后,那么将在凯旋之时重建(这些村庄);如果他们失

---

① 王树实〔译音〕主编出版的中国历史地图中,中亚被划入元帝国的版图,这与历史实际情况不符。

败,敌人也不会从村庄里得到什么有用的东西。怯伯则不然,军队所过之处,凡遇到的村庄,就进行修缮,且开垦土地。

"当也先不花与牙撒兀交战之时,正在军中的也先不花手下的大异密因哈扎克临阵脱逃,结果(他的)全军复灭。……也先不花的军队退却时,除去尽食后悔之果外,别无他获,以致不得不吃光马匹牲畜。怯伯军队后退时,则颇为幸运,食物充足,皆大欢喜"①。就这样,居住在天山南北两麓的畏吾儿居民,吃尽了蒙古封建主内乱之争的苦头。

用叙利亚文为景教长老马尔·牙巴拉合三世(1281~1316年)立传的一个畏吾儿人曾写道,僧人马尔·牙巴拉合和列班·扫马在从中国到伊朗(十三世纪七十年代)的路上,看到和阗和喀什一片荒凉,绝无人烟。他们从和阗到喀什本来只用一周的时间,实际上却走了六个月。到喀什一看,那里一片废墟。他们本人也几乎遭抢劫,被俘虏②。

畏吾儿地面的北部也是同样一片景像。一部史籍曾指出:"阿里不哥的军队欺压群众达到如此程度,以致伊犁河谷发生饥荒,饿死许多人"③。

1253年,鲁不鲁克途经七河流域。他在游记中写道,伊犁河以北的七河地区之一部,虽未遭兵燹之乱,但当时也有不少城市荒废,变成牧场④。中国旅行家张德辉,也于1259年在楚河河谷中看到大量废墟遗址⑤。

---

① 《伊散达儿佚名作者之书》,穆因纳丁·纳坦吉编著,抄本藏苏联科学院东方学研究所列宁格勒分所,C381号,第242张乙;译文可参阅《吉尔吉斯族和吉尔吉斯历史资料》,第1辑,1958年,第116页。

② 《马尔·牙巴拉合三世和拉班·扫马史》,尼·维·皮库列夫斯基研究并翻译,莫斯科,1958年,第67页。

③ 拉施特丁:《史集》,第2卷,第164页。

④ 弗·弗·巴托尔德:《塔吉克斯坦通史》,塔什干,1922年,第37页。

⑤ 同上。

东突厥斯坦被蒙古封建主占去的所有无主土地,也出现了这种景象。游牧贵族为了自身利益的需要,而将原先的耕地、菜园、果园等耕作地区辟为牧场,这些事屡见不鲜①。结果,东突厥斯坦的一些地方(如罗布泊和哈拉沙耳),以及伊犁河谷,农耕文化竟至完全消失。

1269 年,在塔剌思河召开"忽里勒台",决定诸王要住在山里或草原上,不得靠近农耕地区。但是时值内讧,这一决议不过是一纸空文。

站在忽必烈一边的畏吾儿人由于参加成吉思汗及其后裔的征讨战争而力量被削弱,从而不能对海都联盟进行有效抵抗。海都的有力进攻迫使畏吾儿人放弃别失八里。

对此,《元史》写道:"海都……之乱,畏吾儿之民遭乱解散,于是有旨命亦都护收而抚之,其民人在宗王近戚之境者,悉遣还其部。"②

这一时期成书的一部汉文著作中说:"畏吾儿亦都护属意商队贸易,竭力压平内讧。然笃哇、卜思巴一系宗王不肯听命于火赤哈儿。故此北庭灾祸不断,百姓不得安宁。(阿台不合)迁国火州,筑墙挖濠,一意坚守"③。

自亦都护迁都哈剌火州之后,所有畏吾儿居民也纷纷南迁到吐鲁番绿洲,有一部分居民还迁往甘肃和中国其他地区④。

即使退出别失八里,海都及其联盟仍继续侵袭畏吾儿城市,比如,至元 12 年(1275 年)都哇和卜思巴带兵十二万围攻哈剌火州。

① 弗·弗·巴托尔德:《蒙古入侵时期的突厥斯坦》,第 538 页。
②《元史》,第 122 卷,第 3 叶正面。
③ 危素:《忻都公神道碑》,引文转引自阿·加·马里亚夫金:《十三世纪的吐鲁番畏吾儿国》,第 64
页。译文试与柯立甫《1362 年汉蒙铭文》(英文,载《哈佛亚洲研究杂志》,第 12 卷,1949 年,第 32
页)比较。
④ 同上。

围城兵士向亦都护喊道:"三十万之众犹不能抗我……,尔敢以孤战挡吾锋乎?"亦都护答道:"吾闻忠臣不事二主。吾生以此城为家,死以此城为墓。"①哈剌火州被困达六个月之久,直到吃尽饥饿之苦的居民献出亦都护之女,始方解围②。这件事过后不久,亦都护火赤哈儿在中国边境地带与北部联盟的军队窄路相逢,不幸战死③。

忙于在中国南方进行征战的忽必烈未能给自己的附庸以任何援助。上述事件发生之后,赤都护宫廷彻底撤离哈剌火州,迁至甘肃地区,置身于元帝国的保护之下④。

关于畏吾儿亦都护王朝此后的命运,我们在日本学者安部健夫的一部著作中可读到如下记载:"高昌作为亦都护宫廷所在地约有十年之久。

"最后,由于未能挡住海都的进攻,亦都护先迁都哈密力(哈密),后约在 1283～1284 年间,离开他们生活了 400 余年的故地而投奔甘肃地区。幸赖元朝态度友善,他们得以在永昌结束艰辛的流亡生活,并在这座哲别建立起来的旧城中安顿下来"⑤。

自到甘肃后,亦都护连独立的影子也丢得一干二净,变成了蒙古汗廷任命的管理元朝边境地区的一个地方官了。正如《维吾尔族简史》一书中所说:"这时,蒙古人更加紧了对高昌畏吾儿人的直接统治。亦都护政权管辖不到哈剌火州。亦都护此时的所辖之地正是元廷直接控制之地。蒙古人建起了从太平岭(陕西北部)到别失八里的驿站"。书中还说,在亦都护控制区,蒙古人也建立了当

---

① 《元史》,第 122 卷;还可参阅《维吾尔族简史》,第 24 页。
② 同上。
③ 同上。
④ 《元史》,第 122 卷,第 4 叶背面。
⑤ 安部健夫:《西部回纥的都城在哪里?》,东京,1954 年,第 438 页。

时遍及中国的那套行政和监督机构。① 向高昌畏吾儿人征收赋税和关卡税的不再是亦都护,而是中央政权的代表。而且,关卡税是以中国州市为单位设卡征收的。此外,这里还设立了银行,发行了蒙古汗廷在中国发行的宝钞。

畏吾儿别吉仅只有权受理涉及畏吾儿人的诉讼案件。即使如此,元朝代表也常常插手干预,比如当畏吾儿人与其他民族代表人物发生争执时②。

从上面引述的汉文史籍材料看来,当初自愿臣服于成吉思汗并获得第五兀鲁思地位的畏吾儿亦都护,已逐渐变为蒙古汗的驯服工具,失却了最后一点点独立权。在忽必烈执政年代(1260~1294年),由于忽必烈与海都之间的内讧,畏吾儿地面受尽了察合台诸王子战争侵扰之苦,实际上已不复存在于世了。一部分畏吾儿人随同亦都护迁往甘肃和中国其他地区。留在吐鲁番和哈密两大绿洲的畏吾儿人在一段时间内保留了一定的独立性,周旋于元帝国和察合台国之间。到1369年,他们被察合台汗国哈只儿火者征服。后者用武力在畏吾儿人中推行伊斯兰教③。

自愿承认蒙古政权的是畏吾儿亦都护,为此付出代价的却是畏吾儿人民。蒙古暴君们在近一个半世纪的统治中给东突厥斯坦人民带来了无法消除的恶果。蒙古统治者的劫掠性政策和双重封建剥削,严重破坏了该地区的生产力,使东突厥斯坦和准噶尔当初富饶且比较发达的地区一蹶不振。

看来,《拉施德史》中提到的一些废墟当属这一时期。《拉施德

---

① 德·伊·吉洪诺夫:《十至十四世纪回鹘王国的经济和社会制度》,第60页。

②《维吾尔族简史》,第25页。

③ 哈只儿火者的儿子兼继承人穆罕默德汗(1408—1416)对伊斯兰教在自己封地内的传播一事甚为关心。据穆罕默德·海达尔讲,所有莫豁勒人均需缠头巾,违者以铁钉穿脑。人们认为,恰提尔库尔湖北岸著名的塔什拉巴特宫就是他建造的。参阅《拉施德史》、《米尔咱·海达尔著作集》(藏乌兹别克加盟共和国科学院东方学研究所,第1430号,第38张乙—39张甲)。

史》说:"在莫豁勒斯坦境内有许多欣欣向荣的地区和城市……,其中包括(突厥)汗阿甫剌西牙卜建立的八剌撒浑城。哈剌契丹人来到该地之前,八剌撒浑归阿甫剌西牙卜后代统治。古儿汗从伊利克汗手中夺过八剌撒浑,在此地建都。哈剌契丹人在此建都几达95年之久……莫豁勒人将八剌撒浑称做'哈剌里克'。《穆尔哈卡特·索拉赫》词典的作者写道,其父曾是八剌撒浑城的学者之一……但现在这座城市连一点影子也没有了"①。《拉施德史》作者接着写道:"《马吉穆阿尔·因萨夫史》中说:'莫豁勒人将巴剌撒浑称为"阿力麻里",现在卡尔梅克人又称之为"哈尔里克"',但是哪儿也没有一个名叫'哈尔里克'的地方。还有一座为史籍所描述过的城市,叫做答剌速,(这些史籍)说,莫豁勒人把答剌速叫做'养吉'。养吉是莫豁勒斯坦的一处名胜所在,在马维阑纳儿就可遇到许多来自养吉的人。在养吉城所在的草原上,有许多城市遗址,遗址中可以看到圆屋顶、高塔、寺院、宗教学校的残断;但到底哪处遗址是养吉城,却难以断定。许多城市已忘乎其名。(莫豁勒斯坦)还有一座名城叫阿力麻里,其遗址一直保存至今。那里有脱黑鲁帖木儿的陵寝。那儿还有一座大城市的遗址……在楚河地区有一处大城市遗址,残剩着高塔、圆屋顶和宗教学校。由于谁也不知这座城市的名称,故莫豁勒人称之为'米纳莱特'(高塔)。此外,那里还有一座圆屋顶和一方石稗。石牌上有纳思黑字铭文:'此处为大名鼎鼎的伊祸木……八剌撒浑之穆罕默德·法吉赫之墓。他逝于回历711年(公元1311～1312年)。铁匠乌马儿火者书写。'楚河地区是莫豁勒斯坦的名胜地之一,其地之阔约有一月之程。这类城市,那里还有很多"。②

据《赫弗提·伊克里木》一书的作者证实:"和阗当初是一处尽

---

① 《拉施德史》,第235张乙。
② 同上,第236张甲。

人皆知的城市,现在只有一小块地方还保持着原有的光辉"①。另一位阿拉伯作者,生活在十三世纪末至十四世纪初的阿不勒—菲达,关于和阗的情形写过如下的话:"这是一座最有名气的城市,现在却仅以一片废墟而为人所知"②。

东突厥斯坦其他城市的命运也是如此。"长期以来叶尔羌是一座富饶的大城,但是后来逐渐衰落,最后几近野兽出没之地"③。大片大片地区如罗布泊也荒无人烟,变作一片废墟④。

该地北部一带也是这样。大城市如别失八里、雅尔、北庭等等,过去都曾是畏吾儿地面的文化贸易中心,现在都一蹶不振⑤。

哈剌火州城自从亦都护撤出后,失去了作为政治、经济、文化中心应有的作用,而只剩下废墟一堆(亦都护王宫),以此证明昔日有过繁华的城市景象⑥。

察合台汗国对东突厥斯坦的统治

察合台王朝征服畏吾儿地面之后,畏吾儿城市的衰败更为明显。作为文化中心的佛寺冷落了。用旧畏吾儿文写成的无数佛教文学作品、绘画、雕塑荡然无存了⑦。

---

① 《赫弗提·伊克里木》,阿明·阿合木·剌兹著,抄本藏乌兹别克加盟共和国科学院东方学研究所,第 7533 号,第 490 张乙。
② 瓦·瓦·格里哥里耶夫:《卡·里特之亚洲农耕业与俄国接壤的亚洲国家之地理——东突厥斯坦或曰中国突厥斯坦》,瓦·瓦·格里哥里耶夫翻译、注释、增订,第 1 辑,圣彼得堡,1869 年,第 42 页;第 2 辑,1873 年。
③ 同上,第 110 页;还可参阅:《赫弗提·伊克里木》,第 490 张乙。
④ 瓦·瓦·格里哥里耶夫:《卡·里特之亚洲农耕业与俄国接壤的亚洲国家之地理——东突厥斯坦或曰中国突厥斯坦》,第 2 辑,第 325 页。
⑤ 鲍·瓦·多尔别哲夫:《寻找别失八里旧址》,载《俄国考古学会东部分会杂志》,第 23 卷,圣彼得堡,1915 年,第 77—122 页。
⑥ 格·叶·格鲁姆—格尔日麦洛:《西部中国旅行记》,莫斯科,1948 年,第 210—255 页;还可参阅德·伊·吉洪诺夫:《十至十四世纪回鹘王国的经济与社会制度》,第 85 页,239 页。
⑦ 同上。

察合台王朝统治时代畏吾儿城市文化和经济生活迅速败落的原因,在于该地政治形势不稳,缺乏强有力的汗权统治。从海都之乱起长达四十年余年中,察合台诸兀鲁思不能统一起来,无法建立一个统一的中心。这正如一部史籍中所说的那样:"当时,长期曾在一张桌子旁共吃一锅饭的察合台诸王子一旦分手,竟至互相不通音问,不相致意。有的向中国朝廷寻求庇护,有的躲到月即别兀鲁思,还有的加入拖雷后裔封地"①。

遭受内讧之苦最深的是中亚的察合台兀鲁思和畏吾儿地面。这两个地方的经济状况取决于商队贸易情况的好坏。1304年海都死后不久,曾出现过一种呼声,建议这里的蒙古统治者和中亚商界人士以中国境内的蒙古皇帝为名义上的领袖,建立联邦式的国家,以恢复国家的统一,并在联邦国家间实行自由贸易。条约已经签定,但是由于1305年中亚蒙古人之中又一次发生内乱而不能付诸实现。当时,这里的最高政权由窝阔台后裔手中转到察合台后裔手中②。对此,弗·弗·巴托尔德这样写道:"从此出现了一种说法,叫做'察合台国'。那些掌握国家军事力量的游牧民也自称'察合台人'。直到察合台后裔不再担任汗的职务之后,这一名称依然沿用下去。甚至形成于这一时期的中亚文学语言也被称做'察合台语'"③。

蒙古人的统治给畏吾儿人带来了灾难性的后果,以致畏吾儿人失掉了自己原有的族称,像蒙古游牧民那样改称为莫豁勒人;他们的国家也改称为莫豁勒斯坦。

大约在这一时期,蒙古人受到当地穆斯林文化的影响。在察合台诸王中,兀鲁忽乃可敦之子木八剌沙首先信奉伊斯兰教。紧

---

① 《伊散达儿佚名作者之书》,载《吉尔吉斯族和吉尔吉斯历史资料》,第114页。
② 弗·弗·巴托尔德:《成吉思汗王朝》,载《著作集》,第2卷,第1册,莫斯科,1963年,第152页。
③ 同上。

跟着下一个汗——八剌(卒于 1271 年)也成了穆斯林。莫豁勒斯坦也出现了同样的过程。莫豁勒斯坦的游牧民虽然名义上自称为蒙古人,但实际上与真正的蒙古人区别甚大。他们之中的大部分人早已与当地畏吾儿居民通婚,讲畏吾儿语,着畏吾儿服,从十四世纪起即已信奉伊斯兰教。在莫豁勒斯坦诸汗中,脱黑鲁—帖木儿汗(1348~1363 年)最先信仰伊斯兰教。信奉伊斯兰教的诸汗放弃游牧生活方式,开始定居于城市。脱黑鲁—帖木儿汗将自己的牙帐从伊犁迁至阿克苏。起而效尤的还有住在那黑沙不的怯伯(1318~1326 年)及其弟答儿麻失里(1326~1334 年)。诸汗迁居城市,放弃游牧传统,对国家的统一产生了不利的影响:导致双重政权的出现,引起了长达数十年的内讧,并最终给七河流域和伊犁边区的城市生活以沉重打击。

1340 年在合赞汗执政时期,穆斯林派在马维阑纳儿城中举行起义,推翻了合赞汗的统治,使政权转到突厥异密手中。突厥异密的得胜,促使该国东部地区的莫豁勒异密将自己的汗推上汗位。1348 年,年仅十八岁的脱黑鲁(笃哇汗之孙)称汗,从此,他的管辖区被称为"忙来·苏拜"(前翼),由原可失合耳到库车的东突厥斯坦的一部和伊塞克湖以南的七河流域的一部所组成①。

关于察合台兀鲁思被分成两部分的原因,各种史籍说法不一。一些史籍记载说,这是由于察合台诸王的内讧引起的。另一些史籍则记载说,是由于杜格拉特异密登上汗位的缘故。弗·弗·巴托尔德认为,察合台兀鲁思两部分文化方面的差异乃是导致它分成两部分的主要原因②。

弗·弗·巴托尔德说,蒙古征服者到来之前,察合台兀鲁思的西半部分(马维兰纳儿)和可失哈耳是波斯—穆斯林文化占统治地

---

① 弗·弗·巴托尔德:《七河地区史纲》,伏龙芝,1943 年,第 65 页。
② 弗·弗·巴托尔德:《文章与书介》,载《著作集》,第 8 卷,莫斯科,1973 年,第 66 页。

位,东半部分则是主要受中国文明影响而形成的畏吾儿文化占统治地位。畏吾儿人信仰佛教或景教,自认为是伊斯兰教的不可调和的敌人。畏吾儿人与波斯和中亚的穆斯林人势均力敌,他们的角逐最终不可避免地导致国家于十四世纪中期的衰亡[①]。

察合台汗国东半部分的汗自脱黑鲁—帖木儿汗起信仰伊斯兰教,伊斯兰教在居民中逐渐传播开来。到 1390 年,脱黑鲁—帖木儿汗最终征服了突厥异密。但他死后(1370 年)不久,马维兰纳儿就脱离了东半部分。结果,那里出现了帖木儿汗国,其都城为撒麻耳干。察合台汗国的东半部分则成为一个完全独立的莫豁勒斯坦国,其都城是吐鲁番和阿克苏。

莫豁勒斯坦国的组成部分除了东突厥斯坦外,尚有准噶尔、现今的吉尔吉斯和七河地区。这些地区地域辽阔,居住着游牧民族。据《拉施德史》记载,莫豁勒斯坦从北到南,从东到西,其地域约有七八个月之程[②]。

弗·弗·巴托尔德院士写道:"在民族学方面,这个国家与原察合台封地的西半部分区别有多大,还很难说。但在习俗和文化方面的区别却是如此之大,以致帖木儿能将波斯拼入自己的封地,却无法恢复察合台汗国的统一,也无法在东突厥斯坦牢固地确立其政权[③]。不久之后,这两个国家便大动干戈,直到帖木儿王朝的最后一名代表人物在位时仍然互有胜负。其结果是畏吾儿人不得安宁,并完全破产。帖木儿数次征讨莫豁勒斯坦(1370～1371 年,1375 年,1376 年,1377 年,1383 年,1389 年,1390 年),给这个地区的人民带来无穷的灾难。整个城市和整个地区被劫掠一空,一片

[①] 弗·弗·巴托尔德:《文章与书介》。
[②]《拉施德史》,第 235 张甲;还可参阅弗·弗·巴托尔德:《七河地区史纲》,第 66 页。
[③] 同上。

凋蔽景象"①。

尚未从灾害和破坏中挣脱出来,该地区从歪思汗执政时期(1418～1429年)起,又遭到了外来的侵略,起初是卡尔梅克人,而后是东方的中国人。

综上所述,有必要再一次强调指出,蒙古征服者和察合台诸王在东突厥斯坦的长期统治,使畏吾儿人付出了沉重代价。海都之乱风风雨雨四十年,彻底破坏了这里的生产力。畏吾儿城市的经济崩溃和文化毁灭达到了极大程度。灌溉渠道毁坏,正常贸易交往中断,手工业生产衰落。与蒙古征服者到来之前时期相比,察合台汗国西部地区的经济状状更为糟糕。如弗·弗·巴托尔德所说,这一时期的史籍中从未提到冶炼业情况,也未提到采煤业情况②。

东突厥斯坦各族文化也急剧衰落。《拉施德史》作者说:"当莫豁勒斯坦处于繁荣时代,那里出了许多学者和饱学之士,也出现了不少历史作品。现在一百年已经过去了。那些人却未遗下一点踪迹,那些作品也未留下一丝影子,所有这一切都随同繁华城市一起毁灭了,留下的只是处处废墟"③。

事实也是如此。除了那黑沙不之扎马剌的一部半传说式的著作外,我们概未见到任何一部写于蒙古征服者统治东突厥斯坦时代的著作。如下情况诚然也就不是偶然的了:当担任算端赛义德汗国宰相的米儿咱·海达儿要学者们撰写莫豁勒斯坦史时,没有一个人可以担当的了这项工作,结果米儿咱·海达儿只好自己坐下来,根据莫豁勒人流传的故事,来撰写自己祖国的历史了。

---

① 《扎法尔·纳美》〔《武功记》〕,沙拉法丁·阿里·耶兹迪著,见《吉尔吉斯族和吉尔吉斯历史资料》,第1辑,辑录,第129页—148页。

② 弗·弗·巴托尔德:《突厥斯坦文化生活史》,载《著作集》,第2卷,第1册,莫斯科,1963年,第264页。

③ 《拉施德史》,第86张甲—86张乙。

　　伊斯兰教在莫豁勒斯坦的传播,无情地消灭了该地区佛教文化的遗迹。不过,伊斯兰教在统治阶级中间流传对发展穆斯林文化起到了作用。东突厥斯坦和中亚各民族思想文化共同性加强了。但是,中亚东西两部分的迥然不同之点却成了察合台兀鲁思分裂为两个完全独立、互相仇视的国家的根源。此后,这两部分之间爆发的战争将莫豁勒斯坦的强盛之势一扫而光,使之在后来无法与入侵的游牧民族相抗衡,最终被入侵者所消灭。

二 成吉思汗征服花剌子模(1219～1220 年)

本文根据原苏联历史学家伊·帕·彼特鲁舍夫斯基《1219 年至 1224 年蒙古大军对中亚的征服及其后果》(载论文集《鞑靼——蒙古人在亚洲和欧洲》)一文编译而成。

伊·帕·彼特鲁舍夫斯基(1898～1977 年)毕业于哈尔科夫大学和巴库大学,原苏联科学院东方学研究所列宁格勒分所研究员,历史学博士,教授,近东和中东史专家。他的著作有《伊朗史》、《十二世纪至十五世纪伊朗的穆斯林》、《十三世纪至十六世纪伊朗的农业和土地关系》等。

本文引用的史籍有伊本·阿昔尔《编年史全集》(十三世纪)、捏萨维《算端扎阑丁传》(十三世纪)等阿拉伯文著作,志费尼《世界征服者史》(十三世纪)、拉施特丁《史集》(十三世纪)、朱思扎尼《塔巴哈特—伊·纳昔里》(《纳昔里史记》,十三世纪)、《瓦萨夫史》(十三世纪)等波斯文著作,当代原苏联历史学家弗·弗·巴托尔德院士《蒙古入侵时期的突厥斯坦》等。

与本文有关的史料和著作

研究成吉思汗大军征服中亚的基本史料,首先当数同时代人写成的历史著作:伊本·阿昔尔(1160～1234 年)[①]和穆罕默德·

[①] 伊本·阿昔尔:《编年史全集》,卡·约·托恩伯格编,第 1—12 卷,莱顿,1851 年—1876 年(阿拉伯文本)。

捏萨维(捏谢维)(生卒年代不详)①用阿拉伯文写成的历史著作,明
哈扎丁·朱思扎尼(约1193～1260年之后)②用波斯文写成的历史
著作。后两位作者是事件的目击者和参加者;捏萨维是最后一个
花剌子模沙扎阑丁的秘书,扎阑丁传的作者,同蒙古人打过仗③;伊
本·阿昔尔是十一世纪至十三世纪初近东各国政治史最重要的史
料——宏大的十二卷全史的作者,他有关蒙古人入侵的记载是据
目击者和逃难者的叙述写成的④。以上三位作者对"异教徒"蒙古
征服者持敌对态度。

　　遵照成吉思汗王朝蒙古诸汗的命令写成或经他们赞同的史籍
中,与本文关系最大的是阿老丁·阿塔·篾力克·志费尼(1226～
1283年)的《塔里黑—伊·扎罕古沙》(《世界征服者史》)⑤和拉施特
丁·法兹拉拉哈·哈马丹(约1247～1318年)的巨型通史汇编《扎
米阿特—塔瓦里黑》(《史集》)。后一部史籍的第一部分有三卷记
载了蒙古人的历史(第一卷,第一部分:《成吉思汗之前的蒙古人的
历史》;第一卷,第二部分:《成吉思汗的历史》;第二卷:《成吉思汗
继承人的历史》;第三卷:《合赞汗在世时伊朗旭烈兀王朝蒙古伊利
汗的历史》[这一卷还有一个专门的标题:《塔里黑·合赞》(《合赞

---

① 捏萨维:《算端扎阑丁传》,奥·奥达斯编,第1卷(阿拉伯文本);第2卷(法文译文),巴黎,1891—
　　1865年。波斯文本(编于1260年),莫吉特巴·米诺维教授出版,德黑兰,回历1344年(1965年)。
② 朱思扎尼:《塔巴哈特—伊·纳昔里》(《纳昔里史记》),威·纳骚—里斯编,加尔各答,1864年(波
　　斯文本)。
③ 捏萨维关于自己在扎阑丁手下的任职情况以及扎阑丁死后他的传奇性遭遇,在其另一部著作《发
　　自心灵深处的叹息》中作了描述。该书几乎与本文无涉,故我们未加引用。
④ 伊本·阿昔尔:《编年史全集》,第12卷,第233—328页;弗·古·齐曾高曾俄文译文见《金帐汗国
　　史资料集》,第1卷,圣彼得堡,1884年,第1—45页。
⑤ 波斯文本:《塔里黑—伊·扎罕古沙》《世界征服者史》,米尔咱·穆罕默德·哈兹维尼编,第1—3
　　卷,莱登—伦敦,1912年—1937年,载《吉伯丛书》第16辑。英文译本《世界征服者史》由约·安·
　　波伊勒完成,第1—2卷,曼彻斯特,1958年。在本文中,我们只引用波斯文。

御修史》)〕①。以上三卷无完整的俄译本,可分别参考不同的版本②。《史集》的第二部分,目前只有部分俄译文。

这两部史籍含有许多原始材料,其中有一些未能流传至今,故十分珍贵③。志费尼和拉施特丁反映的是正统的亲蒙古人观点:成吉思汗是上天意志的工具;他的残暴行为是上天对人们特别是统治人物堕落、非正义行为的惩罚;成吉思汗虽非穆斯林,但他能将世界上大部分人团结在自己的政权周围,从而促进了穆斯林宗教在东方和西方的传播;成吉思汗王朝中,一部分人已经皈依了伊斯兰教,另一部分人也将皈依伊斯兰教。

对于本文来说,反蒙古人的历史学家也罢,亲蒙古人的历史学家也罢,实际上区别不大。就拿后一批历史学家来说吧,尽管他们对蒙古诸汗言听计从,却并未掩饰成吉思汗大军造成的大规模破坏和蒙古统治下的黑暗面。

这里,我们不可能对涉及本文内容的苏联和西方历史学名著作详加论述。我们只想指出鲍·雅·符拉基米尔佐夫对成吉思汗

① 这一标题是为了纪念倡写比书的蒙古合赞汗(1295年至1304年在位)而加的;该书成于1310～1314年。

② 刊布书目可参阅查·安·斯托雷:《波斯的文学和历史》,第2卷,第1辑,伦敦,1935年第72—79页。还可参阅弗·弗·巴托尔德:《蒙古入侵时期的突厥斯坦》所附书目,原载《著作集》,第1卷,第2版,莫斯科,1963年,第673—638页。波斯文本和俄文译本见拉施特丁:《从登基到逝世的成吉思汗史》,伊·尼·贝勒津刊布,见《俄国考古学会东分会著作集》,第13辑,圣彼得堡,1888年,以及拉施特丁:《史集》,第1卷,第2册,奥·伊·斯米尔诺娃译,阿·阿·谢苗诺夫主编,莫斯科—列宁格勒,1952年。

③ 虽然志费尼的著作与朱思扎尼的著作同时分别于1260年完成,但是朱思扎尼是成吉思汗远征的同时代人,而志费尼则是以文献资料为基础,有些是根据年老的同时代人叙述写成的。拉施特丁史在许多地方又不同于志费尼史,因为他们使用了不同的蒙文原始资料(参见约·安·波伊勒:《作为蒙古史资料提供者的志费尼和拉施特丁》〔英文〕,见文集《中东历史学家》,伯·刘易斯、彼·马·霍尔特编,伦敦,1962年,第133—137页)。但是在描述蒙古人征服中亚方面,拉施特丁几乎逐字照抄志费尼的叙述,故本文几乎不引用他的《史集》。

本人及其政策的评价,显然过于美化了①。至于弗·弗·巴托尔德的美化式的评价则不仅在于成吉思汗本人,还在于成吉思汗帝国和征服后果。弗·弗·巴托尔德对于成吉思汗和成吉思汗王朝征服过程中出现的破坏范围、经济文化衰落程度,明显估计不足。因此,尽管弗·弗·巴托尔德的著述特别是他的经典性著作《蒙古人入侵时代的突厥斯坦》②有其珍贵价值,但他关于蒙古人征服后果的论点却不能使人接受③。在苏联历史学著作中,对于蒙古人征服的历史意义的总的评价,均持否定态度④。这种评价与马克思的评价是一致的:"与此同时,蒙古大军在呼罗珊、不花剌、撒麻耳干、巴里黑等繁华城市野蛮行事。艺术品、藏书丰富的图书馆、良好的农业、宫殿和寺院——一切都化为乌有"⑤。伊·米·迈斯基院士从马克思主义立场出发,对成吉思汗本人及其活动给过新的评价⑥。

蒙古征服前的花剌子模沙国

蒙古大军 1219 及以后年代中对中亚的征讨,在由于成吉思汗蒙古帝国的建立而导致的一系列征服之战中占有重要地位。这次征讨揭开了蒙古人征服西亚和东欧的序幕。

---

① 鲍·雅·符拉基米尔佐夫:《成吉思汗》,柏林—圣彼得堡—莫斯科,1922 年。这种美化在此后另一本书中也有不自觉的流露,见鲍·雅·符拉基米尔佐夫:《蒙古人的社会制度。蒙古游牧封建主义》,列宁格勒,1934 年。
② 初版,圣彼得堡,1900 年;补充二版,见《著作集》,第 1 卷,莫斯科,1963 年。
③ 关于这一问题,请参阅伊·帕·彼特鲁舍夫斯基:《前言》,原载弗·弗·巴托尔德:《蒙古入侵时期的突厥斯坦》,第 12—33 页。
④ 苏联历史学家关于从总的方面评价蒙古人征服的论文,请参阅弗·弗·巴托尔德:《蒙古入侵时期的突厥斯坦》,第 530 页,编者注 1 中所列目录。
⑤ 卡·马克思:《编年史札记》,原载《马克思、恩格斯文库》,第 5 卷,第 221 页。
⑥ 伊·米·迈斯基:《成吉思汗》,原载《历史问题》,1962 年,第 5 期,第 74—81 页。

　　这次征讨的目标——花剌子模沙国,占据着中亚的大部分领土、现今阿富汗和伊朗(除胡吉斯坦外)的全境;北起咸海和锡尔河下游,南到波斯湾,东起帕米尔和苏莱曼山脉,西到扎格罗斯山。这是一个通过征服而产生的诸国诸民族的集合体,其中心是花剌子模——十分富绕的古代农业灌溉文化区。由于其首都古儿干赤(玉龙杰赤)成了连接伊朗、中亚同东欧诸国(包括基辅罗斯在内)、同现今哈萨克地区诸突厥草原部落和中国(通过蒙古)的商道枢纽、货物集散地和过境商队贸易交易点,故花剌子模的经济意义(从十世纪起)和政治意义(从十二世纪起)大为增长。然而,花剌子模这个大国建立时间不久:呼罗珊是十二世纪八十年代征服的,西部伊朗是 1194 年征服的,外阿姆河一带(马维阑纳儿)是 1210 年征服的,现今的阿富汗是 1215 年征服的。这个大国中的居民形形色色,既有各种伊朗民族和突厥民族,又有尚未形成民族的各种定居和游牧部落。他们之间,尤其是定居的伊朗人和游牧的突厥人之间,时时出现尖锐的冲突①。

　　花剌子模沙国中,纳税阶层("拉伊亚特")即农民和市民对花拉子模沙征收的高额赋税以及他派出的征税人的胡作非为甚为不满。关于征税人的胡作非为,十二世纪和十三世纪交替时期的历史学家拉万底曾这样写道:"他们大笔一挥,就可能吞掉穆斯林的土地("阿姆拉克"),就可能非法断定这些居民须缴纳 100 第纳尔,那些卖肉的须缴纳 50 第纳尔,这些杂货铺主人须缴纳 100 第纳尔,那些丝绸商须缴纳 500 第纳尔,这些多少,那些多少。书记员们("达比兰")在将这些税单交给军事长官们("萨尔罕干")时,〔说〕:你们要依靠棍棒的敲打("扎里姆—伊·秋卜")收回这些东

---

① 据志费尼记载(《世界征服者史》,原载《吉伯丛书》,第 2 卷,第 193 页),就在同蒙古人作战的时期,古耳异密竟对花剌子模沙委任的也里地方官宣称:"我们是古耳人,你们是突厥人,我们和你们无法生活在一起。"

西("斯拉伊亚特")"①。据捏萨维记载,毡的(位于锡尔河畔)地方
官任命的法合鲁丁舍里甫·木勒克,"以其残暴专制而使拉伊亚特
背负重载";他的助手("纳伊卜")将走投无路的拉伊亚特捉住,"像
烤鸭一样放到火上灼烤"②。拉伊亚特遭受突厥游牧部落首领充任
的军事封建上层人物的欺凌抢掠,被视为平常事。突厥军事上层
人物得到了出身于突厥康里部的花刺子模沙穆罕默德(亦作摩诃
末,下同)母亲的庇护。关于这批人物,志费尼曾这样写道:"同情
与仁慈在他们心里没有位子;他们每到一处,就将这个地方劫掠一
空,拉伊亚特只得躲进城堡避难"③。

　　封建主阶级中出现的矛盾也使花刺子模沙国大为削弱。在封
建割据的情况下,花刺子模沙穆罕默德算端(1200～1220 年)企图
推行中央集权政策。他废掉了自己的部下——一部分地方封建
主;在同蒙古人作战前夕,有二十二名地方封建主被关禁在古儿干
赤④。这一政策招致了地方封建上层人物的强烈不满。不过花刺
子模沙不敢也不可能废掉那些最强大的部下,如法儿思和鲁里斯
坦的"阿塔比"。在同地方封建上层反对派进行的斗争中,花刺子
模沙依赖的是对建立强大的中央政权感到兴趣的民政官僚,以及
其首领得到军事封地("伊克塔")的突厥游牧部落武装力量。然而
这两部分封建主中,有的是花刺子模沙穆罕默德的拥护者,有的却
是与他不和的他的颇有权势的母亲秃儿罕哈敦⑤的拥护者。花刺
子模沙的拥护者以突厥蛮诸部为主力;秃儿罕哈敦的拥护者以钦

---

① 拉万底:《拉哈特·苏杜尔》(《悦目快心集》),波斯文本,穆罕默德·埃格巴尔刊布,莱顿—伦敦,
　1912 年,原载《吉伯丛书》,第 32 页,试与第 37 页,第 395 页相比较。
② 捏萨维:《算端扎阑丁传》,阿拉伯文本,第 102—103 页;法文译本,第 170—173 页,波斯文本,第
　135—136 页。
③ 志费尼:《世界征服者史》,第 2 卷,第 198 页。
④ 他们的名字可参阅捏萨维:《算端扎阑丁传》,阿拉伯文本,第 38 页;法文译文,第 65 页;波斯文本,
　第 57 页。
⑤ 秃尔罕哈敦(Теркен-хатун),阿拉伯史家和波斯史作家作 Туркан-хатун。

察和康里的突厥诸部为主力,并以花剌子模为中枢所在。花剌子模沙帖乞失(1272～1299年)及其儿子和继承人穆罕默德因为仇视和进攻报达(巴格达)哈里发阿拔斯·纳速儿(1180～1225年)①,因为下令杀死受人尊敬的神学家麦术督丁·报达,而为一部分穆斯林宗教人士所不满。在反对花剌子模沙的起义(1207年在你沙不儿和也里,1212年在撒麻耳干)中,除了地方上的封建主外,还有市民参加。对外关系方面出现的困难局面——1217年同阿拔斯哈里发纳速儿的战争,征讨报达而未获成功,以及同带领乃蛮人西出蒙古并于1210年占领七河地区和东突厥斯坦的屈出律汗的敌对关系,使国内局势更加复杂化。于是,花剌子模沙国就成了一个真正的泥足巨人。这也正是这个国家迅速而比较容易地被蒙古人所摧毁的原因所在。

花剌子模沙与成吉思汗交恶

弗·弗·巴托尔德利用所有已知的史料,研究并详细叙述了花剌子模沙穆罕默德与成吉思汗之间导致战争的冲突起源史②。但是,他对事件的阐述却带有浓厚的主观色彩。弗·弗·巴托尔德明显地同情成吉思汗。对冲突的发展过程,他做了如下简要叙述。开头,成吉思汗真诚地想与花剌子模沙国建立和平睦邻关系,因为无论是他本人,无论是与他关系密切且掌握着与中国(通过蒙古)的过境商队贸易权的中亚穆斯林大商人(其中一些商人,早在他征服中国时就成了他的谋士),都对商道的安全和贸易的畅通感到兴趣③。成吉思汗满怀善意地接待了从自己封地而来的花剌子

---

① 阿拔斯·纳速儿的辖地为阿拉伯伊拉克和忽即思丹。
② 弗·弗·巴托尔德:《蒙古入侵时期的突厥斯坦》,第460—474页。
③ 同上,第461—462页,第467页。

模沙使团和商人驼队,并向花剌子模沙派出了回访使团和 450 人组成的商队。使团首领是转而为成吉思汗服务的中亚商人,商队也"全是穆斯林"①(1218 年)。但是,讹答剌(在锡尔河中游)地方官亦纳勒术②却由于贪财而将这些商人诬为间谍,通通杀死,将货物据为已有。成吉思汗则表现出了"他一贯的克制"③,向花剌子模沙派出新的使团,要求交出亦纳勒术后,答应可保持和平。但是,花剌子模沙拒绝了,并杀死了使团首领迦弗拉吉·布格尔(系从花剌子模沙国逃出的穆斯林)。这样,弗·弗·巴托尔德强调说,"花剌子模沙的行为即使以现代国防法的角度来看,也为成吉思汗发动战争提供了十分充足的理由"④。他将挑动战争的责任完全推给花剌子模沙。

弗·弗·巴托尔德的结论正确吗?从表面上看来,花剌子模沙缺乏理智的行为确实为战争提供了口实。但是,如果我们希望探讨的不是战争的表面口实,而是它们真实原因的话,那么我们只能得出相反的结论:真正挑起战争的是成吉思汗。为了证明这一点,让我们来对史料中有关这场冲突的记载作一番分析。

一、关于成吉思汗向花剌子模沙穆罕默德派遣的第一个使团的记载。志费尼没有提到过这个使团,他仅只谈到成吉思汗向花剌子模沙派出商队,商队带去了他致花剌子模沙的一封信。拉施特丁也对派遣使团的事绝口不提。关于派遣使团的详细记载,我们在捏萨维史书中可以找到⑤。他说,使者是一些中亚穆斯林商人

---

① 弗·弗·巴托尔德:《蒙古入侵时期的突厥斯坦》,第 465 页。
② 捏萨维作"牙纳勒汗"。
③ 弗·弗·巴托尔德:《蒙古入侵时期的突厥斯坦》,第 466 页。
④ 弗·弗·巴托尔德:《蒙古入侵时期的突厥斯坦》,第 467 页。
⑤ 捏萨维:《算端扎阑丁传》,阿拉伯文本,第 33—34 页;法文译文,第 57—59 页;波斯文本,第 49—50 页。

（自然也就是花剌子模沙的臣民了），他们是马赫穆德·花剌子模①、阿里—火者·不花剌和尤素夫·讹答剌。他们带去了珍贵礼物和成吉思汗的一封信。在信中，成吉思汗告诉花剌子模沙关于蒙古人征服北部中国（金）②和"突厥地面"的情况，建议缔结保障商道安全的和约；信中成吉思汗将花剌子模沙称为"我最可爱的儿子"。以当时的外交辞令而论，一国国君称另一国国君为"我的儿子"，这就等于说另一国国君是他的部下。花剌子模沙听使者读完信件后，当晚便把马赫穆德·花剌子模召进宫去，单独对他说，他作为一个花剌子模人，应当忠于花剌子模沙。花剌子模沙还向马赫穆德许诺说，如果马赫穆德说真话，那将会对他大加赏赐，并宣称他应当为花剌子模沙充当间谍（"蒙赫"），报告成吉思汗的种种预谋；花剌子模沙还将自己佩带的手镯（"巴苏班德"）上的一块宝石摘下来赏给马赫穆德。马赫穆德对花剌子模沙的要求表示同意（后来发现，他的许诺是假的）。花剌子模沙问马赫穆德，成吉思汗说的他征服中国（金）及其整个帝国（"马姆拉加特·桃花石"）③是真的吗？马赫穆德说是真的。花剌子模沙又问："这个将我称为儿子的可恶家伙是个什么玩艺儿？他的军队有多少？"马赫穆德看到"愤怒之情溢于算端言表"，很为自己性命担心，于是回答说，与花剌子模沙的军队相比，成吉思汗的军队只是九牛一毛而已④。这样，花剌子模沙才同意与蒙古君主签定和约。

由上所述可以看到，花剌子模沙由于他的穆斯林臣民竟为"异教徒"蒙古汗充当使者（这自然就意味着为蒙古汗效劳），由于蒙古

---

① 后来此人以绰号"牙剌瓦赤"（即"使者"之意）而闻名；蒙古人征服结束后，他在窝阔台大汗的马维兰纳儿（阿姆河与锡尔河之间的地区）任过一个时期的地方官。

② 即女真人建立的金国（1115～1234 年）。

③ "桃花石汗"是突厥语族对中国（这里当指金）皇帝的习惯叫法。

④ 捏萨维：《算端扎阑丁传》，阿拉伯文本，第 33—34 页；法文译本，第 57—59 页；波斯文本，第 49—50 页。

汗将他称为"儿子"（也就是说，将他当成部下），而大为愤怒。与此同时，包括马赫穆德·花剌子模在内的使者们也判定，花剌子模沙对于成吉思汗帝国的真实情况，对于成吉思汗的武力都一无所知。花剌子模沙想收买一个本来不值得信任的马赫穆德（这一点，后来为事实所证明）当间谍，而且这一举动又是那样天真，这说明他在蒙古没有可靠的通风报信人。在这种情势下，弗·弗·巴托尔德所说的花剌子模沙已经有了与成吉思汗作战的充分考虑，甚至还想"征服中国"云云，是很难令人相信的[①]

那么成吉思汗又怎么样呢？弗·弗·巴托尔德认为，"在这些年中，成吉思汗不了解（花剌子模沙国的）虚弱无力；从成吉思汗备战情况看来，他对花剌子模沙的军事实力估计过高"[②]。这是不确切的。成吉思汗与那些同蒙古、中国通商的中亚大商人有着密切联系[③]，他的牙帐中有一批从中亚出逃且对花剌子模国国内情况甚为明了的封建主[④]。如果注意到这些情况，就很难相信，成吉思汗在发动战争前一二年中竟不会从这些人口中获得他所必需的情报[⑤]。相反，从史料记载中可以看到，成吉思汗对花剌子模沙国的形势了如指掌，他甚至熟知花剌子模沙穆罕默德的封建主集团与其母亲秃儿罕哈敦之间存在着分歧和严重对立，并且如我们在下面要看到的那样，他还巧妙地利用了这种对立以达到自己的目的。

---

① 弗·弗·巴托尔德：《蒙古入侵时期的突厥斯坦》，第 460 页。

② 同上，第 467 页。

③ 除了马赫穆德·牙剌瓦赤、阿里—火者·不花剌、尤素夫·讹答剌、哈桑—火者等人以外，史籍中还提到了几名由成吉思汗委任为商队头目（自然也就忠实于成吉思汗）的穆斯林商人，如乌马儿—火者·讹答剌、扎马儿·蔑剌哈、法合鲁丁·迪扎吉·不花剌、阿明丁·也里等等。

④ 答尼失蛮—哈只卜。讹答剌的副大臣别咯鲁丁·阿迷德因杀父之仇而痛恨花剌子模沙穆罕默德，他大约在战争开始之前就充当了成吉思汗的间细。

⑤ 弗·弗·巴托尔德认为出使时间在 1218 年。但是也有可能在 1217 年末（即花剌子模沙征讨报达失利后返回不久）。

二、讹答剌事件。使团返回之后，成吉思汗又向中亚派出商队①。但是这支商队如上所述，遭到了讹答剌地方官哈只儿汗亦纳勒术（牙纳勒汗）②的抢劫，并被全部杀死（只有一个逃脱，并向成吉思汗作了报告）。这件事也许征得过花剌子模沙的同意③，也许是亦纳勒术自做主张干的④。关于这一事件的最详细描述，我们可在同时代人捏萨维写的史书中读到："牙纳勒汗是算端舅舅的儿子⑤、在那里（在讹答剌）任算端的'纳亦卜'（地方长官），拥有两万骑兵。他是一个品格低下的人，见到（商队）那些人的财宝就起了歹心。他向算端写信，谎报情况，说那些来到讹答剌的人以商人面目出现，实则不是商人：他们到处刺探与他们业务无关的情况；看到老百姓（"阿瓦姆"）就恐吓他们说：'你们还无忧无虑地坐在这里干什么呢，灾难很快就要降临，这灾难任何东西都抵挡不住。'他（牙纳勒汗）将这些不白之冤推到那些不幸的人们头上，结果算端命令对那些人要严加提防，要审出真情。此后，那些人就音讯全无，连踪迹也不见了。他们的财宝被他占有了"⑥。

志费尼和拉施特丁没有提及哈只儿汗指控商人们为间细这件事，而认为他之所以如此行事，原因在于有一名商人（印度人——"信度人"），对他不够尊敬，还在于他想攫取商人的货物。这两位史籍作者反映的是成吉思汗王朝宫廷历史学的观点。诚然，捏萨维也认为哈只儿汗的行为是贪婪所致，也谈到汗指控商人是间细，

---

① 弗·弗·巴托尔德认为，成吉思汗在派出使团的同时也派出了商队。我们认为，成吉思汗在报告花剌子模沙是否同意维持和平的使者归来之前就决定出商队，是不可信的。

② "哈只儿汗"是阿拉伯语"哈迪儿汗"（"威武之汗"）的突厥语说法。

③ 伊本·阿昔尔：《编年史全集》，第12卷，第237页；《金帐汗国史资料集》，第1卷，第5页；志费尼：《世界征服者史》，第1卷，第60—61页。

④ 据捏维萨记载，算端只同意审问商队中的人们。

⑤ 秃儿罕哈敦一方的亲戚。

⑥ 捏萨维：《算端扎阑丁传》，阿拉伯文本，第34页；法文译本，第59页；波斯文本，第50—51页。朱思扎尼边提到过指控商人为间细一事，见其著作第337页。

并在居民中制造混乱,但是捏萨维认为这种指控是假的。不过即使如此,我们认为他的看法还是带有倾向性的:捏萨维当过最后一代花剌子模沙扎阑丁(1221～1231 年)的秘书,并像他的主子一样极端仇视秃儿罕哈敦①。他极力将一切罪责推给秃儿罕哈敦集团及该集团首脑人物之一——秃尔罕的侄子哈只儿汗身上。

我们认为,哈只儿汗指控从蒙古来到讹答剌的商人有罪是不无道理的,正如我们从捏萨维记载中看到的那样,哈只儿汗曾指责商人们以"未来的灾难"亦即蒙古人的入侵来恐吓居民。诚如所知,大量散布流言蜚语,摧毁一切企图抵抗者的意志,乃是成吉思汗开战前采用的手段之一。一部波斯文诗韵学著作的作者穆罕默德·伊本·凯思·拉齐在该书前言中说过,早在成吉思汗对花剌子模沙穆罕默德宣战之前,中亚各城市就流传着鞑靼人(蒙古人)正在准备发动一场可怕的入侵之战的谣言,大批居民惊慌失措,纷纷逃往西方。拉齐本人也逃到了法儿思②。这类谣言无疑是成吉思汗派到中亚的秘密间细散布的,而根据史料记载看来,这些间细多半是从商人中收买的。将上面引述的捏萨维的记载和拉齐的记载进行一番对比,可以得出如下结论:来到讹答剌的商人确曾按照成吉思汗的部署,散布过谣言。

由此看来,指控来到讹答剌的商人为间细是站得住脚的。这些商人是些什么人呢? 弗·弗·巴托尔德依据志费尼的记载认为,他们都是从蒙古归来的中亚穆斯林商人。对志费尼记载的一个重要细节,弗·弗·巴托尔德却没有注意。志费尼写道:"在他们③

---

① 捏萨维在谈到秃儿罕哈敦时补充道:"让神诅咒她吧!"(《算端扎阑丁传》,阿拉伯文本,第 48 页;法文译本,第 66 页;波斯文本,第 57 页)。

② 穆罕默德·伊本·凯思·拉齐:《吉塔卜·穆扎姆》,埃·格·布朗编,莱顿—伦敦,1910 年,原载《吉伯丛书》,第 11 卷,第 3 页(波斯文本)。

③ 指以阿赫默德·忽毡为首的到过蒙古的中亚商人驼队。

返回之前,他(成吉思汗)曾命令自己的儿子、那颜和异密①们,让他们每个部落("阿克瓦姆")都化装两三个人,带上路费——金巴里失②或银巴里失,跟这一大群商人到算端国,进行贸易,以求得到稀有珍品。每个部落("迦乌姆")都服从他的命令,付诸实行,各派出一两个人"③。

于是,来到讹答剌的商队就不是清一色的中亚商人了;其中还有按成吉思汗的命令而加入的各兀鲁思和各部落长官手下的人,亦即蒙古人和突厥人,换言之,即游牧士兵④。虽然他们得到的任务是购买和贩运珍贵货物,但是这些人不是商人,他们很可能还领到了别的任务。关于这一点,在志费尼带有倾向性的记载中自然不会提到,想来很可能是进行军事刺探的。

由此看来,哈只儿汗的指控当是完全有根据的。否则,对于哈只儿汗为什么单单对这支商队表现出贪婪之心,为什么敢于在穆斯林国采取类似杀死有许多人组成的商队的罕见手段⑤这些问题

① 指其部下——当时任蒙古部落首领的军事长官。

② 1金巴里失等于300第纳。参阅弗·弗·巴托尔德:《蒙古入侵时期的突厥斯坦》,第541页,注释1。

③ 志费尼:《世界征服者史》,第1卷,第60页。

④ 同上,第59页。志费尼在记述这段事实的同时,确实又加了一句:"集中了450名穆斯林"。正是这句话使弗·弗·巴托尔德引入了歧途。但是这句话与志费尼上面所说的显然是矛盾的,蒙古诸王子和那颜们所辖之人不可能全是穆斯林,也不可能全是商人。志费尼的著作是事件过了40年之后才动手写的,因此,他不可能掌握商队人员的准确资料。在志费尼的叙述中,还有一个为弗·弗·巴托尔德不曾注意到的然而却是引人注目的莫名其妙之处。商队赴蒙古时,他们的头目是阿赫默德·忽毡、异密忽辛的儿子(?)和阿赫默德·巴里奇契,而这支商队与成吉思汗部下封地集合起来的人们同行返回讹答剌时,他们的头目却变成另外一些商人:乌马儿—火者·讹答剌、扎马儿·蔑剌哈、法合鲁丁·迪扎吉·不花剌(来自不花剌附近的迪扎吉)和阿明丁·也里(来自也里)。关于阿赫默德·忽毡及其同事,无论志费尼的著作,或者捏萨维的著作,均未提起。

⑤ 商队在穆斯林国家总是受到当局的庇佑和保护,其原因不仅在于过境贸易和对外贸易可使城市和政府大发其财(因征收关税),而且在于有一部分封建主本身就与商队对外贸易有联系,封建主把一部分税收交给大商队转化为存款,而存款又通过商品转化为他们的一份利润。关于封建主参与这类商队贸易的例证,可参阅拉施特丁的书信集《穆卡塔巴特—伊·拉施迪》(《拉施特丁的书信》),波斯文刊布者穆罕默德·沙菲,拉合尔,1364年—1945年,第183—193页,第218页,第282—289页(信件编号第34,36,47号)。还可参阅伊·帕·彼特鲁舍夫斯基:《拉施特丁的封建经济》,原载《历史问题》,1951年,第4期,第102页。

就不好解释了。同一个哈只儿汗在此之前对来到商道重要枢纽的
讹答剌的许多商队并没有表现出贪婪之意,其原因应当从那支商
队非同一般的组成人员和非同一般的行动中去寻找。

成吉思汗挑起战争

捏萨维记载说,当成吉思汗的使团再次来见花剌子模沙穆罕
默德(可能在 1218 年下半年),要求交出哈只儿汗,并答应在此情
况下保证和平时,花剌子模沙着实恐慌了:"他五脏六腑害怕至
极"[①]。但为什么他又拒绝了成吉思汗的要求呢? 捏萨维这样说:
"算端不能把亦牙纳勒汗(哈只儿汗)交给他(成吉思汗)"[②]。原来,
哈只儿汗是他的表弟,交出去就意味着要得罪他军队中的"大异密
们",得罪众亲戚。而且,逮捕和交出哈只儿汗并不那么简单:他有
两万军队,还有城堡,因此,他是不会不作激烈反抗、不进行反叛就
束手就范的;而反叛可能会得到花剌子模沙部下的支持。这样一
来,花剌子模沙除了拒绝之外,别无他途。此外,据捏萨维说,花剌
子模沙还担心,倘若他满足了成吉思汗的要求,那么成吉思汗就会
得寸进尺;所以花剌子模沙经过冷静思考,下令杀死无辜的使者,
于是战争也就不可避免了。从这段叙述看来,花剌子模沙选择战
争绝非轻率之举,而是在情势逼迫下决定的。

从捏萨维的叙述看来,花剌子模沙对如何进行这场战争尚无
任何打算。捏萨维认为,花剌子模沙在这个问题上犯了三点错误:
一,他虽然下令在撒麻耳干四周构筑长 12 法尚[③]的城墙,并为此于
回历 615 年(公元 1218 年 3 月 30 日至 1219 年 3 月 18 日)紧急征

[①] 捏萨维:《算端扎阑丁传》,阿拉伯文本,第 34 页;法文译本,第 60 页,波斯文本,第 52 页。
[②] 同上。
[③] 亦即约 78—80 公里。这样规模的城墙不仅能卫护城市,还能卫护城市的农郊。

收土地税("哈拉吉"),但是在鞑靼人打来之前一件也没有完成;二,他于回历616年(公元1219年3月19日至1220年3月7日)下令在全国征收赋税("鲁苏姆"),甚至在回历614年(公元1217年4月10日至1218年3月29日)就紧急征收过一次;这些费用使花剌子模沙得以招募和武装一大批军队(封建主民团),结果"算端的军旗从全国各地拥向边境";倘若花剌子模沙等到民团汇齐,那就是一支数量可观的军事力量了;然而花剌子模沙却不战而退,退到了质浑河(阿姆河)对岸;三,听到成吉思汗进军的消息之后,就在这些民团赶赴途中,花剌子模沙竟将手下仅有的一批武装力量也分散开来,并由军事长官带领分驻到马维兰纳儿的各个城市中①。捏萨维认为,这"又是一大错误;倘若他没有分散兵力,而率领他们还击鞑靼人,那么他就会像老鹰抓麻雀那样将他们(蒙古人)擒获,并且(将他们)连根铲除"②。换言之,捏萨维认为,花剌子模沙应当把他们的封建主民团形成一个强大的拳头,同蒙古人去决一死战,依靠人数上的优势,赢得胜利。基发克的失哈不丁伊祃木也曾向花剌子模沙作过这样的建议③。

如同多桑和弗·弗·巴托尔德所说的那样④,花剌子模沙不相信自己的部下和军官,他拒绝了这个主动出击的计划。他不仅害怕他们一旦取胜可能调转武器反对他和他的王朝,而且害怕一些封建主直接背叛,站到敌人一边。后一种担心,如同我们下面所要看到的那样,的确在战争过程中为事实所证实了。成吉思汗的挑

---

① 捏萨维:《算端扎阑丁传》,阿拉伯文本,第36—37页;法文译本,第61—63页;波斯文本,第53—54页。其中列举了驻有守军的城市名单,列举了守军人数和长官名字。

② 同上。

③ 伊本·阿昔尔:《编年史全集》,第237页;弗·古·齐曾高曾:《金帐汗国史资料集》,第1卷,第6页。

④ 多桑:《蒙古史》〔法文〕,第1卷,第212页;弗·弗·巴托尔德:《蒙古入侵时期的突厥斯坦》,第472—474页。

拨,使花剌子模沙对部下更加疑心重重。突厥地区("比拉德·阿特—突厥")①的副("纳亦卜")大臣别德鲁丁·阿迷德公开投靠成吉思汗,为报花剌子模沙穆罕默德杀父之仇,而向成吉思汗进谗言。成吉思汗采纳了他的计谋,让他假托诸异密——秃儿罕哈敦亲戚之名向成吉思汗联名写信,信中代表所有家族和部落("阿沙伊尔·瓦·加巴伊尔")及其下人向他大献殷勤,表示要按其意愿行事。而后,这封伪造信件通过投奔成吉思汗的一名近人——秘密间细(可能是一名穆斯林突厥人)呈给花剌子模沙。花剌子模沙信以为真,决定以保卫城市和各地区为借口,分散军事力量②。

　　为了瓦解花剌子模沙的力量,成吉思汗还采取了其它反间措施。据捏萨维记载:回历616年(公元1219年12月至1220年2月)成吉思汗派自己的近人达尼什曼—哈吉卜(中亚投诚者)到花剌子模告诉秃儿罕哈敦,成吉思汗不是同她打仗,而是同她的儿子打仗,建议她缔结和约,并许诺将花剌子模沙和呼罗珊交由她统治。秃儿罕哈敦自然不相信这些许诺。不久,传来花剌子模沙撤向阿姆河对岸的消息③,秃儿罕哈敦也张慌失措,置花剌子模于不顾,带上皇后和花剌子模沙年幼的太子以及国库中的财宝,逃往马兹达罕④。

　　花剌子模沙从王朝利益出发而不是从国家利益出发制定的这一可悲计划,导致了军队必然进行消极防御的后果。如同我们从

① 这是指突厥游牧部落草原而言,当时的史籍中称做突厥斯坦;确切地说,当指亚伊克和锡尔河下游之间的草原。

② 捏萨维:《算端扎阑丁传》,阿拉伯文本,第17—38页;法文译本,第63—65页,波斯文本,第55—56页。捏萨维说,阿迷德的背叛生在蒙古人攻陷讹答剌之后,但是弗·弗·巴托尔德却认为这件事看来发生得还可能早一些(《蒙古入侵时期的突厥斯坦》,第474页)。他们结论是根据捏萨维的如下记载得出的:正是这些伪造文件促使花剌子模沙做出分散军事力量的决定,而这一决定则是在战争开始时采取的。

③ 这件事发生在1220年4月(据志费尼)或5月(据朱思扎尼)。

④ 捏萨维:《算端所阑丁传》,阿拉伯文本,第38页;法文译本,第65页,波斯文本。第56—57页。

史料中看到的那样，花剌子模沙穆罕默德本人从战斗开开始便惊慌失措，情绪悲观。悲观情绪又很快变成六神无主。在整个战争过程中，他没有发挥任何积极作用，也没有进行指挥，而是将自己的命运托付给那些四分五裂的城市军事长官。

由此可见，从无数充当间谍的穆斯林商人和投诚的封建主（其数量在战争过程中不断扩大）口中不断获得情报的成吉思汗，对花剌子模沙国的内部局势和军事力量，了如指掌。他向花剌子模沙派遣使团建议和平，并非要同花剌子模沙诚心诚意地和平相处，而是要使他保持中立状态，直至蒙古大军的主力征服中国北方为止。1219 年，成吉思汗基本上打败金国，占据了金国的大部分领土，于是开始征服"西方诸国"了。尽管弗·弗·巴托尔德竭力想把成吉思汗对待花剌子模沙的政策说成是和平政策，最终也不得做出如下结论："当然，不久之后，即使没有这一借口（指讹答剌事件——作者），蒙古人也很可能要入侵花剌子模沙的领地的"。但弗·弗·巴托尔德仍认为，"在这些年中（即 1217～1218 年），成吉思汗尚无这一打算，因为他还不知道花剌子模沙国虚弱至此这一情况"①。

然而从上面引证的记载可以清楚地看到，实际情况并非如此，征服"西方诸国"的准备工作（依靠问细和投诚者）从一开始起就是成吉思汗征服计划的一部分。战争开始时成吉思汗集结大批军队，并不是因为"对花剌子模沙国的军事实力估计过高"②，而是因为：第一，他预料到，这个封建割据的敌国尽管中央政权虚弱，地方上的抵抗却会很顽强；第二，显然，成吉思汗当时的计划不仅包括征服中亚在内；征服中亚只是征服西亚和东欧的开始阶段。这一点由如下情况可以看出：早在 1220 年夏季即成吉思汗大军渡过阿

---

① 弗·弗·巴托尔德：《蒙古入侵时期的突厥斯坦》，第 467 页。
② 同上。

姆河不久,成吉思汗就派出哲别那颜和速不台把阿秃儿率领三万大军横扫伊朗北部、外高加索诸国和高加索北部,打败迦勒迦河边的阿兰人、钦察人(波洛维茨人)、斡罗思人,打到克里米亚、伏尔加河下游,于1224年经过现今的哈萨克草原返回"本帐"——蒙古。派遣这支军队,可以看做是在近期内将永远征服上述国家的预备阶段。假若没有这一计划,那么这长达四年的进军就是无端之举。况且,这些尚未被征服的位于额尔齐斯河、咸海和阿姆河以东的国家,事先已被成吉思汗作为兀鲁思(封地)而分给他的长子术赤及其后代了。

在谈到花剌子模沙与成吉思汗冲突史时,还须注意这样一个情节。成吉思汗在世时,波斯人中曾流传过这样一种说法:阿拔斯王朝哈里发纳速儿派使者觐见成吉思汗,唆使他攻打花剌子模沙国。伊本·阿昔尔关于哈里发纳速儿,曾这样写道:"倘若波斯人所说的是他唆使鞑靼人进攻穆斯林国并因此而派出使者乃是事实的话,那么他的行为就是最大的罪过"[1]。到《米尔洪德史》(十五世纪)中,已经有了关于哈里发派使者觐见成吉思汗的详细记载[2]。马克里齐(卒于1442年)则把这件事当作事实记入史册。弗·弗·巴托尔德认为,伊本·阿昔尔记载的是谣传,米尔洪德又是较晚的史书作者;以此为依据,他认为这段情节是传说。然而,米尔洪德的记载或许是以一些失传的史籍为蓝本的。到底是否真实,虽然无法验证,不过,真正存在的可能性完全具备。哈里发纳速儿作为一个散那派穆斯林的宗教首领,在与花剌子模沙作战时(花剌子模沙不仅想夺取哈里发的封地,而且不承认他的宗教政权,并宣

---

① 伊本·阿昔尔:《编年史全集》,第1卷,第287页。试与以下著作相对照:多桑:《蒙古史》,第1卷,第211页;A·缪勒:《伊斯兰教史》,尼·阿·麦德尼科夫俄译,第3卷,圣彼得堡,1896年,第221页。哈里发向成吉思汗派遣使团的事可能发生在1217年,即花剌子模沙的大军向报达进发的时候。

② 米尔洪德:《成吉思汗史》,皇家东方语言专门学校出版,巴黎,1841年,第102—104页(波斯文)。

布自己的一个臣民——哈里发阿里后代之一为伊祃木—哈里发），不惜与在其封地内驱赶穆斯林的"异教徒"——乃蛮汗屈出律结为同盟，那么他企图唆使另一个"异教徒"成吉思汗去进攻花剌子模沙又有何不可呢？当然，哈里发无论如何不会想到，蒙古人的征讨规模竟然如此之广——不但侵占了报达（巴格达），而且灭掉了哈里发王朝。弗·弗·巴托尔德认为，成吉思汗根本不需要什么唆使与否，在这一点上他是对的。不过哈里发的唆使（如果确实有过的话）对于事件的进程总会有所影响，因为哈里发的使者会提供有关花剌子模沙国内政、外交的有价值的情报。

于是，综上所述，可以得出如下结论：挑起战争者不是花剌子模沙；他不想打仗，被迫打仗乃是形势使然。挑起战争者实际上是成吉思汗，尽管他善于行事，有可能从表面上将责任推到花剌子模沙头上，以便在穆斯林居民眼里不被看做是伊斯兰教的敌人。

西欧历史学家[①]指责花剌子模沙穆罕默德意志薄弱、胆小怕事、缺乏才干。弗·弗·巴托尔德证明，这种指责是毫无根据的[②]。这里，我们再补充一点：穆罕默德在他执政的前十五年中是一个意志坚强、精力充沛、目标明确的统治者。但是他领导的却是一个封建割据、内部虚弱的国家，实在无法与更为强大的对手对抗。阿·缪勒曾作过这样的猜想：蒙古人与花剌子模的战争（他认为，这场战争是不可避免的）倘若在穆罕默德死后爆发（亦即在最后一个花剌子模沙扎阑丁时代爆发；扎阑丁在伊朗西部和外高加索一带一直坚持到1231年），则可能是另一种结局[③]。但是，更换花剌子模沙也不会出现其它任何变化。

---

① 多桑：《蒙古史》，第1卷，第212页及以下；阿·缪勒：《伊斯兰教史》，第3卷，第223—226页。

② 弗·弗·巴托尔德：《蒙古入侵时期的突厥斯坦》，第474页。

③ 阿·缪勒：《伊斯兰教史》，第1卷，第223页。

蒙古人取胜的原因

成吉思汗帝国是在蒙古游牧社会封建化贵族的积极参加下建立起来的。新的国家也必将反映贵族的利益。而经常性战争对于游牧贵族来说,不但可以征服土地,获得战利品(战马、牲畜、武器、金银、丝稠、充当奴隶的男女俘虏),而且也是生产活动的一部分。蒙古政治上的联合制止了内部纷争。而这种联合,只有获得战利品的源泉——战争——在不但不能停止,反而必须扩大的情况下,才能取得封建化游牧贵族的支持。于是成吉思汗走上了对外征服的道路。对外征服给游牧贵族带来了比内部纷争更有可能得到战利品和致富的机会,还带来对被征服的富饶而有高度文化的毗邻农业国家进行封建剥削的机会。此外,还得到了新牧场,这不但对小型阿拉特畜群,而且,对封建贵族大型畜牧业更具有重要意义。这种要求也是推动对外进行征服的一个重要因素。

封建化游牧贵族之所以需要对外进行征服,其原因还在于想以较长时间掩盖和削弱蒙古社会中贵族与游牧阿拉特附庸群众之间正在形成的阶级对抗。成吉思汗及其继承人不间断地发动战争,使那些年富力强的阿拉特们远离家乡,以铁的军事纪律(成吉思汗《大札撒》)将他们约束起来,以征服战争对他们也有好处的宣传诱惑他们。

如此看来,促使成吉思汗推行征服政策的不是他本人对功利和荣誉的追求(这些,当然也有所表现,但不是主流),而是他所代表的那个阶级的现实利益。成吉思汗知道,只有推行这样的政策才能确保封建化蒙古游牧贵族对他忠心耿耿,避免他们发生背叛、制造阴谋、引起内讧,从而防止他建立的帝国很快崩溃。这就是大规摸征服计划——最初是唐古特国(西夏),而后是中国北部(金国），而后是中亚和伊朗东部，而后是东欧和西亚（西亚诸国中只有有叙利亚—埃及马木留克算端国得以自卫并将蒙古人击退到幼发拉底河对岸），而后是中国南部（宋帝国）是重要目的。征服战争永无止境，重要的一点仅在于不能罢手。这种政策持续了三代人，使成吉思汗王朝帝国保持了一定程度的统一（这种统一在成吉思汗死后分成四个兀鲁思之后，本已相当不稳固了）。随着征服战争的停止，蒙古帝国也开始衰落下去。

蒙古大军赢得了乍看起来令人惊异不已的战绩，原因何在呢？成吉思汗的军事、外交和组织才能[1]，以及在他那些草原军事学校中培养出来的将领——哲别、速不台、木华黎、失吉忽秃忽、忽必烈、者勒篾、脱合察儿等人的战功诚然有着重要作用，但是确保成吉思汗获得成功的主要因素在于，阶级矛盾还不明显（如前所说，在战争过程中被暂时抑止）的蒙古人能够比较轻易地打败邻国——发达的但被内部矛盾弄得四分五裂的封建割据国家的军队。地方上一般倒还对征服者进行过英勇抵抗，但是这种抵抗是消极的、分散的，既没有统一指挥，也缺乏统一的军事计划。尤其需要指出的是，中亚各城堡驻军尽管得到市民的支持而进行了艰苦卓绝和英勇无畏的抵抗，但都为征服者各个击破，镇压下去。突厥游牧封建主（汗和异密们）的民团作为花剌子模沙的部下，就其军事素质和勇气而言，不亚于成吉思汗军队，但是纪律涣散，意志和目标不统一（这些异密和领导的部落多半互相敌对），与城市居民和农业居民没有交往，没有密切关系，有时甚至还劫掠他们。

成吉思汗取得成功的另一个原因，是自十一世纪突厥汗国刚刚崩溃起，他的帝国就将中亚绝大部分的武装力量——不仅有蒙古的，还有许多突厥的、满洲的、通古斯的和唐古特的——联合起

---

[1] 在上面提到的伊·米·迈斯基院士的论文《成吉思汗》（第78—80页）中，对成吉思汗在创建蒙古帝国和帝国的军事政治组织过程中表现的个人影响，作了很好的分析。

来。游牧民骑兵通常具有高度的军事素质和极大的灵活性,特别是他们在统一的指挥、统一的作战计划和严密的组织纪律下,这些特点更为明显。

前已指出,蒙古人在征服中亚的过程中,得到一部分中亚商人的大力帮助。这些商人提供情报,充当间细,为军队带路。这些人是一些中亚巨商,他们掌握着同突厥草原、蒙古、中国的商队贸易。他们知道,没有成吉思汗的庇护,这种贸易是不可能的;只有将从乌拉尔到太平洋海岸的整个地域统一在同一个政权之下,商道的畅通和贸易的增长才有保障。

地方上的封建上层(游牧的和定居的)以及僧人(中亚的和伊朗的),都无法暂停内讧并联合起来给征服者以持久而统一的抵抗①。此外,这些上层(包括最后一位花剌子模沙扎阑丁在内)通常害怕人民群众,甚至不想联合他们,领导他们进行抵抗。还有,许多封建主或者出于对花剌子模沙穆罕默德的仇视,或者为了保存自己的领地和封建特权,便迅速而轻易地屈服于蒙古大军,甚至直接并入其中。更有甚者,部分穆斯林宗教界人物——"法吉赫"因对花剌子模沙不满,便轻易屈从于"异教徒"征服者。在蒙古人围困不花剌和撒麻耳干的过程中,这些法吉赫直接叛变;马鲁的洒黑—伊斯兰和谢拉黑萨的"哈的"在蒙古人攻占这两个城市时,充当了间谍,马鲁的洒黑—伊斯兰在大教堂教坛("明巴尔")上布道时,甚至希望蒙古人的敌人灭亡,以致引起听讲者的极端不满②。

历史记载告诉我们,中亚各地,无论伊朗或者外高加索各国,最积极最主动地反抗成吉思汗大军的乃是人民群众,主要是下层

① 伊本·阿昔尔(《编年史全集》,第 12 卷,第 324 页;《金帐汗国史资料集》,第 1 卷,第 19 页)说:"我们在穆斯林诸王中看不到有任何一个人愿意进行圣战或为维护信仰而战;不,他们每个人都沉溺于嬉戏、玩乐和对臣民的压榨之中。而所有这些,我认为要比敌人更可怕!"
② 志费尼:《世界征服者史》,第 1 卷,第 121—122 页。

城市居民、作坊（"阿斯纳夫"）中比较团结、有组织纪律性且会使武器的手工业者，以及城市贫民（"埃亚尔"）。在一系列城市如昔格纳黑、额失纳思①、马鲁②、也里③的保卫战中，城市贫民起了主导作用④。不少城市如昔格纳黑的居民不顾封建上层的命令，坚持保卫自己的城市。甚至已被征服的城市又爆发了起义，如1221年马鲁和也里的起义，1238年不花剌绿洲的农民和市民起义⑤。

造成这种情况的原因在于，成吉思汗对待被征服国家和平居民的政策恰恰给广大人民群众——农民和城市下层居民造成了严重的灾难。等待他们的或者是集体屠杀，或者被掳做奴隶，最好的情况也不过如谢·帕·托尔斯托夫所说的那样，"遭受最残酷最反动的半奴隶式的封建剥削"⑥。

游牧征服者对文化农业社会的入侵，通常总要伴随着对占领区的毁灭和劫掠。这种情况一般都是一种自发的破坏行为和杀戮行为。而成吉思汗帝国却从一开始就是一个高于以前各种游牧征服者联合体的更为团结，更有组织性的游牧社会综合产物，因此，成吉思汗时代也就采取了有组织的劫掠、战利品的瓜分、对整个地区的毁坏和对和平居民的灭绝这样一套完整的自上而下的（而不像从前游牧民入侵时从普通士兵开始的自下而上的）大规模的有组织的恐怖行动，其目的在于消灭有能力进行抵抗的居民，恐吓和平居民，在被征服国家造成恐怖。

---

① 同上，第67—68页。

② 同上，第121页。

③ 朱思扎尼：《塔巴哈特—伊·纳昔里》，第350页；赛菲·赫列维：《塔里黑—纳美—伊·赫拉特》，穆罕默德—苏拜尔·西迪吉教授刊布之波斯文本，加尔各答，1944年，第72—82页。

④ 志费尼：《世界征服者史》，第1卷，第85—90页；阿·尤·雅库鲍夫斯基：《1238年的塔剌必起义》，原载《科学院东方学研究所著作集》，第17卷，莫斯科—列宁格勒，1936年。

⑤ 史籍中一般称他们为："阿瓦姆"（阿拉伯语"平民"之意）、"阿乌巴什"（阿拉伯语"蛆虫"之意）、"鲁努德"（波斯语"流浪者"之意）、"埃阿兰"（阿拉伯—波斯语"蛊贼"之意）。

⑥ 参阅谢·帕·托尔斯托夫：《沿着古代花剌子模文明的遗迹》，莫斯科，1948年，第318页。

蒙古征服者一般这样行事。将一个城市围困之后,城市只有迅速投降,居民才可以被饶恕(但是,倘若征服者认为不合适,这一条有时也不会实行)。如若城市经过长期抵抗才投降,那么城市居民就被赶到城外田野上,在蒙古士兵的监视下等待四五天。等城市被抢光,战利品被分配完毕后,市民开始被处置:军事人员被杀掉,他们的家属被充作奴隶;姑娘和年轻媳妇也被充作女奴,并被分给贵族人物和士兵们。

手工业者和有技术的匠人也作为奴隶被分给蒙古王子和贵族人物(有的被送往蒙古①,有的留在当地受压榨)。不过他们的待遇较好,一般不必与家人分开。健壮的青年男子被赶进"人堆"(波斯语作"哈沙尔",阿拉伯语作"哈什尔"),亦即从事繁重的攻城准备工作和运送物资工作;作战时,"人堆"被推在士兵前面,成为自己同胞射击的靶子。其他居民则允许返回已被毁坏的住所。

农民的遭遇也强不了多少。捏萨维写道:"每次当数量假定为一千骑兵的鞑靼军队摧毁某个地区后,则将农村中的居民集合起来,带到这个地区的主要城市附近。到了那里,让他们制造木炮(阿拉伯语为"曼扎尼克")、挖掘战壕,直到该城市被攻下为止"②。

假若城市经过激烈抵抗才被占领,或者虽被占领又发生起义,那么蒙古将领就要进行"大屠杀"(阿拉伯—波斯语作"迦特勒—伊·安姆"),剩下的居民即事先被赶到城外的人则被分给士兵,充做奴隶。阿拉伯文和波斯文史籍中有关"大屠杀"的记载不下三十余处。这类情况在讹答剌、昔格纳黑、额失纳思、忒耳迷、奈撒、巴

---

① 赛菲:《塔里黑—纳美—伊·赫拉特》,第107—109页。作者记载了这样一段故事:也里第一次被占领(1221年)之后,有一千名丝绸织工连同家人一起作为奴隶被送往蒙古,他们在那里安顿下来后,专门为汗帐提供一定数量的丝绸衣料。

② 捏萨维:《算端札阑丁传》,阿拉伯文本,第52页;法文译本,第92页;波斯文本中(第79页)则略有不同:"如果一千名(蒙古)骑兵投入进攻,他们则带上两千名农业居民,让他们〔驾好〕投石器轰击城墙,〔围城时〕挖掘坑道。"

里恩、你沙不儿、萨布扎伐尔、徒思、古耳干赤、也里（起义后再次被占）①都曾出现过。有时，除了城市外，郊区也遭涂炭②。屠杀之后，还强迫被俘的书记员清点被杀者人数。据志费尼记载，马鲁被屠之后，清点被杀人数一事共进行了 13 天③。

成吉思汗及其将领的暴行，不仅由具有反蒙古倾向的史家（伊本·阿昔尔、朱思扎尼、赛菲）做过形象的描述，就连具有亲蒙古诸汗倾向的史家（志费尼、拉施特丁等）也没有回避。其原因在于就连成吉思汗也毫不掩饰自己的残暴行动。朱思扎尼援引目击者——哈齐斯坦有学识的"哈的"瓦希德丁·布尚吉讲述的故事。后者曾被蒙古人俘虏，并在一段时间内当过成吉思汗的随从。一天，成吉思汗对宫廷人员吹嘘自己的光荣业迹，说他杀死和消灭过的人不计其数④。

蒙古人攻战讹答剌

成吉思汗进攻花剌子模沙国时，先于 1219 年灭了乃蛮屈出律汗短命的国家。屈出律汗曾于 1210 年与花剌子模沙穆罕默德结成联盟，击败哈剌契丹（西辽），得到了七河流域和东突厥斯坦。但是屈出律对于这些地方来说是不受欢迎的，他派到居民家中进行

---

① 详细情况可参阅伊·帕彼特鲁舍夫斯基：《十三世纪至十四世纪伊朗的农业和农业关系》，莫斯科—列宁格勒，1960 年，第 32 页，第 40 页，第 67—71 页。该书有波斯文译本：伊·帕彼特鲁舍夫斯基：《吉沙瓦尔齐·纳·穆纳萨巴特—伊·阿尔齐·达尔·伊朗—伊·阿赫德—伊·莫古里》，第 1—2 卷，德黑兰，1344 年——1966 年（克里姆·吉沙瓦儿兹译，德黑兰大学出版）。

② 据赛菲的记载（第 83 页）说，也里在发生 1222 年大屠杀之后，只剩下偶然幸存的 40 个人，即使农郊的幸存者也不满百人（同上，第 183 页）。详细情况，可参阅伊·帕彼特鲁舍夫斯基：《赛菲的著作是研究东呼罗珊史的史料》，原载《南士库曼综合考古队著作集》，第 5 卷，阿什哈巴德，1955 年，第 130—162 页。

③ 志费尼：《世界征服者史》，第 1 卷，第 128 页。

④ 朱思扎尼：《编年史全集》，第 352—354 页。

监视的乃蛮士兵对居民横加虐待。此外,佛教徒屈出律还排挤这些地方大部分居民信仰的伊斯兰教,禁止举行穆斯林宗教仪式①,要求居民们或者信奉佛教,或者信奉基督教②。屈出律的统治激起了居民们的普遍愤恨。成吉思汗接受了屈出律的教训,禁止自己的士兵在屈出律从前的封地境内大肆劫掠和屠杀。于是成吉思汗的军队不费气力就将屈出律国很快摧毁,并且消灭了乃蛮士兵;与此同时,成吉思汗在该地也像在其他地方一样,推行了一贯彻底的容忍和庇护宗教的政策。

1219 年,成吉思汗率大军渡过额尔齐斯河,准备入侵中亚。他的军队的准确人数(像花剌子模沙一样)无法知道:记载中的数字各不相同,有时甚至带有幻想色彩③。弗·弗·巴托尔德认为成吉思汗军队的总数约 15 万至 20 万。但是这个数字恐怕仅是指蒙古本国军队人数而言的④。到 1219 年时,成吉思汗拥有的军队已包括附庸的突厥人——哈剌鲁阿儿斯兰汗、畏吾儿亦都护巴而术等军队在内。不过,相当一部分军队(62000 人)正在中国境内,还有一部分一般说来当留在蒙古保护家园和畜群。考虑到这些情况,那么可以设想,入侵中亚的蒙古军队及其附庸领地的兵力(后者最多有几万人)⑤不会高于 12 万至 15 万人。至于花剌子模沙分驻在各个城市的军队,据捏萨维认为,仅马维兰纳儿一地就有十万之众⑥。

---

① 志费尼:《世界征服者史》,第 1 卷,第 52—56 页。拉施特丁和米尔洪德都重复了志费尼的记载。

② 这两种宗教都在乃蛮人中传播。据志费尼(《世界征服者史》,第 1 卷,第 52 页)说,屈出律最初信仰基督教聂思脱里派,后来信仰佛教。

③ 据朱思扎尼(《编年史全集》)的说法,蒙古大军有 80 万。

④ 弗·弗·巴托尔德:《蒙古入侵时期的突厥斯坦》,第 472 页。当时整个蒙古的居民也未必有一百万人;因为全部男子从十五岁起就从军,故应服役者总数为 20 万这个估计还是颇为可信的。但这是指服役人数,而不是指既服役又参加远征的士兵数。

⑤ 哈剌鲁阿儿思兰汗统领六千人。

⑥ 捏萨维:《算端扎阑丁传》,波斯文本,第 54 页。

　　军事行动开始于1219年9月。成吉思汗派自己的儿子察合台和窝阔台率一支军队围攻讹答剌;派长子术赤另率一支军队征服锡尔河上游的城市;派阿剌黑那颜征服锡尔河下游的城市。讹答剌被围困达五个月之久。哈只儿汗知道他不会得到宽恕,于是带领自己"狮子般"的士兵拼命抵抗。但是受花剌子模沙派遣前来援助他的哈剌察—哈只不却失去信心,叛变了。哈剌察率领一支军队打开城门出逃,蒙古人便趁机进城。蒙古人为攻下内堡(赫萨尔)又花了一个月时间。当内堡被攻下时,全体保卫者都阵亡了。只有哈只儿汗和剩下的两名士兵继续在屋顶上战斗;后来他用光了箭,两名士兵也倒下了,就用女奴们(加尼扎坎)从宫墙上递给他的砖头向蒙古人掷去。砖头用光之后:蒙古人围上来把他捉住并处死了①。

　　讹答剌于1220年2月被攻下。同时,术赤的军队于1219年冬至1220年在锡尔河上游攻破一个又一个城市。随他一起行动的是战争开始之前即已为蒙古人效劳的当地商人哈桑—火者和阿里—火者。哈桑—火者曾被派往昔格纳黑去劝说当地居民投降,但是那里的"恶棍、蛆虫和流浪汉"("沙里兰·瓦·阿乌巴什·瓦·鲁努德")毒死了这个变节者,向敌人进行了英勇的抵抗。经过七天的连续战斗,昔格纳黑被攻陷,居民全部遇害②。而后,讹迹邗③和巴耳赤邗沦陷。因为这两处地方的居民没有进行大力抵抗,因此这里没有遭到大屠杀。但是,在额失纳思,"流浪汉和蛆虫"占了上风,也就是说城市下层居民进行了坚决的自卫,于是大部分居

① 围攻讹答剌的详细记载见志费尼:《世界征服者史》,第1卷,第62—66页。拉施特丁重复了这一记载,但删节很多。捏萨维著作中没有围攻讹答剌一节。捏萨维记载说(《算端扎阑丁传》,阿拉伯文本,第37页,法文译本,第63页,波斯文本,第54页),成吉思汗下令将熔化的水银灌入被俘的哈只儿汗耳目中。志费尼和拉施特丁史书中则无此细节,只说处死了哈只儿汗。
② 志费尼:《世界征服者史》,第1卷,第67页。
③ 该城位置不详。它不可能是费尔干纳一带斡失附近锡尔河上游(哈剌河畔)那个有名的讹迹邗城。

民遭到杀害①。毡的为忽都鲁汗为首的花剌子模沙军所放弃——他们穿过草原撤到花剌子模,城市在没有抵抗的情况下为蒙古人占领并遭劫掠;在城市被抢掠的时候,居民们被赶到野外呆了九天,不过只有少数人被杀死②。

蒙古人攻陷不花剌和撒麻耳干

在此之前,1219～1220 年的冬季,成吉思汗带领幼子拖雷和主力军队离开讹答剌横穿大漠(今刻兹尔库姆)直指不花剌,沿途还征服了两座小城匝儿讷黑和讷儿。两城居民未遭杀害,但是匝儿讷黑的青年被征入“人堆”;讷儿城被劫掠一空,居民被赶到野外,等他们缴纳了总数为一千五百第纳尔的年赋后,才被允许回去;年赋中的半数是以妇女的耳环抵缴的③。

1220 年 2 月(据伊本·阿昔尔和朱思扎尼)或 3 月初(据志费尼),成吉思汗大军突然出现在不花剌城下。花剌子模沙派驻到不花剌的军队(突厥游牧民)官长阔克汗立即带领一部分军队逃掉,后来与花剌子模沙会合④。以三位汗为首的另一部分守军和一部分居民也在当天晚上放弃城市,但是在阿姆河边被蒙古人赶上,并被全部杀死。第二天,宗教人士和上层人士(“阿伊马·瓦·马阿里夫”)打开城门,迎接成吉思汗。他们就样这背叛了市民,在末经谈判的情况下突然将城市拱手交出。大清真寺为蒙古军所占,并遭玷污;可兰经抄本扔得满寺皆是,装可兰经抄本的箱子成了蒙古军的喂马槽;伊祃木、洒黑、赛夷、博士、学者,在马圈当了喂马人的

---

① 志费尼:《世界征服者史》,第 1 卷,第 67—67 页。
② 同上,第 68—70 页。
③ 同上,第 76—79 页。
④ 志费尼记载了一则传闻,说阔克汗是一个蒙古人,当初逃离成吉思汗,转而投靠花剌子模沙(《世界征服者史》,第 80 页)。

角色。成吉思汗下令造出富户名册,名册中共有 280 人(190 个本市居民,90 个逃到不花剌的外城市人),勒令他们交出全部财产,并委任一些本市居民清查和敛集全城财物。有一部分游牧突厥人组成的花剌子模沙军士据守在内堡("赫萨尔")中。成吉思汗就命令该市居民动手拿下内堡;但是"该市居民尽量逃避战斗和夜间攻击,于是成吉思汗下令焚毁城市;由于全城房屋都是木房①,因此几天之内城市多半被焚,只留下大清真寺和几所砖造房子"②。这之后,不花剌居民再次被迫去攻击内堡,内堡终于被攻下。突厥汗、部落长、上层人士和普通士兵统统被杀死③,他们的妻子儿女被充做奴隶。工事被刨掉,全部市民被赶到野外。成吉思汗"赐他们以活命",但是成年男子被征入"人堆"("哈沙尔")中,去围困撒麻耳干和答不昔牙④。由于城市被摧毁,居民们只好散居在四郊。有一个不花剌人逃到呼罗珊,当人们问到不花剌的情况时,他简短地答道:"他们来了,挖了⑤,烧了,杀了,抢了,又走了"⑥。

　　以上是志费尼的记载。伊本·阿昔尔引用了目击者的叙述,故其记载在很多方面与志费尼相符:对大清真寺和可兰经的玷侮,向市民勒索财物(伊本·阿昔尔补充说,采用拷打折磨的办法勒索)等等。他还记下了一些志费尼没有记下的事实:不花剌居民被赶到野外,"他们出城时,什么东西都没有携带,除了穿的衣服而外,一文不名"。成吉思汗下令将他们分给兵士,也就说充做奴隶,"他们(鞑靼人)于是把市民们分掉,"伊本·阿昔尔说。这一天,到

---

① 实际上是一种木柱、木梁抹泥房,如中亚常见的那样。
② 志费尼:《世界征服者史》,第 1 卷,第 82 页。
③ 同上,第 83 页。据志费尼说,他们有"30000 余人"(想必连在此之前已经死去的算在内);据伊本·阿昔尔说,内堡中只有 400 名突厥人固守。
④ 志费尼:《世界征服者史》,第 1 卷,第 79—85 页。
⑤ 意思是说,将烧毁后的所有宫殿、地下室都进行了挖掘,寻找埋进地里的货币和财宝(这是当时征服者惯用的手段)。
⑥ 志费尼:《世界征服者史》,第 1 卷,第 83 页。

处是男人、女人和孩童的哭号声,怕人极了;他们各自东西,惨别而去,像破烂一样任人抛掷。他们(鞑靼人)将女人也分掉"。据伊本·阿昔尔记载,鞑靼人将他们分到的女人当着市民的面强奸,而市民们"只能眼巴巴地哭泣",因为他们毫无解救的办法。但是"伊祃木"鲁克纳丁和他的儿子以及"哈的"萨德拉丁不忍目睹这种集体强奸场面,扑上前去同强奸者搏斗起来,结果被杀死。不花剌彻底被摧毁,"好像昨天就不曾存在过一样"①。

顺便指出,弗·弗·巴托尔德美化蒙古国也表现在他转述史籍记载材料时的避重就轻。比如,他几乎完全漏掉伊本·阿昔尔戏剧性的记载,没有提到将不花剌居民没籍为奴一事,并以蒙古人"还强奸妇女"一句话代替集体强奸妇女的记载②。谈到火烧不花剌时,弗·弗·巴托尔德写道:"很难有理由认为,烧毁城市是成吉思汗的原定计划;在对城市进行抢劫时……由于建筑物稠密之故,火灾几乎是无法避免的"③。志费尼则直截了当地说,成吉思汗"下令烧(市)区"④。我们这里只举了两个例子,但是应当说明,与历史记载甚至亲蒙古人的记载(志费尼和拉施特丁)中的那些色彩暗谈的叙述相比较,弗·弗·巴托尔德有关成吉思汗大军入侵中亚史的全部记叙都有着避重就轻的性质。

成吉思汗攻陷不花剌子模后,率领大军、带着从不花剌被俘者中挑选出来的"人堆"⑤,向撒麻耳干进发。"这些被俘者徒步行走,其状甚惨;疲累难行或行动不便者,均被杀死"⑥。撒麻耳干有重兵

---

① 伊本·阿昔尔:《编年史全集》,第12卷,第238—240页;《金帐汗国史资料集》,第1卷,第8—10页。

② 弗·弗·巴托尔德:《蒙古入侵时期的突厥斯坦》,第478页。着重点系本文作者所加。这种叙述方法给人形成一种印象:这似乎只是一种个别的放纵现象,而不一定是全城妇女的普遍遭遇。

③ 弗·弗·巴托尔德:《蒙古入侵时期的突厥斯坦》,第478页。

④ 志费尼:《世界征服者史》,第1卷,第82页。

⑤ 伊本·阿昔尔:《编年史全集》,第240页;《金帐汗国史资料集》,第1卷,第10页。

⑥ 同上。

把守,除了花刺子模沙的突厥士兵外,还有武装起来的市民①,完全可以长久据守。但是,怀有斗志的,只是那些城市贫民。据志费尼记载,突厥士兵在阿勒巴儿汗的率领下,曾偷袭蒙古人,给敌人以重创。但事件的同时代人伊本·阿昔尔却作了另一番描述:"出击他们(鞑靼人)的是(城)内居民中的勇敢分子和健壮慓悍之人,花刺子模沙驻军(突厥人)由于心怀对可诅咒者(鞑靼人)的恐惧而无一人敢与他们一起出击。步兵(市民)与蒙古人在城外厮杀起来。鞑靼人连连败北,市民紧追不舍,企图打败敌人,却没有防备被异教徒引入埋伏圈"②。市民们陷入埋伏后,全部遇害。撒麻耳干宗教上层人士和贵族们乘机行事。洒黑—伊斯兰、哈的和伊袼木撒开市民们商定交出城市,以此换取他们自己、近人和受他们庇护的人得到自由和安全。获得饶恕者计有 5 万人③。叛变者们打开城门,蒙古兵突然间出现在市民眼前,阿勒巴儿汗率领一千名突厥士兵冲出蒙古人的包围,逃了出去。还有 1000 名勇敢的士兵占据清真寺内堡,抗击到最后一个人。花刺子模沙的其余突厥兵和他们的汗、异密们一起在成吉思汗接纳他们为自己效劳之后而投降了。但是在第二天夜里,他们却统统被杀(似有 3 万人),妻子儿女没籍为奴。许多市民也被杀死在城中;免于一死的(除了上面提到的受洒黑—伊斯兰庇护的 5 万人之外)人们被赶到野外,按照蒙古人的一贯做法得到了处置:妇女被奸淫④;3 万名手工业匠人作为奴隶

---

① 志费尼说,城中有花刺子模沙的六万突厥士兵和五万拥有二十只大象的塔吉克人(即武装起来的市民)。伊本·阿昔尔说,有花刺子模沙的士兵五万人。捏萨维则说,有四万士兵。

② 伊本·阿昔尔:《编年史全集》,第 1 卷,第 241 页,《金帐汗国史资料集》,第 1 卷,第 11 页。伊本·阿昔尔说,撒麻耳干阵亡人数为七万人,志费尼说有五万人。

③ 对这一数掌不必感到惊奇。比如,在巴里黑有四分之一的人属于宗教界;其中除了宗教人士及其家眷外,还有仆人、家奴、下人、宗教学校学生和赛夷——先知的后人("阿里德")。参阅阿甫拉青:《圣徒传扎阑丁·鲁米的生平》,见克·华特:《圣徒祭祀记述》〔法文〕,第 1 卷,巴黎,1918 年,第 15 页。

④ 伊本·阿昔尔:《编年史全集》,第 12 卷,第 241 页;《金帐汗国史资料集》,第 11 页。

被分配给成吉思汗诸亲属①,同样多的青壮年被征入"人堆"。其余市民,成吉思汗允许他们在缴出 20 万第纳尔后获得自由,返回受蒙古人治理②的城市③。

蒙古人攻占忽毡

从不花剌和撒麻耳干的例子中可以看出,交出城市并非总能使人们逃脱受抢掠和做奴隶的命运。在蒙古人占领的其它城市中也出现过这样的情形。借用捏萨维一句话来说,如果对此一一详加叙述,则故事就会雷同重复,不同之处只是负责围攻的将领名字和被围困的城堡名称而已④。因此。我们对其它城市的遭遇不再详加记叙,而只想谈谈出色而英勇的忽毡保卫战⑤。前去征服锡尔河下游地区的蒙古军队攻下了费纳客特(别纳客特)城⑥,照例对居民们杀戮了一番之后,来到忽毡城下。忽毡城的异密帖木儿灭里带领为数不多的一支力量进行了英勇的保卫战。用志费的尼话来说,帖木儿灭里是一位英雄,如果勇士鲁斯坦(《沙赫纳美》中的英雄)在世的话,也只配给他当马夫(直义为"执马衣")。后来帖木儿灭里见无力再守住城市,于是带领不想在敌人面前低头的 1000 名

① 关于奴隶式的手工业匠人情况,见下。

② 志费尼:《世界征服者史》,第 1 卷,第 90—96 页。志费尼关于撒麻耳干被占领日期(1220 年 5 月—6 月)的记载是不确切的,因为据他记载,占领撒麻耳干后,成吉思汗还在该城附近度过了春天。故伊本·阿昔尔记载的日期(1220 年 3 月 8 日至 4 月 6 日之间)或朱思扎尼记载的日期(1220 年 3 月 19 日)当是正确的。

③ 1228 年去过撒麻耳干的长春真人(《北京俄国东正教使团成员著作集》,第 4 卷,圣彼得堡,1863 年,第 326 页及以下)在其游记中写道,撒麻耳干剩下了 100000 人——原来居民数(四十万)的四分之一。由此看来,返回去的人中,其中 50000 人可能是与伊斯兰洒黑(长者)有关系的人,另外 50000 人当是缴纳赎金后返回来的人。

④ 捏萨维:《算端扎阑丁传》,阿拉伯文本,第 54 页;法文译本,第 96 页;波斯文本,第 82 页。

⑤ 忽毡即现今的列宁纳巴德市。

⑥ 志费尼:《世界征服者史》,第 1 卷,第 70—71 页。

勇士移守位于锡尔河两个支流间一块小岛上的设防城堡。弓箭和投石器打不到城堡上。为了拿下这座城堡,来了两万名蒙古人,还从遥远的各地(讹答剌、不花剌、撒麻耳干)集中来50000"人堆"。被征而来的年轻人奉命从离支流3法列散(约20公里)远的山上搬来石头,扔进水里,想修成一道大坝。但是帖木儿灭里建造好了十三艘,蒙着湿毡、涂着用醋和的粘土;这些船箭射不进去,火油燃烧弹也烧不着。夜里,帖木儿灭里派士兵驾船将蒙古人白天堆起来的大坝摧毁。不久,小岛无法再固守下去。于是帖木儿灭里准备了70艘船,载着士兵、武器和辎重,在一天夜里燃起火把,驾船顺流而下。蒙古骑兵在两岸向勇士们射箭并投掷盛着火油的器皿。帖木尔儿灭里的士兵一边回击,一边前进,抵达毡的城。在毡的,蒙古人根据术赤的命令用船结成一道桥,桥上架起了投石器。帖木儿灭里和他的一小批战友来到岸上,甩掉紧追的蒙古人,进入克兹尔库姆沙漠。后来,他的战士全部战死,只剩下他一个人和三支箭。他被三个蒙古人赶上。他射出一支箭,射瞎一个蒙古人的眼睛,同时对另外两个蒙古人说:"我还有两支箭,正好对付你们两个。你们最好还是离开这里逃命去吧!"两个蒙古人惊恐之下退了回去,帖木儿灭里到了花剌子模①。

到1220年5月,包括阿姆河一带的几乎全部中亚落入征服者之手。花剌子模沙派驻各个城市的军队已被消灭殆尽。在此期间,花剌子模沙从未与蒙古人打过仗,而是住在阿姆河畔的迦里夫城消磨时间。听到蒙古人打来的息后,他借口招募新的封建主民团而跑到了伊朗。哲别和速不台率领一支军队奉命追击他,但是没有追上。花剌子模沙在伊朗毫无结果地游来荡去,任何组织保卫的工作也没有去做,最后在惊慌失措之中,只好在苟全自己性命

---

① 志费尼:《世界征服者史》,第1卷,第71—73页。

的问题上着想了。他带着自己的长子扎阑丁和一小部分随从躲到里海东南岸的一个荒岛上,于 1220 年 12 月末患肺炎而死去。在此之前,1220 年夏躲进祃挢答而城堡的秃儿罕哈敦,因水源被断而投降蒙古人①。秃儿罕哈敦和算端后宫被遣往哈剌和林。1220 年夏天和秋天,蒙古大军在拖雷的统率下攻陷马鲁、徒思、你沙不儿、巴里黑和呼罗珊的其他城市;所有这些城市均遭"大屠杀"②。1220 年夏,成吉思汗是在内塞夫一带度过的,他在那里游牧消夏。秋天,成吉思汗攻入忒耳迷,将该城居民全部杀死③。1220～1221 年冬季,成吉思汗是在阿姆河畔度过的。

蒙古人征服花剌子模

1220 年秋,军事行动尚未涉及到花剌子模。这个富饶农业区四面环绕着沙漠和咸海。花剌子模守军的指挥权转到保卫忽毡的英雄——帖木儿灭里手中。他的军队打败了开到古儿干赤(玉龙杰赤)的术赤蒙古军。1 月,因袭花剌子模沙和算端封号的扎阑丁及其兄弟们来到古儿干赤。扎阑丁是唯一的有才能的统帅和统治者,原本在此后能够组织并领导起抵抗成吉思汗大军(看来,成吉思汗的目标不仅在于征服中亚)的斗争。不幸的是,自秃儿罕哈敦出逃之后,封建主各派集团争权夺利的斗争即已开始。这些集团

---

① 据捏萨维记载(《算端扎阑丁传》,阿拉伯文本,第 46 页;法文译本,第 88 页;波斯文本,第 58—59 页),是由于祃挢答而遭到了罕见的旱灾(四个月未降雨);据志费尼记载(《世界征服者史》,第 2 卷,第 198—199 页),是由于城堡中断水十天至半月所致。两位史家还写道,一俟王后秃儿罕哈敦投降之后,便立刻降了雨。关于秃儿罕哈敦的遭遇,还可参阅伊本·阿昔尔:《编年史全集》),第 243 页;《金帐汗国史资料集》,第 1 卷,第 13—14 页。

② 详细情况可参阅志费尼:《世界征服者史》,第 1 卷,第 117—140 页。关于呼罗珊的被毁,还可参阅赛菲著作(《塔里黑—纳美—伊·赫拉特》,第 93—89 页)。据赛菲记载,老人们转述目击者的话说,那里"没有人烟,没有庄稼,没有食品和小麦"(同上,第 83 页),"从巴里黑边境到答木罕,人们成年以头吃人肉、狗肉和猫肉,因为成吉思汗军烧毁了所有的〔粮〕仓"(第 87 页)。

③ 志费尼:《世界征服者史》,第 1 卷,第 102 页。

特别是仇视扎阑丁拥护秃儿罕哈敦的集团不愿意看到国内有一个像扎阑丁这样强有力的人物出现，因此拒绝服从他的领导，时时想暗算他。扎阑丁无法组织起保卫花剌子模的战争，于是与帖木儿灭里带着一支 300 人的军队离开花剌子模，穿过卡拉库姆沙漠，到了呼罗珊，再从呼罗珊到现今阿富汗一带，以便在那里建立一个抵抗成吉思汗大军的根据地。

与此同时，古儿干赤英雄的市民们①积极备战。但是他们没有领导人。在争权中获胜的秃儿罕哈敦集团宣布秃儿罕敦的亲戚突厥异密忽马儿的斤为算端和花剌子模沙。忽马儿的斤是一个无能而胆怯的人②，其他头面人物也是一些微不足道的人，用志费尼的话来讲，连列举他们的名字都没有必要③。就在这时，蒙古人来到了。由于古儿干赤是东方人口最多的城市之一；且设防牢固，因此成吉思汗调集大批力量来进行围困。最早开来的是察合台和窝阔台率领的大军，而后开来的是术赤大军和其他几支军队。他们都带来了由年轻俘虏组成的专门完成围城任务的"人堆"，城市贫民渴望杀敌，对蒙古军队进行袭击。蒙古人采用他们的惯用伎俩假装溃逃，引诱市民落人埋伏，结果一部分市民被打死，其余市民逃回城里。蒙古人紧跟其后，闯入城门。市民们奋战了一整天，将闯入的敌人赶走。于是蒙古人施展种种手段围攻城市④。诸将领之间的意见不合使围攻时间拖长。术赤被普遍认为是乃父大规模毁

---

① 伊本·阿昔尔：《编年史全集》，第 12 卷，第 257 页，《金帐汗国史资料集》，第 1 卷，第 32 页。

② 市民们戏称他为"诺鲁思式的帕迪沙"，意思是阳历新年——诺鲁思节（3 月 21 日）推举出来的"丑角皇帝"，类似西欧的"五月国王"（志费尼：《世界征服者史》，第 1 卷，第 98 页）。

③ 同上，第 97 页，其中一个人外号叫做"库黑—伊·都鲁干"——"谎言之山"（系波斯语）。

④ 据捏萨维记载（《算端扎阑丁传》，阿拉伯文本，第 92 页；法文译本，第 153 页；波斯文本，第 124 页），围攻开始于回历 617 年"苏勒卡达"月（1221 年 1 月）。据伊本·阿昔尔记载，围攻共持续了五个月之久。围攻古儿干赤最详细的记载可参阅志费尼：《世界征服者史》，第 1 卷，第 97—101 页。

灭和集体屠杀政策的反对者①,他愿意让富饶的花剌子模及其居民
保存下来(而且,这里也是他的封地),因此提出只要居民们投降,
就要让他们生存,给他们自由②。察合台则反对姑息居民。而花剌
子模居民也不想投降。

一旦经"人堆"之手十天之内将城壕和水沟填平,投石器开始
轰击城墙之时③,"假算端"忽马儿的斤便恐惶至极,打开城门,向
蒙古人乞降④。蒙古人冲入城中。但是市民们却以无比勇敢的精
神坚守每一个街坊,每一座房屋。用伊本·阿昔尔的话来说,"男
人女人和儿童们都投入战斗,直到他们(鞑靼人)占领全城才停止
抵抗"⑤。志费尼则说,"市民们坚守着街道住宅区;每条街上都有
战斗,每个通道上都设障碍物。(蒙古)士兵投出装着火油的器皿
将他们的房子、住宅燃着,射出箭和木球将市民们贯穿在一起"⑥。
城市被攻占之后,还活着的居民被驱赶到野外。手工业匠人被挑
出来充作奴隶(据志费尼记载,有十万多人),充作奴隶的还有年轻
妇女和儿童;其余居民则被分配给士兵;据志费尼说,每个士兵似
可分到 24 名⑦。这些人都被用"斧子、镐头、马刀、锥杖"杀死⑧。然
后,蒙古人掘开河堤,放出阿姆河水,将整个城市淹没,躲在各处的
人们也均遇难,这样,"没有一个人得以幸存"⑨。

---

① 关于这一点,对成吉思汗王朝持仇视态度的朱思扎尼谈到过(《塔巴哈特一伊·纳昔里》,第 379
页)。成吉思汗死后,连窝阔台也未执行乃父的这一政策(关于窝阔台的详细描述可参阅志费尼:
《世界征服者史》,第 1 卷.第 158—195 页)。

② 捏萨维:《编年史全集》,阿拉伯文本,第 94 页;法文译本,第 154 页;波斯文本,第 124 页。

③ 由于古儿干赤近郊没有石头,投石器投掷的是桑木块。

④ 志费尼:《世界征服者史》,第 1 卷,第 99—100 页。

⑤ 伊本·阿昔尔:《编年史全集》,第 12 卷,第 257 页;《金帐汗国史资料集》,第 1 卷,第 32 页。

⑥ 志费尼:《世界征服者史》,第 1 卷,第 100 页。

⑦ 同上,第 100—101 页。

⑧ 捏萨维:《算端扎阑丁传》,阿拉伯文本,第 95 页;法文泽本,第 155 页;波斯文本,第 125 页。

⑨ 伊本·阿昔尔:《编年史全集》,第 258 页;《金帐汗国史资料集》,第 1 卷,第 32—33 页。据伊本·
阿昔尔记载,死者中有许多外来客商,"他们也成了刀下之鬼"。

于是,蒙古人在中亚的军事行动即以 1221 年征服花刺子模而告结束。此后 1221~1222 年,由成吉思汗亲自参与的战争,则在呼罗珊、阿富汗和印度河畔进行。1222 年秋,成吉思汗返回撒麻耳干。他在中亚一直呆到 1224 年春,当年夏季在额尔齐斯河畔渡过;而到 1225 年时,他已返回蒙古。

我们不准备对最后一代花刺子模沙扎阑丁(1221~1231 年)同蒙古人的斗争详做介绍,因为这场斗争是在中亚之外地区进行的(先是在现今的阿富汗和印度境内,而后是在伊朗西部、阿塞拜疆和库尔德斯坦)。我们只想对扎阑丁本人做点介绍。扎阑丁是一位天才的统帅,他英勇顽强,百折不挠。但是他使用的战斗力量——突厥游牧民团,却纪律不良,且常常背叛。他不是一个天才的政治家:不懂得在同征服者进行斗争时必须依靠人民群众,尤其要依靠在反抗"异教徒"征服者的斗争中表现得最为坚定的市民装武。扎阑丁也没有努力形成一个前亚和外高加索诸国反对成吉思汗王朝帝国的同盟,相反,却同这些国家——既有基督教国家(谷儿只),又有穆斯林国家(亚美尼亚的艾育比王朝,小亚细亚的塞尔柱王朝,报达的哈里发王朝)进行了战争。在这些零散战争中他耗掉了力量,当蒙古人再次卷起征服浪潮时,他被击败,并战死在库尔德斯坦的山中(1231 年 8 月)①。

---

① 捏萨维对扎阑丁作过详细描述(《算端扎阑丁传》,阿拉伯文本,第 247—249 页;法文译本,第 411—414 页;波斯文本,第 281—284 页)。总的说来,他被美化成一个高尚、勇敢的英雄,伊斯兰的勇士,与"异教徒"进行不调和斗争的战士。不过作者也没有掩饰这位英雄人物个人品质方面的一些缺点。这种美化是真诚的,因为捏萨维写作时扎阑丁已经战死。伊本·阿昔尔在对待扎阑丁的态度上恰恰相反,持否定意见(《编年史全集》,第 12 卷,第 325 页;《金帐汗国史资料集》,第 1 卷,第 39—40 页)。此后,在中亚和伊朗的穆斯林教徒的印象中.扎阑丁的形象被传奇化,圣像化。即使那些具有亲蒙古人观点的史学家们——志费尼和拉施特丁,也毫不掩饰他们对扎阑丁功勋的钦佩之情。

蒙古人征服中亚带来的后果

蒙古人征服带来的第一个后果是人口锐减：一部分被杀死，另一部分被掳走充当奴隶，还有一部分死于饥饿和大规模入侵的必然伴随物——瘟疫。中国旅行家长春(1222 年)曾经记载过中亚的荒凉和饥馑情况。在撒麻耳干，只剩下了四分之一居民，城郊农民饥无可食，于是这些一贫如洗的农民便变为"强盗"，亦即打起游击来。撒麻耳干每天夜里可以看到有房屋起火①。志费尼说，撒麻耳干一带由于几次强征"人堆"，而"人堆"又一去不复返，故而成了一个无人区②。即使如此，撒麻耳干的情形与不花剌相比还胜一筹。不花剌绿洲在 1238 年(塔剌必起义)至 1316 年之间，前后五次遭到毁灭，③。到十四世纪三十年代时，旅行家伊本·巴图塔看到的不花剌依然是一个毁坏不振、人烟稀少的地方④。

从奥·德·契诃维奇发表的文献(寺院财产证书)中可以看到，直到十四世纪初，不花剌绿洲还到处是城堡、清真寺和村镇的废墟，被毁坏的花园和果园遗址⑤。这种景象在中亚的其它地区也比比皆是。

中亚农业地区和城市生活在经济上的大幅度衰落是一个不容争辩的事实。遗憾的是，由于缺乏这一时期的编年史料，我们不可能掌握具体的事实。与此相反，对于十三世纪的伊朗，我们则拥有

---

① 《北京俄国东正教使团成员著作集》，第 5 卷，第 328—332 页。
② 志费尼：《世界征服者史》第 1 卷，第 96 页。
③ 参阅伊·帕·彼特鲁舍夫斯基：《十三世纪不花剌简史》，原载《列宁格勒大学学报》，第 98 期(东方学丛刊，第 1 辑)，第 103—118 页。参看该文对史籍的引述。
④ 查·德弗雷马里、伯·桑维纳提编：《伊本·巴图塔航海游记》〔法文〕，第 3 卷，巴黎，1877 年，第 22 页(阿拉伯原文附法文对照译文)。
⑤ 奥·德·契诃维奇：《十四世纪的不花剌文献》，塔什干，1965 年，文献第 1 号，1326 年。

许多当地史料提供的例证,使我们能够清晰而全面地看到伊朗经济衰落的状况。由于成吉思汗征服中亚和伊朗造成的经济后果总起来看是相似的,因此,关于这一点我在另一篇文章(见本书《蒙古征服和统治伊朗和阿塞拜疆》一文——编译者注)作了详细介绍。这里只想肯定地指出一点:这两个国家的经济,后来直到十四世纪初亦未达到它们在十三世纪初曾经达到的水平。

蒙古征服者在经济方面带来的后果之一是奴隶制在封建社会的复活。这是数十万人被充做奴隶而形成的结果。其中有一些是手工业匠人变成了奴隶,他们在当地特殊的作坊中(波斯语为"哈尔哈内")受剥削。波斯史学家瓦撒夫(十四世纪)记载说,大约在1226年,不花剌进行过一次重新登记,结果查明有5000人归拔都的后代所有,3000人归拖雷的遗孀唆鲁禾帖尼所有,8000人归大汗本人所有[1]。至于不花剌和撒麻耳干奴隶式的手工业匠人做工所在的作坊情况,瓦撒夫还提到过两次[2]。

成吉思汗王朝在中亚也如同在伊朗一样,在农民中确立了比较严格的封建依附形式,对农民施行了比较高的封建剥削定额。同样道理,由于我们掌握了蒙古在伊朗统治时期有关农民状况的大量史籍材料(其中包括文献材料),故这一问题我也在收入本书的另一篇文章中作了论述。这里我们只引述拉施特丁关于十三世纪五十年代中亚状况的一段记载:"由于暴政("朱尔姆")和压迫("塔尔迪")的进一步强化,农民("达哈金")在数不清的重负、索贡和过重的税赋("阿瓦里兹")压迫下走投无路,以至庄稼("伊尔提

---

[1]《瓦撒夫史》,波斯文影印本,孟买,回历1269年(1853年),第51页。原文、俄语译文和原文校刊可参阅伊·帕·彼特鲁舍夫斯基的论文:《十三世纪不花剌简史》,第114—117页,以及弗·弗·巴托尔德的著作:《蒙古入侵时期的突厥斯坦》,第577页,注释1。

[2] 在《瓦撒夫史》(第69页)中说:"决定每位王子可在不花剌和撒麻耳干分到数千〔人〕和属他们私有的作坊("哈尔哈耐哈—伊·哈斯")。试与同书第68页的记载相对照。

瓦阿特")的收获量("马赫苏尔")还不够索要赋税数的一半"①。沉重的赋税政策是造成这个经过征战的国家在经济方面一直不能复苏的原因。

这个国家无法从征战破坏中复苏的另一个原因是征服者未能确立坚强的政权、法制和持久的和平。尽管包括阿姆河一带的中亚都纳入了成吉思汗王朝封地的版图,但是术赤和窝阔台的后代却为它的某些组成部分争分不停。诸王子因争夺封地汗位而引发的内讧又得到了一小撮游牧封建主的支持。这场内讧一直打到帖木耳执政为止。内战又导致了劫掠和城市、农区的毁灭。我们前面说过,成吉思汗曾明令禁止劫掠东突厥斯坦,即使如此,到十三世纪六十至七十年代时,这里也是一片荒凉了②。

那些将自己的命运同成吉思汗联系在一起的中亚大商人,原来希望许多国家统一在同一个政权下会保证商道的安全,会出现商队贸易的繁荣,现在由于上述经常性的内战,且由于城市手工业生产的衰败,这一愿望也只在极小的程度上有所实现,而且仅限于征服初期;至于同中国的贸易交往则更加受到了限制③。

蒙古人征服带来的另一个后果是大批游牧民渗入中亚——不仅有蒙古人(蒙古诸部中,扎剌亦儿部迁至忽毡,巴鲁剌思部迁至哈什哈河畔,哈兀沁部迁至阿姆河上游,卫拉特部迁至阿姆河上游以南地区),还有随同他们从东突厥斯坦和现今哈萨克前来的更多的突厥诸部。这种情况导致了农耕面积的缩小、游牧业经济的加强和定居农业的削弱。1253年曾途经七河地区的传教士鲁不鲁克

---

① 拉施特丁:《史集》,第2卷,埃·伯劳舍刊布,伦敦—莱顿,1911年,第312页。
② 聂思脱里派长老马尔·牙巴拉哈三世的叙利亚文传记的佚名作者写道,长老在十三世纪七十年代看到和阗和喀什荒无人烟。参阅《马尔·牙巴拉哈三世和列班·扫马传》,尼·维·皮古列夫斯基研究并翻译,莫斯科,1958年,第67页。
③《马尔·牙巴拉哈三世和列班·扫马传》,第70页。作者写道:"道路不平安,〔通往中国的〕商道被中断。"

谈到,该地的农业文化在衰落,耕地变成游牧民的牧场,许多城市在消失①。十三世纪,七河流域的农业完全消失并让位于游牧业。蒙古—突厥游牧贵族成了封建主阶级的领导集团,且这种情况一直延续到十八世纪末(布哈拉汗国)和十九世纪初(基发)。在未并入俄国之前,所有在中亚施行统治的各代代表人物也都来自突厥化的蒙古游牧诸部或突厥诸部。

---

① 关于这一点可参阅弗·弗·巴托尔德:《七河流域史纲》,伏龙芝,1963 年,第 51 页及以下。可参阅读书所引述的史料。

三 成吉思汗征服阿富汗(1220～1222年)

本文根据原苏联历史学家米·格·皮库林《成吉思汗在阿富汗》(载论文集《鞑靼——蒙古人在亚洲和欧洲》)一文编译而成。

米·格·皮库林(1905～1987年),原苏联乌兹别克加盟共和国科学院东方学研究所研究员,历史学博士,教授,阿富汗史专家,著有《阿拉伯经济史》、《俾路支》等。

本文引用的史籍有捏萨维《算端扎阑丁传》(十三世纪)等阿拉伯文著作,志费尼《世界征服者史》(十三世纪)、拉施特丁《史集》(十三世纪)等波斯文著作,当代原苏联历史学家弗·弗·巴托尔德院士《蒙古入侵时期的突厥斯坦》、瓦·米·马松和弗·阿·罗莫金《阿富汗史》等。

与本文有关的史料和著作

蒙古——鞑靼大军在成吉思汗率领下对中亚及其毗邻地区进行的侵略,已有俄国、苏联和外国学者的许多著作作过详细描述。

本文仅就成吉思汗对阿富汗的掠夺性远征、成吉思汗及其委派的官吏们在阿富汗惨无人道的暴行作一些介绍。

许多中世纪史学家的作品中含有成吉思汗大军侵略现今阿富汗地区、根据他们的命令在这里毁坏城市乡村、灭绝成千上万和平居民、使和平居民饱尝千辛万苦的材料。

其中首先应当提到的是《算端扎阑丁传》的作者沙合不丁·穆

罕默德·安一捏萨维①。吉·穆·布尼雅托夫指出,他的这部书是"出自反对蒙古侵略者史家之手的"唯一著作②。

捏萨维当过扎阑丁的秘书,"是其主子遭到种种磨难的见证人,在谈到扎阑丁时他记的都是事实","他对所见所闻的最重大事件都作了描述"③。

至于中世纪其他史家的作品,则一般都是互相抄袭,了无新意,因为他们不同于捏萨维,都是成吉思汗工朝宫廷史家之辈。本文中引述了其中几位的作品。首先是拉施特丁的《史集》(第一卷,俄文版)④。这是成书于十四世纪初有关中亚、伊朗和阿富汗历史的唯一巨著。这部史书总的说来对成吉思汗征讨现今阿富汗地区的种种事件的记载还是合乎实际情况的。

本来还应当直接引述志费尼的《塔里黑—伊·扎罕古沙》(《世界征服者史》)(成书于 1260 年)⑤的抄本,但是这部著作在弗·弗·巴托尔德、瓦·米·马松和弗·阿·罗莫金的著作中已多次被引述,故本文只作了一些转引。

与成吉思汗大军入侵阿富汗相关的那些令人悲哀的事件,在其他苏联和外国作者(其中包括阿富汗大历史家阿赫默德·阿里·科赫扎德,阿布德·阿勒—巴吉·拉蒂菲等)的学术论著中已有相当详细的论述,其中有些段落也被本文引用。

---

① 沙合不丁·穆罕默德·安一捏萨维:《算端扎阑丁传》,吉·穆·布尼雅托夫翻译、前言、注释并索引,巴库,1973 年。

② 沙合不丁·穆罕默德·安一捏萨维:《扎阑丁传》,第 4—5 页,7 页(译注)。

③ 同上,第 4—5 页。

④ 拉施特丁:《史集》,第 1 卷,莫斯科—列宁格勒,1952 年。

⑤ 志费尼:《世界征服者史》,抄本,第 4597 号,苏联科学院东方学研究所。

成吉思汗征服阿富汗的经过

本文不准备对受成吉思汗侵略诸国各族人民的政治制度和社会经济关系作出评价,也不准备对成吉思汗及其部下对被征服各民族的政策进行分析。

苏联历史学家伊·帕·彼特鲁舍夫斯基指出,无论对成吉思汗本人来说,也无论对他的将领来说,"被征服的和未被征服的定居民族之间没有多大差别:被征服的也罢,未被征服的也罢,他们都想抢劫……推行沉重的赋税重压……通过武力实施掠夺。这一政策的拥护者们既不去管定居民最终会不会破产,也不去管他们会不会生存下去"①。

上面提到的那位一系列残酷事件的目击者、当时的历史学家捏萨维,对此提供了证明。他写道:"杀戮、抢劫、破坏竟至如此严重,以致村庄像割草一般被抹掉,农民赤身露体地行走。敞着的和锁着的,明放着的和暗藏着的,通通被(蒙古人)拿走,结果是既听不到牲畜的叫声,也听不到婴孩的哭声,只有夜猫子的哀叫引起阵阵回声。"②

这不是游牧部落侵入被征服民族地区出现的那种自发的残暴行为,也没有在被征服地区居民投降之后停止。"这是自上而下有组织地灭绝有能力进行抵抗的居民、恫吓和平居民、在被征服国家居民中制造群众性恐惧的一整套恐怖措施"③。

只有那些未作武装抵抗、蒙古大军将领刚提出劝降令就表示

① 伊·帕·彼特鲁舍夫斯基:《拉施特丁及其史学著作》,载《史集》,第 1 卷,第 1 册,莫斯科—列宁格勒,1952 年,第 12 页。
② 沙合不丁·穆罕默德·安—捏萨维:《扎阑丁传》,第 89 页。
③ 伊·帕·彼特鲁舍夫斯基:《拉施特丁及其史学著作》,第 32 页。

投降的城市居民,才免遭屠城之灾。即使如此,答应的宽恕条件也没有得到履行。这一点,许多编年史籍的记载都可以证明。只要城市居民稍有反抗之举,一俟蒙古人占领之后,就将城市居民赶到城外的田野里,进行处决。伊·帕·彼特鲁舍夫斯基引证中世纪编年史料写道:"成吉思汗将领们将城市居民乃至整个地区居民一个不剩地挨个杀掉的事,屡不见鲜。……处决时,将居民分给士兵;每个士兵命令分给的人跪在地上,然后用已经钝笨的刀将他们的头砍去"①。

1220 年末,成吉思汗占领忒耳迷(捷尔梅兹)②,灭绝了全城居民,又攻下巴达哈伤(巴达赫尚),"大肆抢劫,杀死全部居民,毁坏殆尽,放火烧光"③。

1221 年 1 月末自 2 月初,他渡乌浒水(阿姆河),进入花剌子模帝国的巴里黑境内。这里是现今阿富汗北部,古代叫做吐火罗斯坦,北从阿姆河南到兴都库什山北坡,西起巴里黑,东至巴达哈伤,生产力、物质文化和精神文化在当时属于高度发达之列。塔吉克人在这里的城乡居民中占多数,从事农耕业,而伊朗和突厥游牧部落则经营畜牧业。

蒙古人在没有遇到武力抵抗的情况下,一直开到巴里黑城下。巴里黑居民相信了成吉思汗宽恕他们的许诺,放下武器,打开城门。然而,成吉思汗欺骗了巴里黑居民。他借口"清点",把居民赶出城外,来到平坦的地方,下令蒙古人将他们全部杀死。城墙、城堡,以及建筑物、教堂和宫殿,全部被毁,整个城市被付之一炬④。

---

① 《拉施特丁及其史学著作》,第 33 页。
② 瓦·米·马松,弗·阿·罗莫金:《阿富汗史》,第 1 卷,莫斯科,1964 年,第 227 页;据其他史料宣称,忒耳迷是成吉思汗于 1220 年秋占领的(弗·弗·巴托尔德:《蒙古入侵时代的突厥斯坦》,载《著作集》,第一卷,莫斯科,第 495 页)。
③ 拉施特丁:《史集》,第 1 卷,第 2 册,第 218 页。
④ 瓦·米·马松,弗·阿·罗莫金:《阿富汗史》,第 1 卷,第 283 页。

在中世纪其他文献手稿中,关于巴里黑的陷落和被劫掠还有另外一种说法。比如,米尔咱·乌鲁格伯克写道:"成吉思汗以巴里黑居民在此之前曾收容花剌子模沙之子算端扎阑丁为理由,拒绝了巴里黑大员前来提出的要宽恕该城居民的请求。"他写道,蒙古人占领该城,"是在摧毁班迪—阿迷儿大堤(位于巴儿合卜河上游),洪水淹没了要塞和城市之后。从洪水中逃生的人们,被蒙古人捕获,带到城外,一律杀死。雄伟富饶的巴里黑,根据成吉思汗的命令,由士兵任意抢劫,宏伟的建筑物被放火烧毁"①。总之,宏大的城市被摧毁,城市居民被杀光,物质文化和精神文化珍品被毁灭。德几涅写道:"巴里黑被成吉思汗摧毁劫抢之后,长期未能复兴"②,再也没有昔日的繁华之景了。

成吉思汗来到阿富汗北部之后,兵分两路:一路以察合台、窝阔台为首,征讨花剌子模;一路以幼子拖雷为首,征讨呼罗珊。

成吉思汗本人则率领留下的军队向塔里寒城(脱儿罕城)进发。位于阿富汗西北部的塔里寒城居民对蒙古人进行了顽强的抵抗③。他们据守纳思来忒忽要塞,与围攻要塞的成吉思汗大军英勇对峙了几个月时间。直到拖雷胜利结束对呼罗珊的征讨之后前来增援成吉思汗时,纳思来忒忽要塞才失守④。

成吉思汗攻下这座要塞后,将英勇守卫要塞的居民全部杀死,还杀掉塔里寒城的和平居民,并将塔里寒城劫抢一空,然后放火烧掉。而后,成吉思汗翻过兴都库什山来到范延(巴米安),再由范延

① 米尔咱·乌鲁格伯克:《塔里赫—亦·阿拉伯·兀鲁思》(《阿拉伯史》)〔波斯文〕,手稿,大英帝国博物馆,博士学位论文摘要,26190,第 83 张。
② 德几涅:《匈奴、突厥、蒙古诸民族通史》,第 5 册,伊斯坦布尔,1924 年,第 99 页。
③ 除了现在人所共知的这个塔里寒城(位于阿富汗东北部,是吐火罗省会)外,这一时期还有一个木儿加卜河塔里寒城,其地址不明。看来,当在木儿加卜河上游一带(拉施特丁:《史集》,第 1 卷,第 2 册,第 219 页)。
④ 弗·弗·巴托尔德:《蒙古入侵时期的突厥斯坦》,第 506 页。

进军可不里(喀布尔)和哥疾宁(加兹尼)。

中世纪历史学家关于成吉思汗大军在阿富汗境内从塔里寒城到哥疾宁进军路线的记载,说法不一。有的说,他经过古儿疾汪和范延;也有的说,他经过安达拉卜、范延和可不里[①];还有的根本没有述及他南下的路线[②]。

蒙古大军一路上遭到各个居民点的顽强武装抵抗。比如,古儿疾汪是在围攻达一月之久后才占领的,为此全城被破坏,居民被杀光。

安达拉卜的居民也被通通杀光[③]。山城范延在长期围困中巍然屹立。成吉思汗的孙子木(阿)秃干(拉施特丁史中记做毛秃干[④],系察合台之子)就在这里被一箭射死的。

当蒙古人攻下这座城市之后,成吉思汗为了报仇,"下令杀死一切活的东西,一切人,一切牲畜、野兽、飞禽,不要一个俘虏,不要一件战利品,把城市变成废墟,使之无法重建,城中不得留下一个有生命的动物"[⑤]。

德儿涅写道,这道命令得到了执行,结果范延的全部居民都被杀光,城市被夷为平地[⑥]。

阿富汗史学家穆罕默德·阿里指出:"阿富汗的遭遇较之于其他国家更为悲惨,因为阿富汗居民顽强地抗击了蒙古人。他们许多人口稠密的城市如塔里寒、也里(赫拉特)、范延等地,都像从地

① 其中阿富汗史学家阿布德—阿勒·巴吉·拉蒂菲提到过可不里被摧毁和遭劫掠的情况。他在著述中写道,成吉思汗向哥疾宁挺进途中攻下了可不里:"该城遭劫掠摧毁,四郊也变成一片废墟。"(参阅阿布德—阿勒·巴吉·拉蒂菲:《阿富汗与对它一般状况和国内生活各个领域情况的看法》,喀布尔,1946 年,第 286 页。)

② 弗·弗·巴托尔德:《蒙古入侵时期的突厥斯坦》,第 511。据·弗·弗·巴托尔德推测,成吉思汗南进的路线是:从迈马纳出发,经兴都库什山隘,而到范延(第 512 页)。

③ 德儿涅:《匈奴通史》,第 103 页。

④ 拉施特丁:《史集》,第 1 卷,第 2 册,第 219 页。

⑤ 同上。

⑥ 德儿涅:《匈奴通史》,第 104 页。

球上被抹掉一般而消失了。"①

扎阑丁领导的反抗斗争

伊·帕·彼特鲁舍夫斯基依据许多中世纪编年史资料指出，花剌子模及其辖下诸领地的封建上层，绝大多数不善于组织和领导人民群众抗击蒙古征服者。他写道："拉施特丁史及其他史籍材料使我们相信，各处……抵御蒙古大军最为主动、最为积极的斗士乃是人民群众，特别是城市居民的下层——手工业者和城市贫民。其原因，我们认为在于：蒙古人的侵入，意味着广大人民群众要遭受沉重的灾难。他们或者要被集体杀害，从肉体上被灭绝，或者沦为奴隶，最好的情况下也是被抢掠和忍受最残酷、最反动的半奴隶式的封建剥削"②。这就是迫使他们起来与残暴的入侵者进行斗争的原因。

在阿富汗境内领导这场斗争的人物是花剌子模沙阿剌丁·穆罕默德二世(1200～1220年)的儿子、哥疾宁省总督扎阑丁。在花剌子模，他拟定的抗击蒙古人的计划没有得到支持(他要求将花剌子模沙手下数量庞大的各部分军队联合起来，抗击正在入侵的蒙古人)③，于是来到哥疾宁。在赴哥疾宁途经呼罗珊的时候，扎阑丁集合起了一大批军队(数万骑兵)。在加儿奇斯坦(穆尔加卜上游地区)，马鲁(麦尔夫)原地方官汗篯力克(突厥蛮人)的4万骑兵，以及突厥蛮的一位大封建主赛法丁的4万军队，也都加入他的军队④。到哥疾宁之后，古儿异密帖木儿—灭里和阿明—灭里的军

---

① 穆罕默德·阿里:《赫尔曼德河谷简史》〔英文〕,载《阿富汗》,喀布尔,1955年,第10卷,第1期,第42页。

② 伊·帕·彼特鲁舍夫斯基:《拉施特丁及其史学著作》,第34页。

③ 沙合不丁·穆罕默德·安一捏萨维:《扎阑丁传》,第81页。

④ 拉施特丁:《史集》,第1卷,第2册,第220页。

队,还有以木椟菲儿—灭里为首的阿富汗军队,也加入了他们的行列①。

1221年夏,扎阑丁来到八鲁湾(帖尔万)镇安营扎寨,迎击成吉思汗。在这里,他率兵进攻围困瓦里延(在吐火罗斯坦)的蒙古大军,击溃了这支军队。

成吉思汗大军失利的消息很可能会激励被他和他的儿子征服地区居民奋起反抗蒙古人的压迫。成吉思汗对此十分惊恐,于是派出有经验的将领失吉忽秃忽那颜率领大军(3万到4万人)与扎阑丁抗衡。很快,蒙古大军开到八鲁湾,安营扎寨,与扎阑丁的营寨相对峙。蒙古将领使尽种种战术,战斗的头两天均未能取胜。他们被击败,逃离战场。进攻扎阑丁的蒙古大军只有少数人与失吉忽秃忽生还,逃回成吉思汗营地②。据史家记载,八鲁湾之战乃是蒙古大军在1219~1222年转战中亚、伊朗和阿富汗期间遭到的第一次也是唯一的一次重大失败③。

但是,蒙古人在瓦里延(在吐火罗斯坦)要塞的失利和扎阑丁在八鲁湾给他们的迎头痛击,以及安达拉卜、古尔疾汪和范延的保卫者们长期抵抗并吸引蒙古大军分出很大一部力量来围攻这些城市,所有这些都未能阻止蒙古大军的南进。成吉思汗利用扎阑丁军队各个将领因瓜分从蒙古人手中夺取的战利品而产生争执之机,率兵挺进,进逼扎阑丁部队,使之退守哥疾宁④。

成吉思汗赶到哥疾宁,却发现那里并没有扎阑丁。原来,扎阑

---

① 弗·弗·巴托尔德:《蒙古入侵时期的突厥斯坦》,第508页。
② 沙合不丁·穆罕默德·安—捏萨维:《扎阑丁传》,第341页。
③ 瓦·米·马松,弗·阿·罗莫金:《阿富汗史》,第1卷,第284—285页。
④ 赛甫丁·阿格剌黑和阿赞—灭里离开扎阑丁营地之后,带着自己的部队来到白沙瓦一带。在宁拉合儿逗留期间,二人双双死于内讧(瓦·米·马松,弗·阿·罗莫金:《阿富汗史》,第1卷,第285—286页)。另有材料说,赛甫丁·阿格剌黑和阿赞—灭里跑到了"起儿漫山下"(拉施特丁:《史集》,第1卷,第2册,第222页)。

丁残留的兵力明显不足,不敢与蒙古人对抗,就在蒙古大军来到哥疾宁城前十五天,撤到了印度河畔。

蒙古人闯入哥疾宁城之后,尽管该城不战而降,但遵照成吉思汗诸将领的命令,依然将城中大部分居民杀死,将年轻女子和匠人掳走,将市民财产抢劫一空,将城市破坏,而后放火烧掉①。

回历 732 年(公元 1331～1332 年)亦即上述事件过了一百多年之后,阿拉伯地理学家伊本·巴图塔访问哥疾宁时,那里还是一片废墟②。

成吉思汗率领大军追击撤离哥疾宁的扎阑丁,一直追到印度河畔,在那里于 1221 年 11 月 24 日展开了一场决战③。这场决战中,扎阑丁遭到了失败,只带着一部分人马逃到印度河对岸,摆脱数量上占优势的敌人的追击。阿富汗历史学家阿赫默德·阿里·科赫扎德写道:"决战前夕,扎阑丁下令将自己的母亲、妻子和其他妇女投入河水中,以免落入蒙古人手中"④。

当时,成吉思汗没有追击扎阑丁。他沿着印度河岸走了一段路,而后折向木勒坦(木尔坦)和般扎卜(潘贾卜),劫掠了拉火儿(拉哈尔),蹂躏了般扎卜⑤,经白沙瓦返回可不里斯坦⑥。

次年,成吉思汗派遣八剌那颜和朵儿伯那颜率领两万军队前来搜捕扎阑丁。蒙古人在木勒坦、拉合兀儿、马里克鲁儿和白沙瓦大肆烧杀抢夺一番,搜捕扎阑丁却未见结果,于是返回故地⑦。

---

① 拉施特丁:《史集》,第 1 卷,第 2 册,第 225 页;巴托尔德:《蒙古入侵时期的突厥斯坦》,第 513 页。

② 阿赫默德·阿里·纳伊米:《哥疾宁的遗存与陵墓》,载《喀布尔文集》,1941 年,第 160 页。

③ 弗·弗·巴托尔德:《蒙古入侵时期的突厥斯坦》,第 413 页。

④ 阿赫默德·阿里·科赫扎德:《巴拉—希萨尔、喀布尔与历史事件》,第 1 部,喀布尔,1961 年,第 22 页。

⑤ 据别的资料讲,成吉思汗抢掠了木勒坦和德里(《从远古至十八世纪末的伊朗史》,列宁格勒大学出版社,1958 年,第 181 页)。

⑥ 乔·布·马勒松:《从古代至 1878 年战争爆发之阿富汗史》〔英文〕,第 114 页;阿布德—巴吉·拉蒂菲:《阿富汗……》,第 286 页。

⑦ 拉施特丁:《史集》,第 1 卷,第 2 册,第 224 页;巴托尔德:《蒙古入侵时期的突厥斯坦》,第 513 页。

前已说到,成吉思汗派其子窝阔台率大军从巴里黑出发,前去征讨花剌子模。窝阔台沿古儿汗王朝封地向前推进,于1222年至1223年冬包围阿米牙儿要塞。经过数月围攻,阿米牙儿保卫者们几乎全部战死城头或饿死城中,在这种情况下要塞才陷落①。只有攻占阿米牙儿要塞之后,蒙古人才拿下古儿境内的其他城堡②。

与此同时,蒙古人二次占领也里,并将它摧毁。也里第一次是1221年春由成吉思汗之子拖雷占领并臣服于成吉思汗的。但是也里人得到扎阑丁打败成吉思汗大军的消息之后,又举事反对蒙古侵略者,杀死地方长官和拖雷委派的官员。成吉思汗派亦里乞黑台于1221年12月攻到城下,而最终攻陷该城则是过了六个半月,付出极大代价(折损5000士兵)之后。也里居民由于顽强抵抗而遭到报复,全部居民都被消灭。德几涅写道:"当成吉思汗的将领进入也里城后,只留下与15名劫后余生者"③。

1229年蒙古大军征讨呼罗珊和昔思田(锡思坦),昔思田被征服并遭劫掠。当时,蒙古大军是根据窝阔台的命令搜寻从印度回伊朗的扎阑丁而入侵此地的④。

成吉思汗征服阿富汗造成的后果

成吉思汗大军的侵略,给各族人民带来了深重灾难,生产力遭到极大破坏,经济生活和文化进步长期停滞。凡是蒙古大军所到之处,繁华的城乡被摧毁,成十万人被消灭,年轻妇女和儿童被掳去作奴隶,匠人和手工业者被带走。北阿富汗和中央阿富汗也没

---

① 弗·弗·巴托尔德:《伊斯兰教时期的突厥斯坦》,《著作集》,第2卷(1),第197页,233页。
② 瓦·米·马松,弗·阿·罗莫金:《阿富汗史》,第1卷,第287页。
③ 德几涅:《匈奴通史》,第109页。
④ 瓦·米·马松,弗·阿·罗莫金:《阿富汗史》,第1卷,第288页。

有躲过这场劫运。"征服者的蹄尘久久飞扬在被摧毁被劫掠的城乡上空",城乡中"连一点生气和文明的影子也没有留下"①。

阿里·科赫扎德写道:"由于成吉思汗及其诸子——察合台、窝阔台和拖雷对阿富汗领土的入侵,像巴里黑、塔里寒、也里、俾路斯忽、范延、八鲁湾、可不里、哥疾宁等城市,无论其居民俯首投降,或者英勇保卫,都不免被劫掠,被摧毁,被夷为平地,居民都不免被屠尽"②。

成吉思汗及其诸子为了恫吓和控制被征服国家及地区的居民,镇压他们的反抗,预防反对蒙古人统治的群众性活动,不惜大批灭绝和平居民,且其手段残忍至极:五马分尸,栓木桩,活埋,开水煮等等③。

被征服国家和地区的人民群众对蒙古侵略者进行过顽强而坚决的反抗,但是他们缺乏善于组织人民给残暴侵略者以应有打击的领袖人物。只出现了个别封建上层代表人物,如上面所说的扎阑丁。他在依靠游牧封建主及其家丁的力量与侵略者周旋的同时,也得到农民和城市贫民的支持。只是在这种情况下,扎阑丁才得以坚持抗击成吉思汗达数年之久。尽管成吉思汗大军在数量上占绝对优势,却遭到了八鲁湾战役这样重大的失败。阿里·科赫扎德写道:"编年史籍告诉我们,扎阑丁英勇地抗击过成吉思汗,顽强地保卫过阿富汗土地,从八鲁湾到哥疾宁、从哥疾宁到印度河畔,到处给蒙古人以明显可见的打击"④。

成吉思汗及其诸子和各路军队的将领们在阿富汗境内只呆过二十二个月,但是他们根据成吉思汗的意志,从肉体上消灭了数十

---

① 阿赫默德·阿里·科赫扎德:《巴拉—希萨尔》,第 22 页。
② 同上。
③ 阿布德·阿勒—巴吉·拉蒂菲:《阿富汗导游》,载《喀布尔文集》,1948 年—1949 年,第 283 页。
④ 阿赫默德·阿里·科赫扎德:《巴拉·希萨尔》,第 22 页。

万和平居民,摧毁并抢劫了无数居民点,将一些繁华的城乡变成废墟,夷为平地。侵略者铁蹄所到之处,灌溉设施和渠系被破坏而无法继续使用,和平居民的牲畜被抢去,果木被砍掉,城市中的匠人被掳去,以至阿富汗许多地区的经济生活长期停顿下来。

成吉思汗离开阿富汗之后,那里留下的是一个由蒙古王公、蒙古地方长官和当地封建上层附庸人物组成的政权。

四　蒙古征服亚美尼亚(1236～1335年)

本文根据原苏联历史学家阿·加·加尔斯特扬所撰《蒙古大军征服亚美尼亚》(载论文集《鞑靼—蒙古人在亚洲和欧洲》)一文编译。

阿·加·加尔斯特扬是原苏联历史学博士,亚美尼亚史专家,著有《有关蒙古人的亚美尼亚文史料》等。

本文引用的史料有亚美尼亚史学家乔治·阿克涅尔齐《箭手民族史》(十三世纪)、吉拉科斯·甘扎凯齐《亚美尼亚史》(十三世纪)、斯捷潘诺斯·奥尔贝尔扬《西萨坎地区史》(亦称《修尼克地区史》,十三世纪)、瓦尔丹《通史》(十三世纪)、姆希塔尔·爱里瓦涅齐《亚美尼亚史》(十三世纪)等,以及当代原苏联历史学家阿·加尔斯特扬《关于蒙古人的亚美尼亚文史料》、乔·奥甫谢普扬《伊沙塔卡兰克(五世纪至1250年纪念录)》等。

蒙古人首次攻入亚美尼亚

成吉思汗在十三世纪缔造的蒙古帝国,对亚洲以及欧洲诸国造成了极大影响。蒙古帝国的征服活动从根本上改变了包括亚美尼亚在内的高加索地区政治和经济生活的发展进程。

亚美尼亚十三世纪史学家和各个时期的编年史学家只是在蒙古人侵入高加索之后才提到了蒙古人。比如,十三世纪的一部史书(1244年)谈到:"东方出现了一批不知其名的野蛮部落,他们叫做鞑靼人。"①亚美尼亚编年史作者大维德·巴吉舍齐写到,1221年"从东北方来了一些鞑靼人",他们来自"秦和马秦国"②。乔治·阿克涅尔齐把蒙古人称作"箭手民族"③。生活在蒙古入侵时期的斯捷潘诺斯·阿尔贝尔扬说,民间把"鞑靼人"称作"穆加勒人"④。吉拉科斯·甘扎凯齐则把这一称呼合并为"穆加勒—鞑靼人"⑤。

我们在乔治·阿克涅尔齐的著作中可以找到对蒙古人比较详细的描述:"我们听说,他们来自古国突厥斯坦,途中经过某个东方国家,在那里逗留过很长时间。"⑥接着,他写道:"在这里,我们还要讲讲这些初次露面的鞑靼人像什么样子,……他们的外貌恐怖得让人无法表述。……他们有狮子般的力量,有比雄鹰更嘹亮的声音,能够出现在人们完全预料不到的地方。"⑦

亚美尼亚史学家给蒙古征服者冠以"嗜血成性"、"无情"、"残忍"、"凶残"之类的形容词,并且说:"所有国家遭受的灾难,简直史无先例。"⑧

这里产生一个问题:蒙古征服者是什么时候首次出现在高加索的呢? 关于这个问题,资料记载互相矛盾。比如,姆希塔尔·爱里瓦涅齐说这件事发生在 1211 年,乔治·阿克涅尔齐说发生在 1214 年,大维德·巴吉舍齐说是在 1221 年,而吉拉科斯· 甘扎凯

---

① 加·奥甫谢普扬:《伊沙塔卡兰克(五世纪至 1250 年纪念录)》,安提里阿斯,1951 年,第 962 页(亚美尼亚文)。

② 《有关蒙古人的亚美尼亚文史料》,录自十三世纪至十四世纪手稿,阿·桥·加尔斯特扬翻译、作序并注释,莫斯科,1962 年,第 23 页。

③ 乔治·阿克涅尔齐:《乔治·阿坎斯箭手民族史》[英文],剑桥,1954 年,第 292 页。

④ 斯捷潘诺斯·奥尔贝尔扬:《西萨坎地区史》,梯弗里斯,1910 年,第 219 页(亚美尼亚文)。

⑤ 吉拉科斯·甘扎凯齐:《亚美尼亚史》,梯弗里斯,1910 年,第 219 页(亚美尼亚文)。

⑥ 乔治·阿克涅尔齐:《箭手民族史》,第 288 页。

⑦ 同上,第 294 页。

⑧ 加·奥甫谢普扬:《伊沙塔卡兰克(五世纪至 1250 年纪念录)》,第 906 页,第 910 页;乔治·阿克涅尔齐:《乔治·阿坎斯箭手民族史》,第 294 页;吉拉科斯·甘扎凯齐:《亚美尼亚史》,第 217 页—217 页。

齐、瓦尔丹—"瓦尔达佩特"等人则认为蒙古征服者出现的时间是1220 年①。看来,后者的说法完全符合历史实际。

蒙古征服者与亚美尼亚大军在何地爆发激战,这一问题至今尚未弄清。亚美尼亚史学家对于战斗地点有各种说法:"在胡南山谷","在科特曼的广阔地面","在科特曼河畔","在科特曼河附近","在科特迈",等等②。

以史料记载战斗地点不尽相同为出发点,一些当代历史学者对战斗次数也做出种种猜测。比如,阿·雅·马南德扬说,蒙古人打过两仗,第一仗"是 1220 年 11 月,在胡南山谷",第二仗"是1221 年,在科特曼附近"③。继他之后,勒·奥·巴巴扬说,蒙古征服者于 1220 年出现在亚美尼亚,打过三仗:第一仗"是 1220 年 12月底"在阿格斯杰菲地区,第二仗"是 1221 年 1 月在科特曼河畔",第三仗"是 1222 年在胡南近郊"④。

我们认为,"科特曼"和"胡南"这两个地名指的是同一个地方。蒙古征服者与谷儿只(即格鲁吉亚,以下均为格鲁吉亚——编译者)—亚美尼亚大军打的第一仗当在胡南山谷。据瓦尔丹—"瓦尔达佩特"记载证实,蒙古大军在哲别那颜和速不台—把阿秃儿的统率下"从阿格瓦尼亚方向侵入古加尔克地面"⑤。这处地方,吉拉科

① 姆希塔尔·爱里瓦涅齐:《亚美尼亚史》,莫斯科,1962 年,第 65 页(亚美尼亚文);乔治·阿克涅尔齐:《箭手民族史》,第 103 页;吉拉科斯·甘扎凯齐:《亚美尼亚史》,第 190 页;瓦尔丹:《通史》,威尼斯,1862 年,第 42 页;谢巴斯塔齐写道:"亚美尼亚纪元 669 年(1220 年),两万鞑靼人从秦和马秦国出发,穿过阿格瓦尼亚国的山谷,来到古拉尔克地区。"(《十三世纪——十八世纪零散编年史料》,第 2 卷,瓦·阿科普扬编,埃里温,1956 年,第 118 页—119 页。)

② 吉拉科斯·甘扎凯齐:《亚美尼亚史》,第 191 页;乔治·阿克涅尔齐:《乔治·阿坎斯箭手民族史》,第 290 页;瓦尔丹:《通史》,第 142 页;斯捷潘诺斯主教:《编年史》,载《有关蒙古人的亚美尼亚文史料》,第 93 页;姆希塔尔·爱里瓦涅齐:《亚美尼亚史》,第 65 页。

③ 阿·雅·马南德扬:《亚美尼亚民族史评述》,第 3 卷,埃里温,1952 年,第 181 页—第 182 页,第183 页(亚美尼亚文)。

④ 勒·奥·巴巴扬:《十三世纪—十四世纪亚美尼亚社会经济和政治史》,埃里温,1964 年,第 169页,第 173 页,第 180 页(亚美尼亚文)。

⑤ 瓦尔丹:《通史》,第 142 页。

斯·甘扎凯齐称作"胡南山谷"①。由此说明,格鲁吉亚—亚美尼亚大军与蒙古征服者于 1220 年底在胡南山谷(或曰科特曼)只打过一仗。胡南山谷大致位于库拉河与阿拉赞河的汇流处。

看来,哲别那颜和速不台—把阿秃儿的大军最初侵入的当是阿格瓦尼亚,在那里他们驻扎在帕尔塔瓦和拜勒寒两城之间的别加麦兹地方,以设防的别加麦兹为据点,向临近地区不断发起毁灭性袭击。

十三世纪阿拉伯史学家伊本—阿昔尔和波斯史学家拉施特丁证实了这些记载。他们说,1220 年蒙古人正驻扎在哈马丹。由于那里冬季异常严寒,他们只得进入木干和阿兰,在温暖的地方度过冬天,还可以顺利地得到食物和马料②。与两万蒙古大军队对阵的是格鲁吉亚国王拉沙(乔治四世)和亚美尼亚统帅"阿米尔斯帕萨拉尔"扎卡列的弟弟"阿塔比"伊瓦涅率领的格鲁吉亚—亚美尼亚大军。

一些亚美尼亚史籍对格鲁吉亚—亚美尼亚大军遭遇失败一事有过记载。比如,十三世纪亚美尼亚编年史作者斯捷潘诺斯主教这样写道:"亚美尼亚纪元 669 年(1220 年),出现彗星,鞑靼人打败了格鲁吉亚人"③。但是另据别的记载称,亚美尼亚—格鲁吉亚大军并未被打败。战斗开始时,拉沙的军队打散了敌军,并开始消灭他们。不料,预先设伏的蒙古军队突然扑向联军。国王拉沙认为自己尚未失利,仍召集生力军,准备继续战斗。"拉沙和伊瓦涅迎战鞑靼人,而鞑靼人却避开了"④。吉拉科斯·甘扎凯齐对此有过

① 吉拉科斯·甘扎凯齐:《亚美尼亚史》,第 191 页。
② 伊本·阿昔尔:《编年史全集》,如泽翻译,巴库,1940 年,第 137 页;《金帐汗国史资料集》,第 2 卷,莫斯科—列宁格勒,1941 年,第 31 页。
③《有关蒙古人的亚美尼亚文史料》,第 33 页。
④ 参阅:列·麦立克谢特—别克:《有关亚美尼亚和亚美尼亚人的格鲁吉亚文史料》,第 2 卷,埃里温,1936 年,第 31 页(亚美尼亚文)。

详细记载：“当格鲁吉亚国王拉沙集结起比投入上一次战斗还要多的军队，准备进行反击时，蒙古人却避开战斗，带上妻儿财物，开向打儿班之门，打算返回故乡。但是打儿班的当权者不让他们路过。于是蒙古人只好通过难以通行的道路，越过高加索山脉，一路上将树干、石块、财物甚至马匹、军用物资丢满了山谷。”①

　　上述说法得到了伊本—阿昔尔的证实：“鞑靼人离开舍马哈之后，打算路过打儿班，但是却不准路过，于是就向打儿班当权者失儿湾“沙”派出使者传话，让他派出使者进行和谈。他派出十名优秀而地位显赫者，而他们（蒙古人——作者）却捉住一个便杀了，同时对剩下的人说：‘如果你们能为我们指出一条通道，就饶你们一条活命，如果不干，就把你们也杀掉。’”②剩下的九名使者只得带领蒙古征服者越过高加索山脉。“蒙古人翻过高加索山脉难以通行的道路，离去了。”③就这样，蒙古大军在失儿湾公爵们的帮助下穿过失儿湾山谷进入高加索地区。

扎阑丁算端在亚美尼亚

　　我们知道，当时扎阑丁在与蒙古人交战失败后逃入印度。过了一段时间后，他从巴基斯坦潜入伊朗，藏身于尚未遭到毁坏的地区。他积聚起与蒙古人作战的大批部队之后，于 1225 年一举夺下大不里思④，迅速占领阿塞拜疆许多地区，穿过阿特尔帕塔坎侵入

---

① 吉拉科斯·甘扎凯齐：《亚美尼亚史》，第 191 页。详细情况参阅：阿·格·加尔斯特扬：《蒙古时代亚美尼亚外交史》，列宁阿坎，1945 年，第 8 页—第 9 页（亚美尼亚文）。
② 帕·马·伊里敏斯基：《伊本·阿昔尔有关鞑靼人 1220 年至 1224 年首次入侵高加索和黑海诸国记载摘录》，载《苏联科学院学报》，第 2 卷，第 4 辑，1954 年，第 658 页。
③《有关蒙古人的亚美尼亚文史料》，第 23 页。
④ 伊本·阿昔尔：《编年史全集》，第 178 页。

亚美尼亚,占领其首都德温①。

　　格鲁吉亚—亚美尼亚军队在"阿塔比"伊瓦涅的率领下出兵对抗扎阑丁算端。决战在加林城(距埃里温 20 公里)进行。结果,伊瓦涅的军队遭到失败,国家遭到劫掠。"这次失败导致全国走向毁灭。花剌子模人如入无人之境,无情地杀戮和虏掠了居民,将山中的所有建筑物以及村镇、修道院付之一炬。庄稼被烧毁,葡萄园和树木被砍光,遍地饥荒接踵而至,而饥荒又使人全身无力、疲惫不堪。灾难一直延续了七年之久。"②

　　扎阑丁算端在加林城下获胜之后,打算与格鲁吉亚议和。他要保存军队的战斗力,以便投入与蒙古人的战斗。扎阑丁驻在亚美尼亚的布仁城堡,与"阿塔比"伊瓦涅侄子阿瓦格公爵进行谈判。阿瓦格公爵报告格鲁吉亚鲁苏丹女王,说花剌子模算端不想再遭害格鲁吉亚,要求议和。但是以鲁苏丹为首的格鲁吉亚上层人士却拒绝了扎阑丁的建议③,于是花剌子模人在亚美尼亚和格鲁吉亚继续遭害下去。1226 年,他们攻占特不希斯(梯比里斯)城④。居民被残忍杀害。留下的,据伊本·阿昔尔说,只有那些信奉伊斯兰教并诵读《古兰经》名言"没有上帝,只有真主、穆罕默德及其预言"的人⑤。

　　一年之后,亚美尼亚和格鲁吉亚公爵们向扎阑丁的军队发起进攻,粉碎了他的军队,收复了梯比里斯。亚美尼亚统帅普罗什率领部队攻占德温城,歼灭了所有穆斯林人。

---

① 阿·雅·马南德扬:《亚美尼亚民族史评述》,第 187 页。

② 斯捷潘诺斯·奥尔贝尔扬:《亚美尼亚史》,第 212 页—第 213 页;关于扎阑丁算端入侵亚美尼亚一事,可参阅:吉拉科斯·甘扎凯齐:《亚美尼亚史》,第 211 页—213 页;瓦尔丹:《通史》,第 143 页;列·麦里克谢特—别克:《有关亚美尼亚和亚美尼亚人的格鲁吉亚文史料》,第 2 卷,第 52 页;伊本·阿昔尔:《编年史全集》,第 156 页—157 页。

③ 列·麦里克谢特—别克:《有关亚美尼亚和亚美尼亚人的格鲁吉亚文史料》,第 2 卷,第 53 页。

④ 瓦尔丹:《通史》,第 143 页。

⑤ 伊本·阿昔尔:《编年史全集》,第 158 页—第 159 页。

格鲁吉亚和亚美尼亚武力能够取得胜利的原因是显而易见的:扎阑丁同时还须与驻扎在阿特尔帕塔坎的蒙古人进行抗争。1228 年,鲁木算端阿剌丁与埃及算端阿失拉夫、乞里乞亚之亚美尼亚国王海屯一世结盟,也参与了反对花剌子模沙的行列。盟军在耶尔森卡一带打垮了花剌子模人。

这次失利大大削弱了算端的军力。扎阑丁最终被窝阔台派出的三万蒙古大军击垮。这支军队的统帅是著名的绰儿马罕大将。他在六年后征服了整个高加索地区。

齐拉科斯·甘扎凯齐详细叙述了扎阑丁的灭亡经过:"鞑靼人一次把他赶出了故国,这一次则满怀仇恨地向他发起进攻,把他一直追赶到阿迷德,在阿那里给他以令人恐怖的打击,残忍的算端在那里丢掉了性命。也有人说,他是在失败后逃跑过程中被人认出,让一个当地人杀死的。这个人的亲戚遭算端杀害,他为亲戚报了仇。这个恶棍就这样死掉了。"[1]

蒙古人再次占领亚美尼亚

有些学者认为,扎阑丁的失败与绰儿马罕大军的入侵有关[2]。比如,阿·雅·马南德扬依据斯捷潘诺斯·奥尔贝尔扬提供的史料指出,1231 年至 1232 年,蒙古人围困了甘扎克并攻陷了它[3]。

我们认为,阿·雅·马南德扬将绰儿马罕占领甘扎克和蒙古人在阿塞拜疆确立统治地位的时间定在 1232 年,证据有点不足。

---

[1] 吉拉科斯·甘扎凯齐:《亚美尼亚史》,第 317 页。还可参阅:瓦尔丹:《通史》,第 197 页;《亚美尼亚文史料中的蒙古史》,第 1 辑,卡·帕特卡诺夫翻译并注释,圣彼得堡,1873 年,第 5 页,注释 8。

[2] 阿·雅·马南德扬:《亚美尼亚民族史评述》,第 194 页;勒·奥·巴巴扬:《十三世纪—十四世纪亚美尼亚社会经济和政治史》,第 19 页。

[3] 关于此事,可参阅论文:阿·雅·马南德扬:《关于蒙古人摧毁甘兹的新资料》,载《阿塞拜疆共和国科学院通报》,巴库,1943 年,第 7 起,第 80 页。

蒙古大军的零星部队在追击扎阑丁队伍的过程中,无疑常常会出现在高加索地区,袭击并摧毁一些城市①。但这并不意味着阿塞拜疆从此便落入蒙古征服者的桎梏之中。阿·雅·马南德扬引用的史料不是来自史学家斯捷潘诺斯·奥尔贝尔扬,而是来自乞里乞亚之亚美尼亚主教斯捷潘诺斯。此人不是事件的亲历者,而且他在资料中也明确指出绰儿马罕入侵的时间:"685 年(1236 年)却儿曼(绰儿马罕)和察合台侵入我全国,并占领阿尼、卡尔斯和洛里。"②

还有一份更为确切的资料可以证明,绰儿马罕只是迟在 1236 年才首次在高加索出现的。这份资料是亚美尼亚学者、吉拉科斯·甘扎凯斯的老师——塔乌什之奥加涅斯·瓦纳坎的纪念录(亲笔记录)。1236 年蒙古人侵入亚美尼亚时,塔乌什之奥加涅斯·瓦纳坎和吉拉科斯·甘扎凯斯一起住在圣奥加涅斯修道院,并一起成了蒙古人的俘虏。吉拉科斯·甘扎凯斯脱逃了,并据他说,塔乌什之奥加涅斯·瓦纳坎也"被加格城堡中的亚美尼亚人以 80 达赫坎的价格赎了出来"③。被蒙古人抢走的圣经也归还给了瓦纳坎④。瓦纳坎留下一份亲笔纪录,其中记载了蒙古人征服高加索地区的准确时间⑤。

如此看来,直到 1236 年,包括亚美尼亚在内的整个高加索地

---

① 格·奥弗谢扬:《伊沙塔卡兰克(从五世纪至 1250 年纪念录)》,第 878 页,第 2 卷,第 40 页。

② 《十三世纪—十八世纪零散编年史料》,第 1 卷,第 41 页。参与此事,还可参阅:阿里尚:《希拉克》,1960 年,第 102 页;萨尔吉斯扬:《姆希塔尔人之马特纳达兰抄本总目录》,威尼斯,1914 年,第 1 卷,第 443 页(亚美尼亚文)。

③ 吉拉科斯·甘扎凯齐:《亚美尼亚史》,第 234 页。

④ 塔乌什之奥加涅斯·瓦纳坎的亲笔记录曾由阿里尚在其《埃亚帕图姆》(《亚美尼亚编年史》,第 2 卷,威尼斯,1901 年)中刊布过,见 463 页(亚美尼亚文)。

⑤ 特尔—阿维提斯扬:《蒙古时代亚美尼亚作家塔乌什之奥加涅斯·瓦纳坎的亲笔记录》,梯弗里斯,1926 年。

区才最终被蒙古征服者所征服①。

根据蒙古大汗在哈剌和林召开的"忽里勒台"上做出的决定，蒙古大军当在 1235 年开始发起征服俄罗斯和欧洲的新战事。当时，僧人尤里安在伏尔加河河畔某个地方第一次见到蒙古人，并把这一情况禀报匈牙利国王贝拉四世，同时对未来可能要发生的事件提出警告，可惜他的警告无人相信。时隔不久所有的人便惊恐地发现，危险已经笼罩在欧洲上空。从此，欧洲各国才开始采取抵御蒙古人入侵的措施。

根据"忽里勒台"的决定，蒙古大军在成吉思汗之孙拔都的率领下开始向罗斯进军。另一支军队则在绰儿马罕的率领下向高加索推进，以便征服亚美尼亚和格鲁吉亚。

在这一次行动中，蒙古大军带上了妻子儿女和全体家人。据吉拉科斯·甘扎凯齐记载："大批蒙古人携带全部军需物资来到阿格瓦尼亚之后，在条件优越、水草丰美、果树茂盛、野味俱全的木干平原安营扎寨。他们在这里度过冬天。春天来临后，他们便四处袭击，烧杀劫掠一番，然后再回到营地。"②

此时的格鲁吉亚国(亚美尼亚是其组成部分之一)已经远不如蒙古人第一次入侵前和扎阑丁算端军队到来前那样强大了。其原因既在于鲁苏丹女王不善理政(格鲁吉亚因此而发生内乱)，又在

---

① 阿里尚：《埃亚帕图姆》《亚美尼亚编年史》），第 2 卷，第 457 页；《十三世纪—十八世纪零散编年史料》，第 1 卷，瓦尔丹：《通史》，第 143 页；吉拉科斯·甘扎凯齐指出，蒙古大军的统帅是绰儿马罕（《亚美尼亚史》，第 220 页）；姆希塔尔·爱里瓦涅齐：《亚美尼亚史》，第 66 页—第 67 页；《有关蒙古人的亚美尼亚文史料》，第 33 页—43 页；斯捷潘诺斯·奥尔贝尔扬：《西萨坎地区史》，第 146页；《十三世纪—十八世纪零散编年史料》，第 1 卷，第 30 页，第 2 卷，139 页；瓦尔丹：《通史》，第 147 页；吉拉科斯·甘扎凯齐：《亚美尼亚史》，第 270 页；《十三世纪—十八世纪零散编年史料》，第 1 卷，第 30 页，第 2 卷，139 页；阿里尚：《希拉克》，第 102 页；列·麦里克谢特—别克：《有关亚美尼亚和亚美尼亚人的格鲁吉亚文史料》，第 1 卷，第 4 页；《有关蒙古人的亚美尼亚文史料》，第 43页—第 44 页。

② 吉拉科斯·甘扎凯齐：《亚美尼亚史》，第 221 页。

于扎阑丁挑起的流血战争。扎阑丁的战争使整个高加索地区变成荒芜之地,也使蒙古人的征服变得容易得手。斯捷潘诺斯·奥尔贝尔扬说,蒙古人"像一股旋风席卷我国,在很短时间内便臣服天下,占领整个王国,并对它进行了劫掠。"①

1236 年,"阿塔比"伊瓦涅已经离开人世。他去世后,担当国家重任的是"阿塔比"之子阿瓦格和"阿塔比"弟弟扎卡列之子沙欣沙赫,以及瓦格拉姆·加盖齐。他们"未能挡住这股(蒙古人)刮起的旋风,各自逃生,躲近要塞中"②。乔治·阿克涅尔齐说:"亚美尼亚和格鲁吉亚英明的公爵们知道,上帝把力量和战胜我国的权利赐给鞑靼人,他们只能妥协和归顺。"③

据他说,绰尔马罕带来了成吉思汗的妻子阿里塔乃哈屯〔原文如此——编译者〕,在高加索召开"'库里勒台',超过 110 名将领出席大会,大会议定将全部地区划分给各个将领"。④ 这位史学家列举了驻扎在高加索的蒙古将领名单:"阿速图那颜,察合台,豁秃那颜,阿萨儿那颜,秃秃那颜,斡加塔那颜,火者那颜,豁鲁木乞那颜,忽难那颜,帖那那颜,安豁拉帖那颜。"⑤

蒙古人将整个高加索进行划分之后,开始分片征服。绰尔马罕大军向甘扎克推进。蒙古人使用了攻城器和掷石器。绰尔马罕摧毁了整个城市。攻破城墙之后,征服者们杀害了居民。吉拉科斯·甘扎凯齐说,许多人"为了不使自己落入敌人之手,点火与家人一起自焚。……一见这种情况,征服者们愤怒至极,将居民们统统杀死,无分男女老幼"⑥。摧毁甘扎克之后,蒙古大军"用抓阄方

---

① 斯捷潘诺斯·奥尔贝尔扬:《西萨坎地区史》,第 148 页。
② 吉拉科斯·甘扎凯齐:《亚美尼亚史》,第 225 页;同上,第 225 页。
③ 乔治·阿克涅尔齐:《箭手民族史》,第 296 页。
④ 同上,第 304 页。
⑤ 同上。
⑥ 吉拉科斯·甘扎凯齐:《亚美尼亚史》,第 224 页。

式将亚美尼亚、格鲁吉亚和阿尔巴尼亚的各个城市和地区、各个省份和城堡瓜分给自己的将领,任他们去抢劫和破坏。他们每个人带着自己的妻子儿女、帐篷设施、骆驼和其他牲畜前去他们得到的封地"①。

蒙古人征服和毁坏了瓦格拉姆·加盖齐的封地以及整个乌提克地区。占领乌提克之后,大将木剌儿那颜又攻占了沙姆霍尔,占据了一系列城堡——图列拉坎、耶尔列万克、塔乌什、卡察列特、卡瓦金、加格和马茨纳贝德②。塔马察那颜征服了乌提克山区。他占据了加尔德曼、察列克、盖塔别克、瓦尔达纳沙特③。

察合台率领的征服者大军伊及其残酷的手段征服了洛里地区。蒙古人竭尽全力想要攻下洛里城堡,因为那里藏匿者沙欣沙赫的财宝。他们粉碎了居民们的抵抗,摧毁了城市,夺走了财宝,杀死了居民④。

当"阿塔比"阿瓦格看到,蒙古人在都合德那颜的率领下将他所在的卡恩城堡团团围住时,他派出自己的代表乔治去见绰尔马罕,表示愿意臣服。绰尔马罕命令都合德那颜解除围困,离开该地区。而后,阿瓦格去与绰尔马罕会面。绰尔马罕隆重地接待了阿瓦格。阿瓦格承诺向蒙古人进贡,并率领自己的军队参加蒙古人的征讨行动。他带领绰尔马罕大军向首府阿尼进发。

绰尔马罕向阿尼城的当权者派出使者。不料,愤怒至极的老百姓忍无可忍,扑向使者,把他们杀死。听到这一消息,绰尔马汗大动肝火。他下令将城市摧毁,将居民杀掉。得以存活的居民,只

---

① 同上,第225页。
② 瓦尔丹:《通史》,第202页。
③ 吉拉科斯·甘扎凯齐:《亚美尼亚史》,第225页;
④ 瓦尔丹:《通史》,第144页

剩下为数不多的妇女和匠人①。

面对这种情况,卡尔斯的居民决定不战而降。蒙古人依然不依不饶,杀害了居民,抢掠了全城。一支人数较多的蒙古部队在拙赤不花的率领下攻入哈臣地区。哈臣地区的当权者是亚美尼亚军队统帅哈桑—扎剌儿②。他据守霍哈纳贝德城堡,进行了英勇的抵抗。蒙古人未能攻占城堡,转而提出议和。哈桑—扎剌尔表示同意。他携带珍贵礼品去见蒙古将领,答应向蒙古人进攻,参加蒙古人的征讨行动③。阿斯楞那颜也与在赫拉沙贝德城堡据守修尼地区的埃里库姆·奥尔贝尔扬大公签订了合约。

这样一来,整个高加索地区一年之内便落入蒙古征服者手中。

蒙古人恢复了某些亚美尼亚和格鲁吉亚公爵们的封建法律,为自己的征服目的服务。他们把"阿塔必"阿瓦格送到东方去见大汗④。据吉拉科斯·甘扎凯齐说,阿瓦格"愿意前往,希望此行能和缓自己国家的遭遇"⑤。阿瓦格的出行十分顺利:"汗异常和蔼地接待了他,赐他以鞑靼女子为妻。"⑥阿瓦格春风得意地返回祖国,恢复了自己的权力。其他公爵诸如沙欣沙赫、瓦格拉姆·加盖齐、哈桑—扎剌儿等人也效仿他的做法。

臣服高加索之后,蒙古征服者大军向小亚地区进军。据亚美尼亚编年史学家们称,主帅绰尔马罕在高加索的一次战斗中失聪,

---

① 阿里尚:《希拉克》,第 102 页;《埃亚帕图姆》,第 2 卷,第 435 页;《十三世纪—十八世纪零散编年史料》,第 1 卷,第 30 页,注释 31。

② 伊·阿·奥尔贝里:《哈臣公爵哈桑·扎剌儿》,载《科学院通报》,圣彼得堡,第 4 辑,1909 年,第 6 期。

③ 吉拉科斯·甘扎凯齐:《亚美尼亚史》,第 253 页—第 255 页。

④ 列·麦里克谢特—别克:《有关亚美尼亚和亚美尼亚人的格鲁吉亚文史料》,第 2 卷,第 55 页。

⑤ 吉拉科斯·甘扎凯齐:《亚美尼亚史》,第 249 页。

⑥ 同上,第 250 页。斯姆巴特·斯帕拉佩特受到贵由汗的接见,并"被赐一位头戴'鲍塔'[姑姑冠]的显贵的鞑靼女子为妻"(乔治·阿克涅尔齐:《箭手民族史》,第 314 页)。

接替他的是有名的蒙古大将拜住[①]。

拜住那颜率领大军向塞尔柱鲁木算端国发起进攻[②]。蒙古征服者围困了卡林城,围困了两个月后攻占了卡林城[③]。在攻占卡林城之前,拜住那颜曾派出使者劝降。但是城市保卫者们不但不接受劝降,反而将使者进行了一顿侮辱之后驱赶出城。

得知此事,拜住那颜立即"集合归顺他的各族军队,向鲁木算端治下的亚美尼亚地区发动进攻。鞑靼人将城墙划分成若干地段,让各支部队分头进攻,……架起投石器,摧毁城墙。然后,他们冲入城市,无情地砍死居民,掠去他们的财物,再将全城付之一炬"[④]。

冬季来临,拜住那颜不敢继续深入鲁木算端国腹地。他返回温暖的木干平原。

鲁木算端吉亚萨丁·凯·霍斯鲁二世(1237～1247年)担心蒙古人发动新的进攻,便采取了有效措施。他扩充兵力,在希腊人、法兰克人、阿拉伯人、亚美尼亚人、拉丁人、库尔特人中招募雇佣兵。海屯·帕特米齐写道,"仅从拉丁人中就招募了两万骑兵"[⑤]。

鲁木算端还向乞里乞亚之亚美尼亚国王海屯一世求援。海屯一世之父康斯坦丁·佩尔赴凯撒里亚拜访算端,受到隆重接待。他答应派出亚美尼亚军队[⑥]。

---

① 据吉拉科斯·甘扎凯齐说,蒙古人是用抓阄的方式选定长官的。他写道:"大汗在东方任命一位名为拜住那颜的将领为主帅和首领,替代失聪的绰尔马罕。绰尔马罕原是用抓阄的方式当上首领的。"(《亚美尼亚 史》,第 263 页)

② 《十三世纪一十八世纪零散编年史料》,第 1 卷,第 346 页。

③ 乔治·阿克涅尔齐:《箭手民族史》,第 306 页。

④ 吉拉科斯·甘扎凯齐:《亚美尼亚史》,第 264 页。

⑤ 海屯·帕特米齐:《蒙古人的历史》,马·阿甫格尔扬译自拉丁,威尼斯,1842 年,第 38 页(亚美尼亚文)。

⑥ 阿·格·加尔斯特扬:《亚美尼亚人与蒙古人进行的最初谈判》,载《亚美尼亚加盟共和国科学院历史—语言学杂志》,埃里温,1964 年,第 1 期(第 24 期),第 93 页(亚美尼亚文)。

如此一来,算端便集结起一支数量庞大的抗击蒙古征服者的军队。一些史学家夸大了塞儿柱军队的数量(40 万)[①],另一些史学者比如伊本—比比则缩小了这一数量[②]。威廉·鲁不鲁克指出军队数量是 20 万[③]。看来,这一说法当接近实际情况。吉拉科斯·甘扎凯齐只是说,"算端的军队兵力无数"[④]。海屯·帕特米齐也持同样说法[⑤]。乔治·阿克涅尔齐认为,算端的军队人数为 16 万人[⑥]。根据这些史料记载可以判定,算端兵力大约在 16 万至 17 万之间。至于蒙古军队的数量,则如海屯·帕特米齐所说的那样,很可能是 3 万人[⑦]。

塞儿柱人与拜住那颜的大军在卡林与耶尔森卡之间的齐曼卡图克地方展开战斗[⑧]。战斗开始之前,拜住那颜十分明智地部署了兵力。他把蒙古大军分成若干支小分队,每只小分队都配备了勇敢的将领。异族的小分队则被谨慎地安插在蒙古小分队之间。战斗开始了。蒙古人派出一批精锐小分队"迎战算端军队,粉碎并击溃了他们。算端勉强脱身逃走。鞑靼人对逃跑的敌人展开追击,并无情地杀死它们"。[⑨]

蒙古征服者之所以获胜,其原因在于:一、他们使用了高技术、攻城器和掷石器;二、他们使用了异民族的军队。乔治·阿克涅尔齐写道:"取得这些胜利的原因赖于格鲁吉亚和亚美尼亚的公爵们。他们充当了先锋队,奋力向敌人冲去,蒙古人则紧随其后。格

① 弗·戈尔德列夫斯基:《小亚的塞尔柱国》,莫斯科—列宁格勒,1941 年,第 36 页。
② 弗·戈尔德列夫斯基:《选集》,第 1 卷,莫斯科,1960 年,第 60 页。
③ 威廉·鲁不鲁克:《东方国家行记》,阿·马列宁作序、翻译并注释,圣彼得堡,1911 年,175 页。
④ 吉拉科斯·甘扎凯齐:《亚美尼亚史》,第 265 页。
⑤ 海屯·帕特米齐:《蒙古人的历史》,第 38 页。
⑥ 乔治·阿克涅尔齐:《箭手民族史》,第 308 页。
⑦ 海屯·帕特米齐:《蒙古人的历史》,第 35 页。
⑧ 乔治·阿克涅尔齐:《箭手民族史》,第 308 页。
⑨ 吉拉科斯·甘扎凯齐:《亚美尼亚史》,第 266 页—第 267 页。

鲁吉亚公爵、瓦格拉姆大公的儿子阿格布格,大公的孙子、布格的地方官博鲁·扎卡列,与其他亚美尼亚和格鲁吉亚的战士们一起,同算端军队激战多时,最终冲破算端军队的右翼,砍下许多'异密'和大官的脑袋,由此给国家带来极度悲痛。"[1]

蒙古人使用包括亚美尼亚和格鲁吉亚在内的异民族军队一说,得到普兰·迦儿宾的证实[2]。

齐曼卡图克一战,蒙古人表现出空前未有的残酷。瓦尔丹写道:"在那些日子里,发生的事情不仅有生命之物而且无生命之物甚至山川田野也为之落泪悲伤。"[3]

吉亚萨丁·凯·霍斯鲁二世在齐曼卡图克(克谢·达格)之战被击溃。鲁木算端国独立地位丧失殆尽,沦为蒙古帝国的附庸。蒙古征服者对多数居民为亚美尼亚人的驼队贸易兼手工业的中心——凯撒里亚和谢巴斯基亚进行了劫掠和破坏。至此,在乞里乞亚之亚美尼亚便竟燃起的已经不是"星星之火",而是"熊熊大火"了[4]。

亚美尼亚国的统治者们敏锐地注视着蒙古大军的动向。1242年,当蒙古征服者在齐曼卡图克战胜庞大的鲁木算端军团并推进到乞里乞亚之亚美尼亚国境线附近时,乞里乞亚之亚美尼亚的统治者们迅速向拜住那颜派出使者,想要与蒙古人结盟。

吉里科斯·甘扎凯齐就此写道:"乞里乞亚及其临近地域的国王海屯看到算端被蒙古人击败,便向蒙古人派出使臣,携带贵重礼物,请求结盟,表示归顺。"[5]

与拜住那颜进行和谈的是亚美尼亚著名统帅康斯坦丁·佩

---

① 乔治·阿克涅尔齐:《箭手民族史》,第 308 页。

② 普兰·迦儿宾:《蒙古人的历史》,莫斯科,1957 年,第 60 页。

③ 瓦尔丹:《通史》,第 148 页。

④ 格·格·米卡耶尔扬:《乞里乞亚之亚美尼亚国历史》,埃里温,1952 年,第 297 页。

⑤ 吉里科斯·甘扎凯齐:《亚美尼亚史》,第 269 页。

尔。他在亚美尼亚国王列温手下任"斯帕拉佩特"即全国武力主帅一职。与他一起参与和谈的还有亚美尼亚将领、史学家斯姆巴特·斯帕拉佩特,以及西蒙·阿索里。

在与蒙古人议和结盟一事中,为蒙古人效劳过的亚美尼亚公爵们起到了促进作用。吉拉科斯·甘扎凯齐指出:"在扎剌儿公爵的帮助下,使者们到达拜住那颜的营地,面见拜住那颜、绰儿马罕妻了额儿惕纳哈屯以及其他高官。"①

与蒙古人的和谈是 1243 年在凯撒里亚进行的。和谈达成协议。根据协议,乞里乞亚之亚美尼亚须向蒙古军队提供给养,在必要时提供相应数量的军队。蒙古人方面则允诺保障乞里乞亚之亚美尼亚国的主权,在乞里乞亚之亚美尼亚国遭受邻国的进攻时给予军事援助。

此后,1246～1247 年和 1253～1254 年,斯姆巴特·斯帕拉佩特和国王海屯一世分别赴哈剌和林大汗汗廷继续进行和谈。议和结果,避免了国家和民族遭受到蒙古人入侵所带来的不可避免的灾难。

海屯王朝从此保留住了国内生活的完整独立,却必须一起参加蒙古人的统一军事行动②。缔结和约之后,蒙古大军继续征服小亚地区。在 1245 年期间,他们占领了巴赫失和赫拉特、阿米德、埃德西亚、姆茨宾,直逼巴格达。尽管艾育伯当权者并未给蒙古人以强大的抵抗,但是蒙古人却不得不退兵,因为炎热高温使他们损失了许多兵力和马匹。

---

① 吉里科斯·甘扎凯齐:《亚美尼亚史》,第 270 页。
② 格·格·米卡耶尔扬:《乞里乞亚之亚美尼亚国历史》,第 299 页。

蒙古人对亚美尼亚邻国的征讨

蒙古人以史无前例的征服规模建立起庞大的帝国。他们征服了罗斯,抵达芬兰边境,他们征服高加索,抵达地中海一带。为了巩固国家,他们停止继续征战。根据贵由汗的命令,蒙古人决定进行户籍登记。吉拉科斯·甘扎凯齐说,贵由汗"派遣税赋征收者来到他的大军占领的国家,从臣服于他们的省份和王国征收税赋"①。

1254 年至 1255 年蒙哥汗下令在全部被征服地区进行第二次户籍登记后,百姓尤为痛切地感受到了蒙古征服者的沉重压迫。②大汗授权两个"凶狠而残忍的"③八思哈——阿尔浑和不花处理此事。

吉拉科斯·甘扎凯齐记述道:"这个不花来到鞑靼军队之后,大胆闯入长官家中,夺走他喜欢的一切东西。谁都不敢对他进行反抗,因为他的身边经常陪伴着由来自波斯和塔吉克的凶悍强盗们组成的卫队。这批强盗冷酷无情地对待一切人,尤其仇视基督教徒。"④阿尔浑的残暴行为也毫不逊色,他对"东部地区的掠夺更为残忍"。那些不想执行八思哈意志的人逃跑之后,被抓回来,"被无情地反绑双手,遭到绿色藤条的抽打,直到全身变得血肉模糊为止。然后,朝那些苟延残喘和遍体鳞伤的基督教徒们放出恶狗,用人肉驯养恶狗"。⑤

亚美尼亚人和格鲁吉亚人无法忍受蒙古八思哈的胡作非为和

---

① 吉里科斯·甘扎凯乞:《亚美尼亚史》,第 298 页。关于这次户籍登记,还可参阅其它资料:尼·别廖津:《术赤乌鲁思内部结构史》,莫斯科,1858 年,第 80 页。

② 吉拉科斯·甘扎凯齐:《亚美尼亚史》,第 298 页。

③ 瓦尔丹:《通史》,第 148 页。

④ 吉拉科斯·甘扎凯齐:《亚美尼亚史》,第 298 页。

⑤ 乔治·阿克涅尔齐:《箭手民族史》,第 344 页。

沉重压迫。首次起义在格鲁吉亚王子大维德的号召下发生在格鲁吉亚。大维德的身边积聚了一批格鲁吉亚和亚美尼亚王公。其中一个王公说,他们"可以提供 1000 名骑兵。……对亚美尼亚和格鲁吉亚全部兵力进行一番统计后可以说,他们能够轻易地战胜鞑靼人,于是,他们便开始安插将领"①。然而,在他们之中显然出现了告密者②,告密者迅速将全部情况报告给蒙古人。蒙古当权者对起义进行了残酷镇压,对参加者进行了无情处决。据瓦尔丹说,"在亚美尼亚,无数百姓倒在刀剑之下,村庄被血洗,妇女被强暴;在格鲁吉亚更有过之而无不及"③。

旭烈兀被任命为蒙古第三个兀鲁思统治者一事,对于高加索地区来说具有决定性的意义。1256 年,旭烈兀率领大批军队来到伊朗。他选择拜住那颜大军所在的木干作为自己的行营所在地。旭烈兀将拜住那颜及其大军、家眷逼往小亚一带,从而取而代之。旭烈兀强迫亚美尼亚和格鲁吉亚公爵率领武装力量参加征讨行动。比如,沙欣沙赫之子扎卡列、瓦萨克·哈赫巴克扬之子哈桑·普罗什、乔治·哈赫巴克扬之子谢瓦丹等人参加了夺取巴格达之战。1258 年 2 月 1 日,普罗什·哈赫巴克扬公爵受旭烈兀之命率领蒙古军队代表团去见巴格达最后一位"哈里发"穆斯塔西姆,要求穆斯塔西姆不战而降,归顺蒙古人。"哈里发"穆斯塔西姆没有答应,粗暴地侮辱了蒙古使者,并把他们驱赶出城。他还把拜住那颜称作"土耳其狗"④。

旭烈兀汗的军队向穆斯塔西姆发起攻击,粉碎了他的军队。阿巴斯哈里发国从此不复存在。旭烈兀汗开始了对叙利亚和美索

---

① 同上,第 329 页。

② 乔治·阿克涅尔齐说:"其中有一个人充当了叛徒犹大的角色,向鞑靼人告了密。"(同上,第 320 页)

③ 瓦尔丹:《通史》,第 148 页。

④ 吉拉科斯·甘扎凯齐:《亚美尼亚史》,第 365 页。

不达米亚的征服行动。哈桑·普罗什率领亚美尼亚军队围困了艾育伯王朝一位公爵固守的穆法尔津(提格拉纳凯尔特)。围困持续了两个月。蒙古人费尽千辛万苦最终攻克了这座城市,而后杀光了所有保卫者。

艾育伯王朝长期治下的叙利亚也被占领了。大马士革不战而曲。乞里乞亚之亚美尼亚国王海屯一世亲自参加了各次战斗。关于此事,亚美尼亚史学家均有记载。其中,吉拉科斯·甘扎凯齐写道:"与蒙哥汗会面后,海屯国王也随同鞑靼人一起出征。"[1]

蒙古大军攻占了美索不达米亚北部地区、麦迪纳、哈列博、大马士革和叙利亚的其他地区。蒙古人竭力想占领从中国到中亚、从印度洋到地中海更为重要的商道[2]。

旭烈兀与海屯国王决定向耶路撒冷进军。但是,这次进军由于旭烈兀之兄蒙哥大汗去世而未能成行。却特—不哥被任命为驻守叙利亚蒙古大军的统帅。

趁旭烈兀不在之时,埃及算端库图茨率大军向却特—不哥军队发动进攻,粉碎了蒙古军队。却特—不哥本人被俘并被杀死。谢巴斯塔齐写道:"1260 年,埃及算端粉碎了却特—不哥为主帅的鞑靼军队。"[3]对蒙古军队被打败的更为详细的记载,我们可以从斯姆巴特·斯帕拉佩特的叙述中了解到:"强大的汗率领自己的军队和儿子阿巴哈回到东方。'必尤拉佩特'却特—不哥不甘寂寞,要求乞里乞亚派出 500 人出兵埃及。埃及间谍得知此事,立即向自己人做了报告,埃及人武装起来,做好准备,迎击他们(却特—不哥的军队——原作者)。"[4]接着,他叙述道:"日出时辰,爆发了一场

---

[1] 同上,第 360 页。还可参阅:海屯·帕特米齐:《蒙古人的历史》,第 47 页。
[2] 格·格·米卡耶尔扬:《乞里乞亚之亚美尼亚国历史》,第 318 页。
[3] 《有关蒙古人的亚美尼亚文史料》,第 27 页。
[4] 斯姆巴特·斯巴拉佩特:《编年史》,威尼斯,1956 年,第 222 页(亚么尼亚文)。

异常激烈的战斗,由于天气炎热、马匹虚弱,箭手民族遭到失败,四散逃窜。"①在这场战斗中,蒙古军队中的许多亚美尼亚和格鲁吉亚战士牺牲。

战胜蒙古军队之后,库图茨算端返回埃及,却被拜巴尔斯·庞多克达尔杀害。这位马木留克王朝的显要国务活动家后来当上了埃及算端,并给乞里乞亚之亚美尼亚国造成不少麻烦。

旭烈兀汗执政期间,国内形势艰难。高加索一些地区又发生了反对蒙古人统治的起义。

参加反对蒙古人起义的有格鲁吉亚女王冈察、"阿塔比"阿瓦格之女霍沙克、哈臣公爵哈桑·扎拉儿、扎卡列之子沙欣沙赫等人。他们中大多数人后来被杀害。吉拉科斯·甘扎凯齐写道:"大八思哈阿尔浑带领大批武力追赶大维德,想把他活捉住。当他看到这一点无法做到时,便对格鲁吉亚许多地区进行了破坏和屠杀。"②蒙古人甚至毒死了公爵扎卡列、哈桑·扎拉儿等人。

瓦尔丹叙述了扎卡列、哈桑·扎拉儿被毒死的经过,说后者最初被关在"哥疾云城,关了很长时间以后,在一个漆黑的夜晚被毒死"③。

蒙古人对亚美尼亚的统治

在这一时期蒙古帝国发生了内讧。忽必烈(1253～1294 年)在

① 同上。吉拉科斯·甘扎凯齐说,却特一不哥失败的原因是他的军队没有得到掩护(《亚美尼亚史》,第 159 页)。乔治·阿克涅尔齐写道,"在旭烈兀汗留下却特一不哥主政期间,这位鞑靼首领到耶路撒冷下方的敌占区走了十天。……埃及人以大量兵力向鞑靼人发起攻击,消灭了其中之一部,赶走了另一部"(乔治·阿克涅尔齐:《箭手民族史》,第 348 页)。结果,不花被杀,他的妻子儿女被俘。亚美尼亚史籍在述及却特一不哥时持同情态度,认为他是一位基督教的庇护者(《十三世纪—十八世纪零散编年史料》,第 1 卷,第 45 页)。
② 吉拉科斯·甘扎凯齐:《亚美尼亚史》,第 374 页。
③ 瓦尔丹:《通史》,第 153 页,第 155 页。

夺权斗争中获胜。忽必烈为了回馈旭烈兀对他的支持,向他赠送了三万精兵。忽必烈称旭烈兀为伊利汗(百姓领袖),由此便产生了伊利汗国这一名称。

这样,旭烈兀便成为独立的伊儿汗国或曰旭烈兀汗国的当权者。

如果说在蒙古人统治初期(1236～1256年)亚美尼亚与格鲁吉亚一起以"术赤斯坦"这一共同名称作为一个汗国的地区成为成吉思汗帝国的组成部分的话,那么在旭烈兀汗国(1256～1344年)建立之后整个高加索则成为这个新的国家的组成部分。此前,无论格鲁吉亚王公,无论亚美尼亚王公,都直接隶属于大汗,一切问题均须由哈剌和林官邸决定。旭烈兀汗国建立之后,格鲁吉亚和亚美尼亚王公与蒙古大汗的联系被切断,他们成了旭烈兀汗国的直接附庸。

蒙古人在高加索的社会生活中没有作出任何变动,依然保留了封建秩序。作为游牧民,他们与亚美尼亚和格鲁吉亚相比,还处于低级发展阶段。

蒙古汗积极力借助附庸管理国家。吉里科斯·甘扎凯齐写道:"阿瓦格(伊瓦涅之子——原作者)到达之后,面见大汗,向大汗呈上大汗军事长官的信件,并说明自己的来意,还表示自己愿意归顺。大汗异常和蔼地接待了他,赐他以一位鞑靼女子为妻,让他归去。临行前,大汗下令让将领们护送阿瓦格回到他的领地,借助他臣服那些顽固之徒。后来的情况确实如此。"①蒙古人确实对待其他附庸者们也采取了同样的做法。比如,当1247年斯姆巴特·斯帕拉佩特代表乞里乞亚之亚美尼亚国在哈剌和林与贵由汗进行和谈时,贵由汗"分给他土地、封地,颁给他封诰、金牌,赐给他一位显

---

① 吉拉科斯·甘扎凯齐:《亚美尼亚史》,第249页。

贵的鞑靼女子为妻"。①

　　另一部史籍也指出,"斯姆巴特得到了从前归列温所有、列温死后又被鲁木算端阿拉丁夺去的许多地区和城堡的封赐文书"。②

　　由此可见,蒙古人对那些显要的亚美尼亚封建主们大加鼓励,目的就是要借助他们以征服国家。在这方面,亚美尼亚大主教康斯坦丁·巴尔德兹拉贝德齐的行动颇具代表性。他在亚美尼亚国王海屯一世赴蒙占前夕曾发布特别文告,请求大亚美尼亚居民"不要起事反对蒙古地方官吏及其士兵"③。这份文告的目的在于不要起事反对蒙古人,从而防止破坏海屯国王与蒙哥大汗的和谈。一些亚美尼亚编年史家对蒙古人确实怀有好感。比如,斯捷潘诺斯主教写道:"善良的和平缔造者,我们的阿巴哈汗死于赫米安(哈马丹——原作者)。"④

　　当代人认为,蒙古大军之所以获胜,不仅在于他们财力雄厚或者国家组织完善⑤,而首先在于纪律严明和善于作战⑥。"鞑靼人是一些勇敢和顽强的战士。"⑦蒙古人"就纪律和作战方法而言,超过一切民族,而且空前绝后"。⑧ 蒙古人除了拥有大量的步兵和骑兵,具有丰富的战斗经验之外,他们还使用了围城、攻城、掷石等机械。他们能熟练地使用弩炮。蒙古士兵能勇敢地完成长官的命令和部署。

---

① 乔治·阿克涅尔齐:《箭手民族史》,第344页。

② 吉拉科斯·甘扎凯齐:《亚美尼亚史》,第302页。

③《亚美尼亚大主教的训示(1251年)》,载《班贝·马捷纳达兰》,埃里温,1958年,第4起,第280页(亚美尼亚文)。

④《有关蒙古人的亚美尼亚文史料》,第36页,第37页。

⑤ 马·博克罗夫斯基:《俄罗斯文学史纲》,第2部,莫斯科,1915年,第186页。

⑥ 弗·弗·巴托尔德:《穆斯林历史上亚速海沿岸地区的一处地方》,巴库,1925年,第72页。

⑦ 海屯·帕特米齐:《蒙古人的历史》,第70页。

⑧ 吉拉科斯·甘扎凯齐:《亚么尼亚史》,第227页;还可参阅:斯捷潘诺斯·奥尔贝尔扬:《西萨坎地区史》,第147页。

蒙古人总是能很好地完成侦察工作。他们事先向打算入侵的国家派出间谍,巧妙地在这个国家挑起各个封建主之间的不和,减轻大军入侵过程和建立统治的难度①。

蒙古人不仅对各种图谋和起义实施镇压,而且对那些自愿归顺他们的王公实施监视。他们的唯一目的就是征服所有的人。为了达到这一目的,他们无所不用其极。比如,所有那些在第一时间即归顺他们并为他们忠心服务的王公们,最终还是被他们剪除。他们毒死了"阿塔比"阿瓦格、沙欣沙赫之子扎卡列、哈桑—扎拉尔等人。作为蒙古人盟友的乞里乞亚之亚美尼亚国,虽为蒙古人提供了大量兵力并保障了经常性的给养,也不免遭到背信弃义的对待。1307 年,驻守近东的蒙古地方官比拉儿古邀请亚美尼亚国王列温三世和 40 名公爵到他所在的阿纳扎尔博城做客,他背信弃义地将所有这些客人杀死。不过,他也未能夺得乞里乞亚的政权。国王的弟弟奥申自立为王,并借助完者都汗之手处死了比拉儿古②。

蒙古人的对外政策和税收体制给亚美尼亚人造成强大压力。吉拉科斯·甘扎凯齐记载称,蒙古人"对城乡的所有工匠、在湖海捕鱼的渔民、挖矿者、打铁人征收特别税"。③ 他们征收的人头税"遍及所有的人,不仅有男人,而且有女人、老人,甚至还有孩子"④。

旭烈兀汗国在被征服国家推行户籍登记制度,目的不仅在于确定税赋范围,而且还在于确定青年人入伍的年龄,以便为蒙古军队补充新的兵源提供足够的定额。一位格鲁吉亚佚名氏编年史家

---

① 《有关蒙古人的亚美尼亚史料》,第 21 页。
② 《十三世纪—十八世纪零散编年史料》,第 1 卷,第 89 页;恰姆齐扬:《亚美尼亚史》,第 3 卷,威尼斯,1786 年,第 311 页(亚美尼亚文)。
③ 吉拉科斯·甘扎凯齐:《亚美尼亚史》,第 348 页。
④ 《有关蒙古人的亚美尼亚史料》,第 26 页。

写道,大维德国必须为蒙古统帅部提供9万新兵①。

蒙古征服者就地组建新的部队,方便他们干预被征服国的内部事务。一些亚美尼亚公爵殷勤地为蒙古人效劳,也获得了蒙古人的支持。比如,斯姆巴特·奥尔贝尔扬受到蒙哥大汗的接见,并被赋予"因主"权②,亦即独立权。在此之后,他可以不再听命于扎哈里王朝或曰格鲁吉亚国王了。斯捷潘诺斯·奥尔贝尔扬写道:"在甘赞登上汗位时,我们前去面见他,他比他的前辈们更加隆重地接待了我们。他再次确认了那份文书,在我们远行前还命令我们把十字架戴在胸前。同时,他把金牌赐给我们。"③

在蒙古人统治时代,大城市如首都阿尼、卡尔斯、德温、特拉佩松特、加林、埃尔泽鲁姆、赫拉特等地遭到的灾难尤为深重,几近瘫痪。后来,旭烈兀汗国为了增加税收,曾经努力恢复这些城市的作用。他们千方百计鼓励亚美尼亚大商人和富裕户。比如,史籍中曾提到一位富商乌麦克。"他们(蒙古人——原作者)给一位富商乌麦克以无上荣誉,他们把这位高尚的人叫做阿西普。……汗给他写过信,高官们对他礼仪有加。"④

在乌麦克之子察尔于1288年留在哥沙万克修道院墙壁上的题词中说,他替"霍甫卡"(人名)支付了4千金"杜卡特"(货币单位)。史家提到过的富人还有萨赫马丁、卡里马丁等人⑤。

---

① 马·博罗塞:《格鲁吉亚史》,第1卷,彼得堡,1849年,第550页—第552页(法文)。

② 伊·帕·彼特鲁舍夫斯基对"因主"作了如下解释:"'因主'之民首先指的是整个军队,其次指的是官员辖下的农耕民'登—伊赫塔'"(伊·帕·彼特鲁舍夫斯基《外高加索东部地区史史学家哈姆丹拉赫·卡兹维尼》,载《苏联科学院通报》,1937年,第4期,第892页。)

③ 斯捷潘诺斯·奥尔贝尔扬:《西萨坎地区史》,第360页。

④ 吉拉科斯·甘扎凯奇:《亚美尼亚史》,第349页。瓦尔丹也曾指出,乌麦克很富有。他写道,拜住那颜"占领卡林之后,从那里带走了穆什,就是有名的、富裕的和笃信宗教的乌麦克"(《通史》,第147页)。

⑤ 尼·马尔:《亚美尼亚铭文新资料》,圣彼得堡,1893年,第81年,第85页。

1265 年与别儿哥打过仗之后,旭烈兀下令"在达林平原上修建一座规模巨大、人口众多的城市,责令全体臣民为构建新城市的房屋和宫殿提供建筑木材"[①]。

蒙古"八思哈"们为复兴被破坏的城市或新建城市提供可能,自然考虑的不是繁荣城市,而是要向工匠们以及全体劳动人民科以无数税赋和徭役。其中第一种税叫做"马勒"。伊·帕·彼特鲁舍夫斯基说,这种税是一种土地税[②],须以现金缴纳[③]。卡·帕特卡诺夫认为,这是"一种财产税"[④]。拉施特丁则作为土地税同时提及"马勒"和"哈兰扎"这两种税[⑤]。另一种较重的是人头税。乔治·阿克涅尔齐写道:"阿尔浑在东部地区进行户籍登记,目的是将来好按在'塔不塔儿'[⑥]中登记在册的人头数征税。东部地区由此遭到破坏。"[⑦]第三种税是"塔加尔"。这种税是旭烈兀汗在亚美尼亚设立的。根据这种税的规定,蒙古人要求居民交纳 100 公升小麦、50 公升酒、2 公升稻米、3 口袋、2 根麻绳、1 元白币、1 支箭、1 块马掌,等等[⑧]。以上所开列的,还不是全部,因为"塔加尔"是一种自然税,是蒙古"八思哈"为军事需要而征收的。还有一个基本税种叫做"库不楚尔",即所谓牲畜税。长官们通过正式和非正式的方式对百姓实施抢劫,要求百姓为支应和招待常年在亚美尼亚各地来回飞驰的驿卒提供必需的东西。在各种题词和纪念录里可以看到蒙古"八思哈"们征收这类赋税。其中最为常见的是"安格哈

[①] 吉拉科斯·甘扎凯奇:《亚美尼亚史》,第 380 页。

[②] 伊·帕·特鲁舍夫斯基:《外高加索东部地区史史学家哈姆丹拉赫·卡兹维尼》,第 886 页。

[③]《金帐汗国史资料集》,第 2 卷,第 302 页。

[④] 卡·帕特卡诺夫:《蒙古人的历史》,第 2 卷,第 135 页。

[⑤] 拉施特丁:《史集》,第 3 卷,阿·卡·阿林德斯翻译,莫斯科—列宁格勒,1946 年,第 260 页。

[⑥] "塔不塔儿"是一种特殊的书册,书册中详细登记者居民们所拥有的一切财物。在亚美尼亚史籍中提到过的有"大塔不塔儿"和"小塔不塔儿"。

[⑦] 乔治·阿克涅尔齐:《箭手民族史》,第 322 页。详情还可参阅:瓦尔丹:《通史》,第 148 页。

[⑧] 吉拉科斯·甘扎凯齐:《亚美尼亚史》,第 359 页—第 360 页。

克"——山羊税①、"德里阿吉尔"②——阿尼城里征收的一种税③、"塔尔赫"——居民须廉价向国家出售物品和产品的一种规定④。"哈莱"或曰"哈勒"——一种酒和葡萄园税⑤。达德修道院 1265 年留下的一款题词中提到一种"哈尔只"税("大哈尔只"税、"小哈尔只"税),这是一种不动产税⑥。"哈兹尔·耶曾"——公牛税⑦,"哈姆博列勒"——母牛和毛驴税⑧。蒙古人还征收一种"涅麦里"税。这是一种特殊的补充税,在阿布—赛义德的波斯文题词中被称作"非法之税"⑨,俄罗斯编年史学家则称之为"黑浪"⑩。

亚美尼亚题词中还提到了一些其它税种:"赛里·斯皮塔克","萨苏尼","凯萨拉—哈尔克","库普楚尔"等等⑪。

不尽其数的赋税和征收方式成了成千上万的亚美尼亚人背井离乡集体逃离的原因。许多城乡几乎空旷无人。蒙古征服者的压迫和剥削,在文学作品中也得到了反映。比如,十三世纪亚美尼亚诗人弗里克在其著名长诗《关于阿尔浑与不花》中曾对残酷的蒙古"八思哈"们统治下的亚美尼亚百姓遭受的苦难情景做了描述。试举长诗中的一段诗句如下:

---

① 阿·雅·马南德扬:《亚美尼亚民族是评述》,第 415 页。
② 弗·弗·巴托尔德:《波斯文题词》,第 42 页。
③ 阿·雅·马南德扬:《亚美尼亚民族是评述》,第 415 页。
④ 这种税在马奴切的题词中可以见到。参日:弗·弗·巴托尔德:《波斯文题词》,第 42 页。
⑤ "哈莱"是一个老税种。阿尼城彼特罗斯主教在 1036 年留下的题词中即已出现。蒙古人也延用了这个税种。
⑥ 瓦尔丹:《通史》,第 132 页。
⑦ "哈兹尔·耶曾"作为牲畜税,曾在两处地方出现过:1303 年的阿尼城题词中,1336 年《扎加万克》一书中收录的题词。
⑧ "哈姆博列勒"在 1301 年的阿尼城题词和 1320 年的希罗坎万城题词出现过。
⑨ 弗·弗·巴托尔德:《波斯文题词》,第 7 页,第 37 页,第 38 页。
⑩ 阿·尼·纳索诺夫:《蒙古人与罗斯(罗斯的鞑靼政治史)》,莫斯科—列宁格勒,1940 年,第 112 页。
⑪ 关于这些税种的详情,可参阅:阿·雅·马南德扬:《亚美尼亚史评述》,第 281 页,第 283 页,第 317 页,第 308 页;勒·奥·巴巴扬:《十三世纪—十四世纪亚美尼亚社会政治和经济史》,第 387 页—第 452 页。

> "没有一处泉水、一条河流
>
> 不洒满我们的眼泪；
>
> 没有一座山头、一块土地
>
> 不遭受蒙古人的践踏。
>
> 我们只能苟延残喘，
>
> 思想和感知均已死去。①

无可忍受的压迫不仅施予普通百姓，而且施予封建主们。一些封建主宁肯抛弃财产，远走异国。威廉·鲁不鲁克在蒙古旅行后返途中，曾途经阿尼城，住在一位"扎哈尔"家中。他记述道："我与上面提到的萨根共进午餐，受到他本人、他的妻子以及他的名叫扎哈里亚的儿子——一个快乐而十分聪明的年轻人的隆重而热情的款待。……他问我：'阁下，如果他来见您，您是否愿意把他留在自己身边。'虽然他常常勇敢地反对鞑靼人的暴力，在本国也拥有大量财富，但是他认为宁肯到别的国家流浪，也比遭受这些野蛮人的残酷统治强得多。"②

蒙古人在包括亚美尼亚在内的高加索的统治持续了近百年时间(1236～1335 年)。蒙古"八思哈"们对亚美尼亚实施了近一个世纪的抢劫和破坏。亚美尼亚人民向蒙古统治者进行了顽强斗争，才将征服者们驱赶出去。

---

① 弗·弗里克：《诗集》，埃利温，1937 年，第 165 页（亚美尼亚文）。

② 皮·贝热隆：《在亚洲的几次旅行》，载《十二、十三、十四、十五世纪在亚洲的几次重要旅行》，第 1卷，第 144 页（法文）。

五　蒙古征服和统治俄罗斯
(1237～1480 年)

本文根据原苏联历史学家列·弗·切列普宁所撰《鞑靼—蒙古人在罗斯(十三世纪)》(载论文集《鞑靼—蒙古人在亚洲和欧洲》)一文编译。

列·弗·切列普宁(1905～1977 年)毕业于莫斯科大学,任教于莫斯科大学,历史学博士,教授,原苏联科学院院士,俄国封建时代史专家。他的著作有《俄国封建时代档案(十四世纪至十五世纪)》、《十四世纪至十五世纪俄国中央集权制国家的建立》等。

本文引用的史料有《金帐汗国史资料汇编》、《俄罗斯编年史全集》等,当代原苏联历史学家阿·尼·纳索诺夫《蒙古人与罗斯(鞑靼人在罗斯的政治史)》,鲍·德·格列科夫和阿·尤·雅库鲍夫斯基《金帐汗国及其灭亡》等。

十三世纪二十年代至四十年代,鞑靼—蒙古人掀起的令人恐惧的侵略狂潮涌向罗斯。斡罗思人民同罗斯其他各族人民一起为捍卫独立,与敌人进行了浴血奋战。无数战士在战场上英勇捐躯。征服者们给城乡和平居民带来了毁灭和死亡。鞑靼—蒙古侵略者镇压了各族人民英勇顽强的抵抗行动,在斡罗思大地上建立起了统治地位,给斡罗思未来的命运以极为有害的影响。

鞑靼—蒙古人远征罗斯的问题,远征罗斯带来的严重后果,全民同征服者、统治者进行的斗争——这些都是最重要的历史问题。为了解决这些问题,革命前俄罗斯的历史学界做了许多工作,苏联史学工作者也为此撰写了许多著作①。

蒙古人在罗斯的首次侦察行动与迦尔迦河畔之战

　　蒙古封建主在入侵罗斯之前,已对西伯利亚、华北、中亚、伊朗、高加索进行了征服性的远征。蒙古征服者到处对当地居民进行劫掠,对城市进行破坏,到处将居民掠夺为奴。侵略者极力破坏所征服国家的生产力,以此消除居民们进行反抗的可能性。阿拉伯史学家伊本－阿昔尔(卒于 1233 年)在谈到蒙古人的征服活动时说,蒙古人的征服活动是亘古未有的大灾难,使一切创造物蒙受其难……如果有谁说自从全能至圣的安拉创造了人之后,全世界至今尚未经受过如此磨难的话,那么他的话是对的:确实,历史上从未有过诸如此类的记载……(鞑靼人)没有怜悯过任何人,他们毒打男女老幼,鞭笞怀孕妇女,杀死新生婴儿②。

　　在成吉思汗大将哲别和速不台的率领下,蒙古大军于 1222 年打到格鲁吉亚(谷儿只——译者)和阿塞拜疆,并用欺骗和威胁的办法打听到了打儿班要塞附近穿越大山的山间小道,出兵来到北高加索平原。当地的居民阿兰人(奥谢梯人)与在这里游牧的波洛维茨人(钦察人,下同)约定好共同御敌,但是蒙古人施用离间计,收买了波洛维茨人。据波斯史学家拉施特丁(卒于 1318 年)记载,

① 参阅阿·尼·纳索诺夫《蒙古人与罗斯(鞑靼罗斯的人民政治史)》,莫斯科—列宁格勒,1940 年;鲍·德·格列科夫、阿·尤·雅库鲍夫斯基《金帐汗国及其灭亡史》,莫斯科—列宁格勒,1950 年;弗·捷·帕舒托:《俄罗斯人民为独立而进行的英勇斗争》,莫斯科,1956 年;弗·捷·帕舒托:《苏联史纲(12 世纪至 13 世纪)》,莫斯科,1960 年;马·加·萨法尔加里耶夫:《金帐汗国的衰亡》,萨兰斯克,1960 年;尼·雅·麦尔彼尔特、弗·捷·帕舒托、列·弗·切列普宁:《成吉思汗及其遗产》,载《苏联历史》,莫斯科,1962 年,第 92—119 页;瓦·维·卡尔加洛夫:《鞑靼—蒙古人对罗斯的入侵(13 世纪)》,莫斯科,1966 年;瓦·维·卡尔加洛夫:《封建主义罗斯发展的外部政策因素。封建主义罗斯与游牧民》,莫斯科,1968 年;《军事史上的几页。俄罗斯军事史纲》,莫斯科,1968 年。

②《金帐汗国史资料汇编》,第 1 卷,第 2 页。

蒙古人曾对波洛维茨人这样说过："我们和你们是同一个民族,同一个部落,阿兰人却跟我们是异民族;我们可以和你们签订和约,不要互相攻击,(只要)把他们(阿兰人)交给我们,你们想要多少金银服饰,我们都可以给你们。"①

波洛维茨人相信了这些许诺,便不再支持阿兰人了。但是,一旦蒙古人打垮阿兰人之后,他们又背信弃义,向波洛维茨人发动了进攻,并在追击过程中占领了克里米亚半岛的苏达克城。据拉施特丁说,"一些苟存性命的钦察人逃到斡罗思人居住地"②,即逃到了第聂伯河对岸。

南俄草原是波洛维茨人的游牧地,这里引起了蒙古封建主的注意。波斯史学家朱兹扎尼在其著作《纳昔里史记》(1259~1260年)中记载说,成吉思汗之子术赤关于钦察地面(捷什特—伊—钦察)曾说过如下一段话:"全世界再没有一处地方的土地比这里更富饶,空气比这里更好,水比这里更甜,牧场和草地比这里更宽广。"③伊本—阿昔尔也说过,捷什特—伊—钦察是一处"冬夏皆有牧场"的地方④。

蒙古人在追击波洛维茨人的过程中,与斡罗思人发生了初次遭遇。这一点,无论在东方文献史料中,还是在俄文史料中,均有记载。据伊本—阿昔尔记载说,鞑靼—蒙古人在"波洛维茨地面呆了一段时间之后",于1223年"向斡罗思人地面进发"。斡罗思人与波洛维茨共同迎击敌人,鞑靼—蒙古人"向后退去"。斡罗思人以为,这是鞑靼人"惧怕我们,无力与我们厮杀",于是向敌人追击而去。然而,这正是敌人的圈套。鞑靼—蒙古人连续退却十二天

① 同上,第2卷,第32页,33页。还可参阅伊本—阿昔尔的记载材料(第1卷,第25页)。
② 同上,第2卷,第33页。
③ 同上,第2卷,第14页。
④ 同上,第1卷,第26页。

之后,突然"杀向斡罗思人和钦察人"。战斗开始了。战斗连续进行了几天,"双方奋力鏖战,鞑靼—蒙古人终因兵力较强,而获得胜利"。波洛维茨人和斡罗思人"拼命溃逃"。敌人跟踪追击,"又杀又抢,将所到之处劫掠一空"。只有少数人得以逃生①。关于鞑靼—蒙古人同斡罗思人的初次遭遇以及劫掠波洛维茨部分地面和罗斯部分地面的情况,拉施特丁也有类似记载,只是比较简略而已②。

关于1223年鞑靼—蒙古人与斡罗思人的迦尔迦河畔大战,在俄文编年史汇编《诺甫戈罗德第一编年史》③、《拉甫连契耶夫编年史》④、《伊帕契耶夫编年史》⑤等)中,均有详细而具体的记载。各种编年史记载不同之处甚多,因此只有借助相互参照的办法才能将这段历史弄清楚⑥。编年史学家将鞑靼—蒙古人的入侵描写成一个突然事件,而将鞑靼—蒙古人描写成一个前所未见的民族("陌生的民族"),虽然有关鞑靼—蒙古人入侵的消息早已传到了罗斯("听说,他们征服了许多国家")⑦。

波洛维茨人遭到鞑靼—蒙古人进攻后,其汗忽滩(与其他波洛维茨人首领一起)请求女婿——加里奇大公"豪勇者"姆斯吉斯拉夫·姆斯吉斯拉维奇给予军事援助。忽滩向女婿指出,蒙古人的入侵同样也威胁着斡罗思人:"我们的地面一旦今天被占,你们的地面明天就会被夺去。"⑧波洛维茨人在发出请求的同时,还给姆斯

---

① 同上,第26页,27页。

② 同上,第2卷,第33页。

③ 《诺甫戈罗德新旧手抄本之第一编年史》,莫斯科—列宁格勒,1950年,第61—63页。第264—267页。

④ 《俄国编年史全集》,第1卷,第2辑,第2版,列宁格勒,1927年,第445—447栏。

⑤ 同上,第2卷,第740—745栏。

⑥ 关于迦尔迦之战,参阅弗·捷·帕舒托:《苏联史纲(12世纪至13世纪)》,第119—120页;《苏联历史》,第1类,第2卷,莫斯科,1966年,第40页,41页。

⑦ 《诺甫戈罗德第一编年史》,第264页。

⑧ 同上,第265页。

吉斯拉夫送去大批礼物。于是,加里奇之姆斯吉斯拉夫在公爵会议上提议讨论反抗鞑靼－蒙古人侵略问题。他说,如果不援助波洛维茨人,那么他们就会同鞑靼人联合起来,一起进攻斡罗思地面。

基辅(乞瓦,下同)举行的这次会上议定,抗击敌人于异国国土之上要比本国国内好得多。于是出征准备工作从此开始了。"老资格"的大公们如基辅的姆斯吉斯拉夫·罗曼诺维奇、加里奇的姆斯吉斯拉夫·姆斯吉斯拉维奇、切尔尼果夫的姆斯吉斯拉夫·斯维亚托斯拉维奇和"新一代"的大公们如沃伦之达尼伊尔·罗曼诺维奇等纷纷召集部下。然而统一行动却受到了当时国内存在着的割据状态的影响。弗拉吉米尔——苏兹达尔之大公尤里·伏谢沃洛多维奇就没有参加出征行动。他曾经许诺派遣侄子瓦西列克·康斯坦丁诺维奇率领罗斯托夫人组成的一支部队参加,但这支队伍却一直没有露面。

鞑靼－蒙古人得知罗斯军队出征的消息之后,便派使者来到第聂伯河畔(扎鲁勃城下),建议罢兵。使者们说:"我们听说你们听信波洛维茨人一方之言而起兵抗击我们。可我们既没有占领你们的土地,又没有占领你们的城市和村庄。我们不是来攻打你们的,而是来攻打自己的奴仆和马夫——那些可恶的波洛维茨人的。你们还是同我们和好吧。如果波洛维茨人投奔你们,你们就把他们打出去,把他们的货物夺下来。因为我们听说,他们对你们造下许多罪恶,我们也是为此而攻打他们的。"①这是一个企图在斡罗思人和钦察人之间制造不和,挑拨斡罗思人同钦察人打仗,从而达到两败俱伤的阴谋。在此之前,鞑靼－蒙古人就对波洛维茨人和阿兰人施展过这类伎俩。斡罗思人显然已经识破了敌人的阴谋,杀

---

① 同上,引文为现代俄语译文。

掉蒙古使者,向敌人发动了进攻。鞑靼人再次派来使者,同样也没有收到效果。

来自各个公国的斡罗思军队在霍尔吉查岛附近渡过第聂伯河,来到左岸,向东方的波洛维茨草原开去。同敌人进行的首次战斗是成功的。鞑靼一蒙古人的前锋部队有一部分被歼,另一部分跑掉了。斡罗思人向东南方向开拔,八九天之后来到迦尔迦河畔(亚速海边),并于 1223 年 5 月 31 日爆发了历史上著名的那场战争。

战争中每个将领各自为政,对战局和罗斯产生了有害的影响。军事行动缺乏统一的计划,缺乏统一的领导。各个大公互不配合,各有所惧。加里奇之姆斯吉斯拉夫和沃伦之达尼伊尔率领部下投入战斗,而基辅之姆斯吉斯拉夫却不去协同行动,而是带领士兵守在迦尔迦河畔山头上的营寨中袖手旁观。鞑靼一蒙古人打败斡罗思军队之后,将基辅之姆斯吉斯拉夫大公的营寨团团围住。他们无力攻陷营地,于是使用了欺骗手段:他们向斡罗思人宣布停战,允许斡罗思人走出营寨,可是当斡罗思人照此办理的时候,他们竟将斡罗思人统统杀死。被俘的大公们遭到令人发指的残害:大公们被置于木板下面,得胜的征服者们坐在木板上喜宴庆祝,将大公们活活用木板压死。

中国编年史《元史》中也留下了有关迦尔迦河事件的简短记载:速不台率兵来到阿里吉河,"与斡罗思部大小密赤思老(姆斯吉斯拉夫)遇,一战降之"[1]。

迦尔迦河之战中罗斯损失惨重:六位大公被杀;据编年史料记载,普通士兵生还者十仅有一;仅被杀的基辅士兵竟达万人之众[2]。

---

[1] 阿·伊·伊万诺夫:《中国正史〈元史〉所载蒙古对斡罗思的征讨》,载《俄国军事历史学会军事考古学与古文献学分会会刊》,第 3 卷,圣彼得堡,1914 年,第 19 页。

[2] 《俄国编年史全集》,第 1 卷,第 2 辑,第 446 栏,447 栏;《诺甫戈罗德第一编年史》,第 267 页。

诺甫戈罗德编年史以如下记述结束了有关迦尔迦悲剧的记载："无数人阵亡;城乡各地到处是一片悲泣呼号之声。"[1]鞑靼—蒙古人在追击溃逃者的过程中,沿着第聂伯河到达斯维亚托波尔之诺甫戈罗德。

鞑靼—蒙古人转而侵入伏尔加河流域的保加尔(不里阿儿)境内,结果遭到抗击。据伊本—阿昔尔说,保加尔人"在若干地方设下埋伏",诱敌深入,"然后从背后偷袭",杀死大批鞑靼—蒙古士兵[2]。剩下的鞑靼—蒙古人穿过哈萨克草原,返回了蒙古。

蒙古人征讨黑海沿岸草原和伏尔加河流域

1222～1223年哲别和速不台在罗斯境内进行的征讨,是蒙古人实现其征服东欧计划的开端。据罗卜藏丹津(十七世纪)的史著《阿勒坦·脱卜赤》来看,迦尔迦之战以后成吉思汗即将"钦察地面"交给其子术赤管理,并授权忽因那颜管理"斡罗思和切尔凯思地面",勿忘"扩展其地"[3]。据阿拉伯史学家恩奴维里(卒于1333年)说,成吉思汗划定"从哈牙里克边境和花拉子模地面到萨克欣和保加尔一带,亦即到其大军奔袭时战马所到之极地之间的夏营盘和冬营盘"为术赤兀鲁思[4]。1227年术赤死后,其封地的大部分由其子拔都管辖。

1227年,术赤死后几个月,成吉思汗也去世了。汗位由窝阔台

---

①《诺甫戈罗德第一编年史》,第267页。

②《金帐汗国史资料汇编》,第1卷,第27—28页。

③ 策·扎·扎木察朗诺:《17世纪的蒙古编年史》,载《东方学研究所著作集》,第16卷,莫斯科—列宁格勒,1936年,第114—117页。

④《金帐汗国史资料汇编》,第1卷,第150页。马·加·萨法尔加利耶夫认为,萨克欣和保加尔在术赤生前即已并入术赤兀鲁思(见马·加·萨法尔加利耶夫:《金帐汗国的衰亡》,第20页)。萨克欣城在伊的勒河〔伏尔加〕畔哈扎尔城堡所在地,萨克欣人是该地居民。

继承。在 1227 年和 1229 年两次"忽里勒台"上,蒙古贵族们制定了远征的新方案,并着手付诸实施①。征服者们分头行动。外高加索被征服了,入侵东欧的行动开始了。拉施特丁写道,窝阔台"为了完成成吉思汗下达给术赤的诏令,命令汗室成员们征服北方诸国"②。

拉施特丁还写道,窝阔台派大将阔阔带和速不台率三万骑兵进入里海沿岸草原("进入钦察、萨克欣和保加尔……地面")③。俄国史籍记载,这次征服行动发生在 1229 年,并记载说,在蒙古人的压力之下,波洛维茨人、萨克欣人和保加尔人防卫部队逃到伏尔加河之保加尔境内("保加尔卫队为了逃避鞑靼人的打击,躲到亚伊克河附近的地方")④。

1232 年,蒙古人向保加尔发动了新的进攻。关于这一点,在俄文史籍中有一段简略的记载:"鞑靼人来到这里,由于没有打到保加尔伟大的都城而只好在这里过冬。"⑤

1235 年召开的"忽里勒台",为蒙古人扩大其侵略政策注入了新的动力。据波斯史学家志费尼(卒于 1283 年)记载,这次大会"决定占领保加尔、阿速和罗斯诸国。上述三国位于拔都游牧地的附近,尚未被彻底征服,仍以人口众多而自诩"。各封地均派出以成吉思汗家族儿孙为将领的部队前来协助拔都,"加强其力量"。1236 年底,这支强大的军事力量侵入保加尔,保加尔遭到覆灭。据志费尼说,"诸王在保加尔境内汇合,保加尔在无数军队的践踏下发出呻吟,发出哀号,连野物和猛兽也在入侵者的呐喊声中惊呆

---

① 关于这一点,见弗·捷·帕舒托:《苏联史纲(12 世纪至 13 世纪)》,第 133—140 页。

②《金帐汗国史资料汇编》,第 2 卷。第 65 页。

③ 同上,第 34 页。

④《俄国编年史全集》,第 1 卷,第 2 辑,第 453 栏。

⑤ 同上,第 459 栏。

了"。接着,志费尼写道,"在暴力和冲击下,一向以'地形险要、人口众多'而著称的保加尔城被攻占",一部分居民遭杀戮,一部分居民被俘虏①。志费尼的这些记载为拉施特丁的记载所证实。拉施特丁说,保加尔"遭到攻击,受到劫掠",蒙古人"打败了那里的军队",迫使他们投降。拉施特丁还提到了"当地的头人"伯颜和吉忽的名字,说他们起先"表示愿意向诸王投降",并"缴出(大量)贡品",后来却"再次反叛"②。

俄国编年史中也留下了蒙古大军在伏尔加河之保加尔国倒行逆施的记载。"无法无天的鞑靼人"攻占了"光荣伟大的保加尔城",将城市烧毁,将许多居民"不分老幼"统统杀死,将"无数财宝"抢走,"将整个国家占领"③。

阿·彼·斯米尔诺夫发掘的考古材料也证实了蒙古征服者毁灭保加尔国之文字记载的可靠性:发现了被摧毁的宫殿、被烧毁的木屋和城堡的遗址。比里亚尔、凯尔涅克、茹科京、苏瓦尔等城市被毁于一旦④。

除了保加尔人,蒙古人还征服了伏尔加河流域、卡马河流域的其他民族,如巴什基尔人、莫尔达瓦人、萨克欣人等等。拉施特丁史中提到过蒙古人征服"巴什基尔德人"一事⑤。他还描述过蒙古人同莫尔达瓦人两个政治联合体——莫克沙人和阿尔羌人(即额尔羌人或额尔兹人)以及不尔塔思人"打仗"的情形⑥。匈牙利僧人尤里安讲过,到1237年时,蒙古大军"占领了五个异教徒大国:萨斯齐亚,富尔加利亚……攻下了维丁、麦罗维亚、波伊多维亚以及

---

① 《金帐汗国史资料汇编》,第2卷,第22页。

② 同上,第36页,35页。

③ 《俄国编年史全集》,第1卷,第2辑,第460栏。

④ 阿·彼·斯米尔诺夫:《伏尔加河之保加尔人》,莫斯科,1951年,第53页。

⑤ 《金帐汗国史资料汇编》,第2卷,第34页。

⑥ 同上,第36页。

莫尔丹人国家"①。他显然是指萨克欣、保加尔、切列米斯(马里)和莫尔达瓦而言②。

居民们为了捍卫自己的独立,同入侵者进行了斗争。尤里安提到过一位莫尔达瓦公爵,说他"率领为数不多的人马来到设防坚固的地方,拼尽全力进行自卫"。与此同时,莫尔达瓦的另一位公爵却"带领百姓和家人投降了鞑靼领袖"。征服者在很长时间内(据尤里安讲,达十四年之久)未能打败巴什基尔人③。萨克欣人(萨克斯人)也进行了顽强抵抗。法国僧人普兰·迦尔宾说,鞑靼—蒙古人"围困了上面提到的萨克欣人的一座城市,企图攻占它,但是萨克欣人造出一批机械以对付鞑靼—蒙古人的机械,结果摧毁了鞑靼人的全部机械",以致使鞑靼人"由于遭到机械和石炮的攻击而无法靠近城池作战"。在这种情况下,鞑靼人挖掘地沟,"登上城墙……一些人企图烧毁城市,另一些人企图投入战斗"。城市居民则"以一部分力量用来救火",以另一部分力量用来战斗。鞑靼人"一看,无计可施",只好离开这里④。

对于蒙古人来说,里海与亚速海之间的大草原是一个特殊的战场。在这里,他们遭到了波洛维茨人和阿兰人的抵抗。据阿拉伯史学家伊本—瓦西尔(卒于 1297～1298 年)记载,1229 年至1230 年间,"鞑靼人与钦察人之间爆发过一场战争"⑤。1237 年的战争尤为激烈。当时,蒙古大军沿着里海岸边向顿河进发,企图进

---

① 谢·安·安宁斯基:《13 世纪至 14 世纪匈牙利传教士关于鞑靼人和东欧的报告》,载《历史档案》,第 3 卷,莫斯科—列宁格勒,1940 年,第 85—86 页。另一种说法认为:"(占领了)法斯西亚、麦罗维亚,征服了保加尔国……攻下了维丁。"
② 尤里安信件的注释者认为麦罗维亚当在维特鲁加河和翁札河一带,维丁当在麦罗维亚以北至苏霍纳河一带。
③ 谢·安·安宁斯基:《匈牙利传教士……》,第 85—86 页。
④ 普兰·迦尔宾:《蒙古人的历史》,圣彼得堡,1911 年,第 36 页。
⑤《金帐汗国史资料汇编》,第 1 卷,第 73 页。

行"包抄"①。在这一过程中,入侵者遭到当地居民(钦察人和阿兰人)的抵抗。在反抗入侵的战斗中,以八赤蛮为首的"钦察勇士"表现的尤为英勇。志费尼说,八赤蛮是一位无所畏惧、机智灵活的人物。"无论(蒙古)大军如何捕捉他,总也找不到他的踪迹,他常常会安然无恙地逃到别的地方"。后来,蒙古人得知他躲到亦的勒河附近某地,于是便派大军分乘 200 艘船只前去搜捕。结果,八赤蛮的部队在一座小岛上被发现并被消灭,八赤蛮本人也被俘并被毒死②。

拔都大军大举入侵罗斯

1237 年末,鞑靼－蒙古大军在拔都的统率下,开始进攻斡罗思诸公国③。

拉施特丁写道,这一年秋季来到捷什特—伊—钦察(钦察草原)的"诸王一起举行'忽里勒台',共同议定出兵斡罗思"④。瓦·维·卡尔加洛夫对东方文献史料进行分析之后,得出结论说,拔都大军的人数约在 12 万至 14 万人⑤。

前面不只一次提及过的僧人尤里安曾于 1237 年到过斡罗思,他对当时听到的敌人军队在斡罗思边境集结的消息作过如下记载:"此刻,我们来到斡罗思边境,亲耳听到了大军进攻西方诸国的确切消息。这支军队分成四部分。一部分位于罗斯边境的亦的勒(伏尔加)河畔,从东面逼近苏兹达尔。另一部分位于南部,准备进攻另一个罗斯公国梁赞的边境。第三部分位于顿河对岸的沃伦涅

① 瓦·维·卡尔加洛夫:《封建主义罗斯发展的外部政策因素》,第 71—72 页。

② 《金帐汗国史资料汇编》,第 2 卷,第 24、35、36 页。

③ 关于拔都征服罗斯的有关情况,参阅《苏联历史》。第 1 类,第 2 卷,第 42—46 页。

④ 《金帐汗国史资料汇编》,第 2 卷,第 36 页。

⑤ 瓦·维·卡尔加洛夫:《封建主义罗斯发展的外部政策因素》,第 75 页。

什(Oveheruch)要塞附近,这也是罗斯的一个公国。"尤里安还得到了鞑靼—蒙古人下一步计划的有关情报:"抢在他们之前而逃亡的斡罗思人、匈牙利人和保加尔人亲自告诉我们,他们等待冬季来临,大地、河流、沼泽封冻之,大批鞑靼人便可轻而易举地粉碎整个罗斯,全部斡罗思人的国家。"①

供研究拔都大军征服罗斯的基本史料,保存在俄国各种编年史汇编中。在某些汇编中,《拔都入侵的故事》和《迦尔迦大战的故事》都收有几种不同的版本②。《拔都劫掠梁赞的故事》则是一部特殊的文艺作品(战争系列小说之一),在许多地方与编年史作品的文字不尽相同③。将这些材料从版本学角度进行一番对比之后,大体可以弄清事件的进程。

据编年史材料看来,鞑靼—蒙古人首先进攻的是梁赞地面。为了进攻梁赞,敌人先设立了前哨阵地。这处前哨阵地在各种史料中说法各异(有的说在沃伦涅什河畔,有的说在沃伦涅什河畔的奥努泽,有的说在奥努泽,有的说在努兹列附近)。一种见解认为,该前哨阵地指的是苏雷河的支流努兹列河,亦即乌泽河。阿·尼·纳索诺夫则认为,这指的是奥努泽城④。

拔都从前哨阵地派出鞑靼—蒙古使者到梁赞,要求缴纳"全份什一税;平民要缴,公爵要缴,马匹也要缴"。当地公爵们(梁赞的公爵们、穆罗姆纳的公爵们以及普隆斯克的公爵们)召集会议,会上决定拒绝向敌人缴税,鞑靼—蒙古使者得到了如下答复:"只要

① 谢·安·安宁斯基:《匈牙利传教士》,第 86 页。

②《诺甫戈罗德第一编年史》,第 286—289 页;《俄国编年史全集》,第 1 卷,第 2 辑,第 460—468 栏;第 1 卷,第 3 辑,第 514—522 栏;第 2 卷,第 778—786 栏。

③《古罗斯军事小说》,瓦·帕·阿德里阿诺娃·彼列特茨编,莫斯科—列宁格勒,1949 年,第 9—29 页。

④ 阿·尼·纳索诺夫:《斡罗思地面与古斡罗斯国的建立》,莫斯科,1951 年,第 212 页;还可参阅阿·格库兹明:《梁赞编年史》,莫斯科,1985 年,第 160—162 页。

我们都还在世,你们就什么也休想得到。"①同时史籍记载说,梁赞大公们还试图延缓鞑靼—蒙古人的进军,不过没有办到。从《劫掠梁赞的故事》看来,梁赞大公尤里·伊戈列维奇之子曾赴鞑靼营地进行过淡判,但由于他拒绝将妻子交给拔都充当人质而被杀掉。

　　梁赞大公尤里·伊戈列维奇向弗拉基米尔和切尔尼果夫求援,没有结果。只有一小批部队从弗拉基米尔来到科洛姆纳。梁赞人只好依靠自己的力量进行抗击。他们的军队开到沃伦涅什,同鞑靼—蒙古人交战,结果"许多当地的公爵、孔武的将领和士兵——梁赞英勇机智的好汉们"牺牲在这里。鞑靼大军"征服了梁赞地方,无情地烧杀了一番"②。梁赞的城市如普隆斯克、别尔戈罗德、伊热斯拉维茨等都被劫掠一空。1237年12月16日,敌军攻陷了梁赞城,烧毁了这座城市,杀光了城市居民,抢走了"全部雕花之物与财产"(即珍宝)③。拉施特丁也记载过鞑靼—蒙古人围困和攻占梁赞(阿尔藩)一事④。阿·里·蒙盖特搜集的考古资料也证实,蒙古人确曾在梁赞地方进行过大规模的烧杀⑤。他发现了鞑靼人暴行牺牲品的墓葬。

　　一个关于勇士叶甫帕吉亚·科洛甫拉塔的传说形象地叙述了梁赞人同征服者进行的斗争。这位勇士出生于梁赞贵族之家。在梁赞被摧毁后,他集结了1700名民兵,跟踪于鞑靼大军之后,在苏兹达尔地方赶上敌人,给敌人以"无情打击"。叶甫帕吉亚·科洛甫拉塔虽然牺牲了,但是疲惫不堪、惊恐至极的鞑靼将领不得不对他及其战友们的勇敢灵活表示钦佩。据传说讲,鞑靼将领们说过这样的话:"我们同许多皇帝在许多国家、许多战场上打过仗,但

---

① 《诺甫戈罗德第一编年史),第286页。
② 《古罗斯军事小说》,第11—12页。
③ 同上,第26页。
④ 《金帐汗国史资料汇编》,第2卷,第36页。
⑤ 阿·里·蒙盖特:《梁赞地面》,莫斯科,1961年,第359页。

是这样的英雄好汉从来没有见过……这些人猛如飞禽,不畏牺牲,打仗英勇,以一挡千,以双挡万。无一人肯于生还。"[1]

鞑靼－蒙古人离开梁赞后溯奥卡河而上,来到科洛姆纳城下。在这里,他们打败了弗拉基米尔大公尤里·伏谢沃洛多维奇派来的以大公之子伏谢沃洛德为指挥官的军队和以公爵罗曼·伊戈列维奇为首的梁赞军队。罗曼公爵、尤里·叶列麦依·格列鲍维奇将军以及许多普通士兵在这次战斗中被杀死。伏谢沃洛德带着"一小股卫队"逃回弗拉基米尔。拉施特丁也对科洛姆纳之战作过如下描述:蒙古人"还占了伊卡城"(即奥卡河畔之城)。大将忽里罕"在那里负伤,死了。斡罗思的一个叫作乌尔曼(罗曼)的异密带兵(抗击蒙古人),却被打败杀死"。[2]

鞑靼－蒙古人从科洛姆纳向年轻的公爵弗拉基米尔·尤里耶维奇管辖的莫斯科进军。莫斯科的守卫任务由弗拉基米尔·尤里耶维奇手下的大将菲里普·尼扬科负责。莫斯科人没有守住自己的城市,该城落入敌人之手,连同郊区乡村一起被放火烧掉。居民"无分老幼"统统被杀死,大公被擒。拉施特丁说,入侵者花了 5 天时间才攻下莫斯科[3]。志费尼在列举鞑靼－蒙古人摧毁的城市名单中,提到过一个名叫"米凯斯"或"马什卡"的城市,并说征服者在该城城墙下安置了数百架投掷器,"几天之后这座城市只留下一个空名"[4]。这可能指的就是莫斯科,不过把握不大。

攻下莫斯科之后,蒙古侵略者向弗拉基米尔进发。尤里·伏谢沃洛多维奇大公得知蒙古人继续进军的消息之后,开始采取措施。他带领一支卫队前去与他的兄弟雅罗斯拉夫和斯维雅托斯拉

---

[1]《古罗斯军事小说》,第 14 页。
[2]《金帐汗国史资料汇编》,第 2 卷,第 36 页。
[3] 同上。
[4] 同上,第 21、23 页。

夫统率的军队会合。会合地点定在莫洛吉河的支流西提河畔。尤里的两个儿子——伏谢沃洛德和姆斯吉斯拉夫留下来领导弗拉基米尔城的保卫工作。

1238年2月初,鞑靼-蒙古大军来到弗拉基米尔城下,在"金门"前安营扎寨。鞑靼-蒙古人把从莫斯科带来的已被俘虏的尤里耶维奇推出来让弗拉基米尔诸公观看,想迫使后者不战而降。但是他们这一手没有得逞,于是敌人开始围攻弗拉基米尔城。与此同时,敌人派大军奔赴苏兹达尔,苏兹达尔被攻克并遭火焚。2月6日,鞑靼-蒙古人开始了攻城准备工作:他们"从当天清晨至第二天清晨安放了木柴和攻城器,当天夜里用栅栏围住了城墙"。[①]第二天,2月7日,入侵者穿过城墙豁口冲入城中,放起火来。在冲天大火中,躲进大教堂的许多人被烧死(其中包括大公家族中的人们),"就这样,大火无情地烧着"。[②] 鞑靼-蒙古人还砸开教堂大门,将残存在世的人们统统杀死,并将财物一抢而光。侥幸免于一死的人们,被敌人俘虏。他们光脚赤头,"一丝不挂",许多人在半路上被冻死。

关于攻占弗拉基米尔城的情形,拉施特丁有过简要记载:鞑靼-蒙古人"花了八天时间围困并夺取了大尤里城。双方进行了激战。蒙哥汗亲自建立了勇士般的功勋,直到将他们(斡罗思人)打垮。"[③]

鞑靼-蒙古人攻克弗拉基米尔城之后,于1238年3月初相继攻陷了弗拉基米尔-苏兹达尔地区的其他城市:罗斯托夫,乌格里奇,雅罗斯拉夫里,波兰之尤里耶夫,彼连雅斯拉夫里,克斯尼亚京,卡申,特维尔,托尔若克,德米特罗夫,沃洛科拉姆斯克,戈罗杰

---

①《俄国编年史全集》,第1卷,第2辑,第462栏。
②同上,第463栏。
③《金帐汗国史资料汇编》,第2卷,第36页。

茨,科斯特罗马,麦尔之加里奇①。编年史作者一共列举了 14 个被
入侵者摧毁或向他们投降的城市。他说,这还不包括城郊乡村和
居民点②。就这样,敌人的部队攻占了罗斯东北部的大部分地区。

3 月 4 日,数量庞大的鞑靼—蒙古大军包围了尤里·伏谢沃洛
多维奇驻扎在西提河畔的营地。在敌人武力包围下,斡罗思军队
为"凶恶之剑"所击败。许多斡罗思士兵被消灭。尤里大公战死。
这一仗的最后结果,在拉施特丁的笔下是如此描绘的:"这个地方
的异密维凯—尤尔库脱逃,躲进森林,后被逮住杀死。"③尤里的侄
子瓦西里科·康斯坦丁诺维奇被俘。鞑靼人强迫他屈从于他们的
意志并和他们一起战斗,"遭到他的拒绝,结果将他杀死"④。

鞑靼—蒙古人在西提河之战前,便派大军前去围困托尔若克,
以两周时间用"攻城器"攻击城墙。"城中居民处境困难,诺甫戈罗
德却没有给他们以援助"——编年史作者如此叙述道⑤。3 月 5
日,托尔若克被攻陷,城中居民遭到集体屠杀。编年史在谈到被杀
者时,提到了诺沃托尔若克的地方行政长官亚基姆·弗伦科维奇。

鞑靼—蒙古侵略者的下一步打算和行动,史籍中记载不确。
一些编年史说,离开托尔若克之后,他们打算"取道谢里盖尔"出征
诺甫戈罗德,但是离开托尔若克不到 100 俄里,便又返回来了。原
因何在,各种文献说法不一,有的说害怕迷路,有的说敌军力量被
削弱。前不久,关于蒙古人未去进攻诺甫戈罗德城的原因,瓦·
维·卡尔加洛夫提出一个论点说:各种史籍中所载,指的只是敌人
派一支部队追击从托尔若克城突围的斡罗思人部队而已⑥。

---

① 瓦·维·卡尔加洛夫:《封建主义罗斯发展的外部政策因素》,第 98 页。
②《俄国编年史全集》,第 1 卷,第 2 辑,第 465 栏。
③《金帐汗国史资料汇编》,第 2 卷,第 36、37 页。
④《俄国编年史全集》,第 1 卷。第 2 辑,465 栏。
⑤ 同上,第 1 卷,第 3 辑,第 521 栏。
⑥ 瓦·维·卡尔加洛夫:《封建主义罗斯发展的外部政策因素》,第 106—108 页。

拉施特丁指出,西提河之战以后,鞑靼－蒙古人"在会议上"决定"围攻他们途中遇到的一切城市、地区和要塞,夺取并将其摧毁掉"①。在奥卡河上游地区鞑靼－蒙古征服者遇到了科泽尔斯克居民的顽强抵抗。"用甜言蜜语"诱骗他们交出城市没有成功。该城公爵瓦西里尽管年轻,不善于指挥守城战斗,科泽尔斯克居民却决心坚守城市。编年史作者称这种精神为"坚强不屈"。城市居民据守了七周时间。最后鞑靼人攻破城墙,冲上城头。居民们手执大刀,扑向敌人。敌人损失了4000名士兵(包括三名万户长子弟)。科泽尔斯克陷落之后,拔都下令将所有的居民直到哺乳婴儿一齐杀死。传说讲,瓦西里公爵也倒在血泊之中。鞑靼人念念不忘该城居民顽强抵抗给他们造成的伤亡,将这座城市称做"凶城"。

据拉施特丁记载,拔都大军围攻科泽尔斯克达两月之久而未克。直到合丹和不里率援兵到来,又花了三天时间才算攻克。②

据一则传说讲,拔都的一支军队来到斯莫棱斯克城下(把该城紧紧包围起来),扎下30个营寨。传说讲,一个青年拯救了这座城市。他骑马飞奔出城,"像一只在空中俯冲的雄鹰,勇敢地向敌人冲去","召唤农民和被敌人俘虏的人们起来打击敌人,增援城市"③。这则传说极有可能反映了如下事实:人民解放战争阻挠了鞑靼大军对斯莫棱斯克的占领。

1238年夏天,蒙古大军才进入波洛维茨草原。之所以如此,一是为了在激战后得到休整,二是为了补充兵力。此外,也是由于征服者内部起了内讧④。比如,贵由汗就与拔都汗十分对立。《蒙古秘史》记载了窝阔台大汗对贵由说的一段话:"你敢想斡鲁思百姓,

---

① 《金帐汗国史资料汇编》,第2卷,第37页。

② 同上,第37页。

③ 列·秀·别列茨基:《关于斯莫棱斯克之麦尔库里耶之文学历史故事》,载《俄国科学院俄罗斯语言文学部论文集》,第49卷,圣彼得堡,1922年,第8期,第56—57页。

④ 马·加·萨法尔加里耶夫:《金帐汗国的衰亡》,第22页。

为怕你一人投降了。敢把哥哥做敌人般欺侮……得了这几个斡鲁思种。你自己羧㼿的蹄子不曾置得,逞好男子,初出门便惹是非。"①

不过,蒙古人即使在波洛维茨草原休整期间,也与波洛维茨人、切尔凯思人发生过军事冲突。1239 年,蒙古人的几支部队再次侵入莫尔达瓦地方,火烧穆罗姆纳、戈罗杰茨,穿过克里亚兹马。

从 1239 年春季起,蒙古大军开始向南方挺进。起先,他们"以长矛"攻占了彼连雅斯拉夫里,秋天攻陷切尔尼果夫,并侵扰了其他城市。到 1239 年末,蒙古部队来到克里米亚。

1240 年,鞑靼人进军基辅。编年史叙述道,将领之一——先锋部队指挥蒙哥汗为这座城市的"美丽和……庄严"而震惊。他向基辅派出使者,企图以空头人情说服(诱使)基辅人投降。这一计谋未能得逞。

此时的基辅城中,刚刚更换了几位公爵。加里奇之达尼伊尔·罗曼诺维奇公爵手下的将军德米特尔留在城里担当首领。据一位编年史作者说,当基辅被拔都的主力部队包围之后,"由于到处是大车的吱嘎声,到处是骆驼的吼叫声,到处是战马的嘶鸣声",而很难听到人的对话声。

攻城之战在里亚德城门展开。这里安放了"攻城器",昼夜不停地进行轰击。城墙轰垮了,城内居民便爬上城墙废墟进行抗击。"断矛残盾随处皆是,羽箭遮天蔽日"②。德米特尔将军不幸负伤。鞑靼人利用这一机会,加紧进攻,扭转战机,登上战堡。战斗夜以继日地持续着。基辅人在捷夏基纳教堂坚持抗击。当鞑靼人占了上风以后,人们便躲进教堂,爬上屋顶,藏进地下室,把财物带到那

---

① 谢·安·科津:《蒙古秘史—部 1240 年的蒙古编年史》,第 1 卷,莫斯科—列宁格勒。1941 年,第 195 页。

②《俄国编年史全集》。第 2 卷,第 782 栏,784 栏。

里,寻求庇护。据编年史学家讲,教堂顶支撑不住,坍塌下来。米·康·卡尔盖尔认为这不是教堂发生惨剧的原因。他认为,石头砌成的教堂不可能因爬上屋顶的人多而发生坍塌现象;这很可能是入侵者用"攻城器"轰击教堂造成的结果[1]。

基辅沦陷的日期一说是 1240 年 11 月 19 日,一说是 12 月 6 日。史籍记载说,德米特尔因为勇敢("为其勇敢")而被拔都饶了一条活命。

而后,鞑靼—蒙古大军向加里奇—沃伦地面进军。拉施特丁写道:"他们犹如乌云一般将弗拉基米尔一带的所有城市围困起来,将途中所遇到的一切城堡和地区逐一征服。"[2]在科洛嘉仁城墙下,征服者们放置了 12 辆"攻城器",却未能将城墙轰开,最后借助诱骗手段才占领了该城。蒙古人夺取了卡缅涅茨和伊加斯拉夫里二城,却无法占领城堡坚固的克列明茨和丹尼洛夫。他们还攻克了沃伦之弗拉基米尔、加里奇和"其他数不胜数的城市"。[3]

随着蒙古人的入侵,到处都发生残杀居民的事件。蒙古人入侵之后不久而访问过罗斯的普兰·迦尔宾写道,敌人"在斡罗思地面进行了大屠杀,摧毁城市要塞,杀死百姓……当我们途经此地时,看到旷野中有无数死者的头颅尸骨"。基辅城"几乎化为乌有,仅有 200 座房子残存在那里,百姓在他们的手下过着最凄惨的奴隶生活。"[4]在沃伦之弗拉基米尔城,"教堂中躺满了尸体"。在彼列斯契耶近郊,"尸横遍野,无法通行。"[5]

蒙古人摧毁罗斯之后,又向西进发,下一步的征服目标是波兰、匈牙利、捷克、莫尔达维亚、瓦拉西亚、特兰西尔瓦尼亚。

---

① 米·康·卡尔盖尔:《古罗斯》,第 1 卷,莫斯科—列宁格勒,1958 年,第 488—515 页。

②《金帐汗国史资料汇编》,第 2 卷,第 37 页。

③《俄国编年史全集》,第 2 卷,第 786 页。

④ 普兰·迦尔宾:《蒙古人的历史》,第 25 页。

⑤《俄国编年史全集》,第 2 卷。第 788 栏。

蒙古征服者在罗斯实施的政策与
斡罗思人民反对异族统治的斗争

　　罗斯被拔都大军征服之后,归于金帐汗国治下。金帐汗国是一个由蒙古人建立的国家,最初首都在伏尔加河下游的萨莱－拔都(离今阿斯特拉罕不远),后来迁到萨莱－别儿哥(在伏尔加河岸边,比萨莱－拔都更靠上游一些地方)。

　　汗国虽然征服了罗斯,却未能破坏罗斯业已存在的政治秩序①。金帐诸汗竭力借罗斯的政治秩序为自己服务。他们清除了那些不可靠的公爵,又在那些被认为是可靠的公爵们之间制造不和,使每个公爵都无法增强实力,处于不安状态之中,从而利用这些人达到为自己利益服务的目的。史籍中常有许多斡罗思公爵朝拜金帐汗国和哈剌和林并以此巩固自己公爵特权的记载。但是有的公爵一去不复返。比如,切尔尼果夫公爵米哈伊尔·伏谢沃洛多维奇和安德烈·姆斯吉斯拉维奇就在金帐汗国被杀死,弗拉基米尔大公雅罗斯拉夫·伏谢沃洛多维奇在蒙古被毒死,等等。

　　对斡罗思公爵们的反抗,金帐汗国以武力予以镇压。公爵安德烈·雅罗斯拉维奇拒绝为汗"效劳",于1252年带领全家和贵族们穿过彼连雅斯拉夫里,企图逃往瑞士,结果受到在彼连雅斯拉夫里四郊进行抢幼的鞑靼将领捏兀鲁牙率领的军队的追击②。

　　斡罗思居民受到鞑靼－蒙古诸汗的重赋压榨。在蒙古人入侵时四散逃离的基辅和其他地方的居民返回故地以后,征服者们"统计人数,开始向他们收税"(亦即进行户籍登记并课以赋税)。

　　税收通常采取承包形式进行征收。普兰·迦尔宾证实说,在

---

① 关于蒙古人在罗斯所实施政策的大致情况,可参阅《苏联历史》,第 1 卷,第 2 卷,第 55—62 页。
② 米·德·普里晓尔科夫:《特罗茨克编年史》,附原文本,莫斯科—宁列格勒。1950 年,第 324 页。

他到达罗斯的时候(1246年),蒙古汗贵由和拔都派来"一位撒拉沁",根据此人的命令对居民进行登记,一部分居民被挑出来送走充当奴隶,其余的居民须交纳实物赋税(用动物毛皮)①。这里,普兰·迦尔宾指的是什么样的赋税,尚不清楚:是非常税还是正常税?是全罗斯均需交纳还是某一地区交纳?

在蒙哥汗执政(1251～1259年)的五十年代初期,蒙古国在被征服国家实行的国库政策开始走上了正规化。据汉文史籍《元史》记载,1253年蒙哥曾命其必阇赤别儿哥②"括斡罗斯户口"。1257年,蒙哥以其亲戚乞塔为罗斯的达鲁花赤,命他负责征收税赋。

据编年史记载,这位"户籍登记官来到"罗斯,在"苏兹达尔、梁赞和穆罗姆纳整个地区悉行登记"③。教会人员免于纳税。"户籍登记官"在罗斯委任了十户长、百户长、千户长、万户长(十千户长),而后回到金帐汗国。阿·尼·纳索诺夫认为④,这段记载指的是一支由鞑靼—蒙古人指挥部"户籍登记官"领导的特殊队伍,这支队伍分成十户、百户、千户、万户,其普通成员可从当地居民中选择。这支队伍从属于负有特殊使命的将领或八思哈。史籍中曾提及库尔斯克、梁赞、罗斯托夫地区的八思哈名字。其中有一名弗拉基米尔城的八思哈(名叫阿木拉罕),被称做"大八思哈",这可能是其他八思哈归他领导的缘故。阿·尼·纳索诺夫认为,军事八思哈组织的任务是对内进行"守卫",亦即确保居民安分守己,其中包括要他们向专门征税人按期缴纳赋税。

对史籍记载,米·尼·吉霍米罗夫有不同的解释。他对罗斯存在一支负有特殊使命的八思哈部队没有异议,并认为斡罗思人

---

① 普兰·迦尔宾:《蒙古人的历史》,第33页。
② 雅金夫〔尼·雅·俾丘林〕:《成吉思汗王朝最初四汗史》,圣彼得堡,1829年,第319页。
③ 《俄国编年史全集》,第1卷,第2辑,第475栏。
④ 阿·尼·纳索诺夫:《蒙古人与罗斯》,莫斯科—列宁格勒,1940年,第13—18页。

也有可能参与其事。但是史籍所载十户长、百户长、千户长、万户长之说,米·尼·吉霍米罗夫认为这指的不是指鞑靼军事组织中的官长。他认为,征税人员也可以分做十户、百户、千户、万户,目的是监督税收工作,以便如期交税[1]。

瓦·维·卡尔加洛夫则完全否认罗斯存在过八思哈式的"军事政治组织"和"八思哈部队",而认为八思哈的作用在于监督斡罗思公爵的行动并向汗报告他们的可疑行为[2]。

无论怎么说,有一点是毫无疑问的,这就是汗国是通过八思哈来极力控制罗斯的。但是人民却起来反抗蒙古人的统治了。1257年,诺甫戈罗德开始发生骚动。这场骚动是由苏兹达尔之罗斯传来鞑靼征服者企图强迫诺甫戈罗德人交纳"塔姆加"税和什一税这一消息引起的。冬季,鞑靼使者与亚历山大·雅罗斯拉维奇·涅夫斯基公爵一起来到该城,正式宣布了交纳"塔姆加"税和什一税的有关要求。诺甫戈罗德人拒绝了这一要求,不过他们对使者还是以礼相待,通过使者向汗进献了礼品。

1259 年,诺甫戈罗德人从去过苏兹达尔地面的贵族米哈伊尔·皮涅舍尼茨口中得到消息说,如果他们不同意向汗国交纳税赋并进行户籍登记("不申报人数")[3],则将受到武力强制。为实现这一点,鞑靼军队已经在苏兹达尔地方集结待命了。贵族政府听到这一消息,惊慌至极,同意进行户籍登记。但是老百姓却如下面将要看到的那样,对这一决定持反对态度。

1259 年冬季,录事别儿哈和哈撒扎克携带家眷随从来到诺甫戈罗德。阿·尼·纳索诺夫认为,史籍中提到的别儿哈就是蒙古

---

[1] 米·尼·吉霍米罗夫:《十一世纪至十三世纪罗斯的农民起义和城市起义》,莫斯科,1955 年,第269—274 页。

[2] 瓦·维·卡尔加洛夫:《封建主义罗斯发展的外部政策因素》,第 154 页,161 页。

[3]《诺甫戈罗德第一编年史》,第 310 页。

汗蒙哥于 1253 年派来"括斡罗斯户口"的那个必阇赫别儿哥。这两个录事的行为引起了居民们的不满。人们对勒索"图思合"尤为不满（据米·尼·吉霍米尔解释，"图思合"就是突厥语中的"图兹加"，亦即向使者和其他国家官吏奉献的食品和礼物）[1]。城中和乡下爆发了起义（"大动乱"）。起义声势很大，两名录事很为自己的性命担忧，于是请亚历山大·雅罗斯拉维奇公爵给他们提供武力保卫。亚历山大公爵组织地方行政长官和贵族的子弟们为他们守夜。由此看来，一部分诺甫戈罗德封建主还是支持鞑靼－蒙古代表的。

在人民群众（"平民"）的反抗面前，录事们玩弄起欺骗手段来。他们公开宣称，如果不让他们进行户口登记，他们就将"离开"诺甫戈罗德城。与此同时，他们却在诺甫戈罗德封建主们的帮助下开始进行两面夹击城市的准备工作。诺甫戈罗德居民"一分为二"了——用史籍中的形象语言来说。劳动人民（"平民"）不想屈从于两名录事，宁肯战死也不许敌人建立新的税收制。统治阶级代表人物（"贵族"）则强迫"小人物们"屈服，向征服者们交纳他们索要的赋税。

诺甫戈罗德贵族是如何迫使"平民们"屈服并确保录事们得以完成居民户口登记的，尚不得而知。从史籍中我们仅可知道，两名录事在亚历山大·雅罗斯拉维奇公爵的陪同下——显然还有武力的保护——到处活动，进行户籍登记。贵族们极力将全部赋税压在"平民"身上（"贵族们减轻了自身的负担"）[2]。

1262 年，罗斯东北部的许多城市也爆发了反抗鞑靼－蒙古人的起义。哪些城市发生过人民解放斗争，很难一一说清。据乌斯

---

① 米·尼·吉霍米罗夫：《十一世纪至十三世纪罗斯的农民起义和城市起义》，第 274 页。
②《诺甫戈罗德第一编年史》第 310 页，311 页。

久克的一位编年史作者笼而统之地说,运动席卷"罗斯所有城市"①。其他史料汇集中则提到了罗斯托夫、雅罗斯拉夫里、苏兹达尔、弗拉基米尔、乌斯久克这些城市。阿·尼·纳索诺夫认为,在反抗民族压迫的斗争中,罗斯托夫城充当了组织者的角色②。

乌斯久克一位编年史作者谈到过这样一则故事:乌斯久克城首领收到了由亚历山大·涅夫斯基公爵签署的一件公文,公文中号召人们"打击鞑靼人"③。这位公爵参与弗拉基米尔—苏兹达尔地面各城市反对鞑靼人运动说法是否可靠,还很难说。

1262 年起义的主要锋芒所向,在于反对鞑靼—蒙古包税人。这些人承包征税事宜后,将百姓搞得家破人亡。除了包收税赋之外,他们还在百姓中放高利贷,使那些无偿还能力的人沦为奴隶("那些包税人承包征税事宜,由于利率过高,许多农民破产")④。史料中提到的最大包税人有:蒙古忽必烈汗派往罗斯(看来当为雅罗斯拉夫里)的帖帖阿木或曰帖帖阿黑,在乌斯久克城负责征税的札撒克不花。市民们在市民会议上决定驱赶这些包税人。其中最不得人心者被市民杀死。编年史中有如下记载:"市民会议作出决定,号召罗斯人打击包税人。忍无可忍的人们到处袭击他们。尽管鞑靼人向所有罗斯城市里增派人力,札撒克却自身难保"⑤。起义中,雅罗斯拉夫里城改信伊斯兰教的僧人伊佐西玛被杀,这是因为他帮助帖帖阿木为非作歹的缘故。包税人札撒克不久便被迫参加市民会议,在会上乞求饶恕(允许乌斯久克人不纳税赋)⑥,并改

①《乌斯久克编年史汇集》(载《阿尔罕格尔戈罗德编年史学家》)克·尼·谢尔比娜编辑出版,莫斯科—列宁格勒,1950 年,第 47 页。
②阿·尼·纳索诺夫:《蒙古人与罗斯》,第 50 页,51 页。
③《乌斯久克编年史汇集》,第 47 页。
④《俄国编年史全集》,第 1 卷,第 2 辑,第 476 栏。
⑤《乌斯久克编年史汇集》,第 47 页。
⑥同上,第 48 页。

信基督教。

罗斯西南部地区也爆发了反对异族统治的斗争。这一地区的波洛霍夫地面(加里奇、沃伦和基辅三个公国的交界处)和下加里奇处于鞑靼人的直接统治下。拔都西征时期,波洛霍夫公爵们就承认了拔都的统治权,并得到拔都的饶恕。波洛霍夫地区应交纳一定量的赋税("他们应交小麦和黍子")。编年史说,加里奇之达尼伊尔公爵原先"尚无多大敌意,似乎对鞑靼人抱有很大的希望"①。但后来当拔都撤出加里奇地面后,达尼伊尔便下令烧掉鞑靼人的城市捷列维奇、古宾、科布德、科丁戈罗杰茨、波日斯基、佳契科夫,挖掉城墙地基②。不过鞑靼—蒙古人此后又恢复了对波洛霍夫地面的统治权。

十三世纪中叶,有两支蒙古大军在第聂泊河流域一带活动,一支由马兀赤"强悍者"统领,另一支由阔连察(忽连撒)统率。关于后者,普兰·迦尔宾曾这样写道:"这位首领是在这一带警戒西方各民族,以防他们发起突然和意外攻击的全体鞑靼士兵的指挥。我们听说,这位首领手下管辖着6万武装兵士"③。阔连察向西方推进,直接威胁着加里奇—沃伦之罗斯地面。

1252年,在捏兀鲁牙征讨苏兹达尔地面的同时,阔连察也率领他手下的军队向西进发④。1254年,他指挥军队来到下加里奇的巴科塔城,这里的地方官米莱向他投降。米莱其人曾两次背叛达尼伊尔公爵,为此鞑靼封他为八思哈。然后,阔连察进逼克列缅茨。克列缅茨的地方官安德烈在投向征服者一边还是忠于加里奇公爵的问题上犹豫不决。后来,尽管他出示了拔都签发给他的安

---

① 《俄国编年史全集》。第792栏。
② 弗·捷·帕舒托:《加里奇—沃伦之罗斯史纲》,莫斯科—列宁格勒,1950年,第226页,227页。
③ 普兰·迦尔宾:《蒙古人的历史》,第23页。
④ 弗·捷·帕舒托:《加里奇—沃伦之罗斯史纲》,第272页。

全证,却依然被杀。但阔连察在克列缅茨地方没有得到什么收获。

　　而加里奇之达尼伊尔·罗曼诺维奇则坚定而又主动,"率兵抵抗鞑靼人",收复了一系列城市,如麦热波日耶、波洛霍夫、波鲍日耶、戈罗多克、谢莫奇、戈罗杰茨、热杰切夫、沃兹维亚兹格里[①]。阔连察则以进攻沃伦之弗拉基米尔和鲁茨克作为报复手段。弗拉基米尔人面对敌人进行了顽强抵抗。鲁茨克城虽未做好自卫准备("未拿定主意,未做好准备")[②],但是市民们奋起保卫,誓不交出城市,并将城门口的吊桥破坏。鞑靼人使用攻城器也无济于事。

　　蒙古将领不伦台也率兵进攻加里奇地面。1259 年他向达尼伊尔和瓦西里科·罗曼诺维奇提出要求,敦促他们出面迎接以示归顺之意。瓦西里科率侄子列夫·达尼洛维奇和霍尔姆之主教伊万便携带礼物前去迎接。不伦台又说,他们应当拆除若干城堡。当达尼伊尔得知(从伊万主教口中)不伦台"得手"后,便经波兰逃往匈牙利。

　　瓦西里科和列夫归顺拥有重兵的不伦台之后,便下命令"拆除"达丹洛夫、斯托热斯克、里沃夫、克列缅茨、鲁茨克的工事。沃伦之弗拉基米尔先被焚烧过,后奉不伦台使者拜木刺之命连城堡地基也被挖掉。鞑靼人这样做的目的如编年史所说乃是"以志胜利"。但鞑靼人未能攻克霍尔姆。霍尔姆城堡设备优良,内有攻城器、自射器。当不伦台确知该城"坚固"[③]时,便命瓦西里科前去劝降。结果没有成功。

　　不伦台的侵略活动使加里奇—沃伦之罗斯与汗国的关系出现了一种新格局。如果说过去达尼伊尔·罗曼诺维奇"与阔连察打仗时,根本不怕阔连察,阔连察也不可能带来什么危害"(史籍中的

---

① 《俄国编年史全集》,第 2 卷,第 838 栏。
② 同上,第 841 栏。
③ 同上,第 850 栏,851 栏。

记载)①的话,那么现在不伦台则恰恰相反,此人有本事将加里奇—沃伦诸公爵臣服在自己的政权之下。

十三世纪七十年代至九十年代,鞑靼军队不只一次劫掠过罗斯东北部。罗斯公爵们之间发生内讧时,也常常求助于汗国,结果是给本国带来了危害。六十年代末至七十年代初,雅罗斯拉夫·雅罗斯拉维奇大公和科斯特罗姆之瓦西里·雅罗斯拉维奇曾为争夺诺甫戈罗德而向汗国乞求军事援助。雅罗斯拉夫在位时,"大弗拉基米尔之八思哈"阿木拉罕曾到过诺甫戈罗德。后来城中发生"动乱",大公被迫出走,并派千人团总拉吉鲍尔前去汗国谒见"鞑靼皇帝""请求帮助"②。拉吉鲍尔说服汗相信,"动乱"是由于诺甫戈罗德人不愿意向汗国进贡而引起的,于是汗便"派兵前去诺甫戈罗德"。但是另一位觊觎诺甫戈罗德大公之位者瓦西里·雅罗斯拉维奇也来到汗国,对汗说"诺甫戈罗德人是对的,过错在于雅罗斯拉夫本人"③,结果说服汗撤回了已经出发的鞑靼大军。到1273年时,瓦西里·雅罗斯拉维奇依靠金帐汗国的支持,占领了诺甫戈罗德城,于是诺甫戈罗德地区也遭到鞑靼人的抢掠。

1275年,罗斯诸公爵会同鞑靼大军袭击了立陶宛。据编年史作者讲,鞑靼人在斡罗思人土地上往返时,给当地居民"造成了极大的危害,作恶多端"④。他们抢劫农户,夺走居民们的牲畜、财产,将过路人抢得精光。库尔斯克地区受害最为严重。

1281年,戈罗杰茨公爵安德烈·亚历山大罗维奇借助以合不黑台和阿勒黑台为首的鞑靼军队的力量,与彼连雅斯拉夫里之德米特里·亚历山大罗维奇争夺弗拉基米尔大公爵位。结果,鞑靼

---

① 同上,第846栏。
② 《诺甫戈罗德第一编年史》,第319页、320页。
③ 同上,第320页。
④ 米·德·普里晓尔科夫:《特罗伊茨克编年史》,第332页。

大军借此机会"四处行动",在弗拉基米尔、尤里耶夫、苏兹达尔、彼连雅斯拉夫里、罗斯托夫、特维尔、托尔若克四郊"大肆劫掠","将城市乡村抢掠一空"①。

1282 年,安德烈公爵再一次将秃剌铁木儿和阿勒坦率领的鞑靼军队引入罗斯。1283 年,德米特里公爵也"与鞑靼人一起"进入诺甫戈罗德,摧毁并烧掉了诺甫戈罗德四乡②。最后,1285 年,安德烈从汗国领来一位"诸王",企图再一次与德米特里"见个高低"。德米特里最终将"诸王"赶走;不过"诸王"的士兵也给斡罗思百姓造成了"许多危害"③。

金帐汗国对罗斯托夫公国执行了一种特殊的政策。关于这一点,阿·尼·纳索诺夫在其论著中做过清楚的论述。自六十年代罗斯托夫充当了弗拉基米尔—苏兹达尔之罗斯的许多城市反对鞑靼人起事的倡导者和组织者的角色之后,金帐汗国诸汗便极力讨好该公国贵族上层,将这些封建主们变成自己的依靠力量,并借助他们的力量将市民们在市民会议上的积极活动抵销掉。于是罗斯托夫公爵们逐渐变成了金帐汗国诸汗的"帮凶"。

金帐汗国的政策和罗斯托夫公爵们的反人民活动,遭致了人民的不满。比如 1289 年,"鞑靼人甚多"的罗斯托夫爆发了起义。鞑靼—蒙古人被"市民会议"驱逐出城,也就是说根据市民会议的决议而被逐出城市④。类似事件(具体日期不太清楚)在雅罗斯拉夫里城也出现了。当地居民拒不接纳金帐汗国使者和顺从金帐汗国的费道尔·罗斯吉斯拉维奇公爵。公爵于是从汗国引来"大批"武装"力量"胁迫市民屈服。然后,费道尔·罗斯吉斯拉维奇一方

---

① 同上,第 339 页。
②《诺甫戈罗德第一编年史》,第 326 页。
③《俄国编年史全集》,第 1 卷,第 3 辑,第 526 栏。
④ 同上,第 2 辑,第 526 栏。

面执行汗的"命令",一方面因"自己受到的羞辱"向雅罗斯拉夫市民进行"报复"①。

反鞑靼人的解放运动浪潮于十三世纪末在库尔斯克地区也掀起了。在史籍的 1283～1284 年栏中有如下有趣记载:库尔斯克的八思哈名叫阿赫马特,他承包了收税事宜,并盖章作保。编年史说,他给公爵和"平民们"制造了"许多麻烦"。在奥列克公爵管辖的雷里斯克城和沃尔戈尔城附近,阿赫马特设了两个据点,召集整个库尔斯克公国直接归他管辖的人们来开会。这两个据点的用途是什么,尚不清楚,但是居住在那里的人们(既有穆斯林人,也有斡罗斯人)很可能须按照这位八思哈的指令交纳沉重的赋税,并(按照阿·尼·纳索诺夫的说法)须充当向当地居民征收税赋的武装力量。无论事实怎样,据点中的人们糟害过库尔斯克地区的居民、库尔斯克地区被这些人搞得一贫如洗这一点是确切不疑的。

奥列克公爵和里波维奇之斯维亚斯拉夫公爵一起向金帐汗国统治者帖勒不哥控告阿赫马特。由于阿赫马特受到帖勒不哥的政敌——万户长诺埃的支持,帖勒不哥便准许奥列克和斯维亚斯拉夫"拆除"据点并将据点中的居民收归自己管辖。为此,派来一批鞑靼监管员,帮助两位公爵将住在据点中原属公爵管辖的人们搬迁出来。

阿赫马特显然也采取了相应的对策,据点再次修建起来。于是斯维亚斯拉夫公爵撇开金帐汗国统治者的指示单独行事,夜间"抢掠了……据点"。阿赫马特向诺埃送去有关奥列克和斯维亚斯拉夫的报告,将这两位公爵称做强盗,说他们企图发动战争反对他。诺埃向沃尔戈尔发来大军。一贯与金帐汗国联合行动的奥列克投奔帖勒不哥,斯维亚斯拉夫则逃入"沃伦涅什森林",也就是说

---

① 阿·尼·纳索诺夫:《蒙古人与罗斯》,第 55 页,56 页。

与鞑靼－蒙古人打起游击战来。鞑靼－蒙古大军前后征战达 20
天之久。围剿者们夺得了许多财物,俘虏了 13 名"老资格的"贵
族,还有贵宾以及普通老百姓。俘虏们两两拴在一起,送到阿赫马
特面前,由阿赫马特随意处置他们:"哪个该杀,哪个该留,你决定
吧。"贵族们被处死,贵宾被释放;释放时,阿赫马特说道:"你们是
朝拜的香客,请去云游祈祷吧:谁敢与八思哈争吵,谁就会落得这
样的下场。"

库尔斯克公国居民的反抗行动虽在血泊中被镇压下去,阿赫
马特本人也不敢再在罗斯继续逗留了。他带领鞑靼军队返回汗
国,临行时对两个弟弟吩咐说,"注意确保自己的安全"[①]。

1293 年鞑靼人的入侵所造成的重大破坏,在斡罗思人的记忆
中永远留存下来。当时,与德米特里·亚历山大罗维奇大公对立
的以戈罗茨克之安德烈·亚历山大罗维奇为首的许多公爵曾向金
帐汗国脱脱汗搬兵。这支军队由秃端(都端)统率,摧毁了罗斯东
北地区的 13 个城乡[②]。

十三世纪最后二十五年中,蒙古人先后对罗斯进行了 15 次征
讨,鲜血撒遍斡罗思大地。

结　语

十三世纪对于斡罗思人民来说是充满悲剧事件并对其未来命
运产生过严重影响的一个时期。在鞑靼－蒙古人征服之前,罗斯
在社会经济和文化方面都居于欧洲先进国家行列之中。拔都的侵
略给罗斯带来了巨大危害。许多城市被连根摧毁,农村被劫掠焚
烧,居民被灭绝或掳走,土地被侵略者的马蹄践平。弗拉基米尔主

---

① 米·德·普里晓尔科夫:《特罗伊茨克编年史》。第 340 页—343 页。
② 同上,第 345—348 页。

教谢拉皮昂在其教言中曾大声惊呼道："上帝降下了什么样的惩罚？我们的土地不是被奴役了吗？我们的城市不是被占领了吗？我们父兄的尸体不是很快就要躺到大地上吗？我们的妻儿不是被掳去了吗？我们留下的人不是置于异族的残酷奴役下吗？"直到进入十三世纪七十年代，这位主教仍悲哀地指出，敌人主宰国家造成的严重后果依然可以明显地看到。"艰难困苦降临到我们头上已经40年了，沉重的税赋仍然没有停止。请看，我们腹内空空，实在拿不出粮食来。我们的叹息和悲哀熬干了自己的骨头①。"

研究家们清楚地表明，拔都入侵罗斯只是鞑靼人延续了整个十三世纪乃至十四世纪的入侵活动长链中的一环。阿拉伯史学家埃洛马里（卒于1348年或1349年）在评价金帐诸汗对待斡罗思人、切尔凯思人、亚速人的政策时，曾这样写道，斡罗斯人、切尔凯思人和亚速人"之对于他（汗）犹如臣民对待皇帝一般，虽然他们各有其主。如果他们向他交纳税赋、赠送礼品、敬献贡物，他就让他们安生；否则就会向他们进行掠夺性的侵袭，围攻他们；他多次杀死他们的男子，掳走他们的妻子儿女，把他们带到各国去当奴隶"②。

由此看来，蒙古人入侵罗斯并不是一次性的行动，而是一个连续性的长期过程。这个过程使罗斯走向贫困，落后于其他在良好条件下得到发展的欧洲国家。

鞑靼－蒙古人的统治不但从经济上削弱了罗斯，而且从政治上干扰了各个地区的联合，助长了封建割据的局面。金帐汗国旨在挑动各公国内战、内讧、内争的政策，妨碍了罗斯各地区统治者集中力量向共同敌人——金帐汗国统治者所进行的斗争。

---

① 叶·维·彼图霍夫：《弗拉基米尔之谢里皮昂——十三世纪俄国传教士》，圣彼得堡，1888年，正文，第5页。
②《金帐汗国史资料汇编》，第1卷，第231页。

　　金帐汗国诸汗为了控制罗斯,不仅采用武力恫吓政策。他们还依靠了一定的社会力量;利用赠送礼物、花言巧语、授于特权的方式笼络住一部分公爵、贵族、宗教界人士。这些做法都达到了目的,而且导致了诺甫戈罗德一位编年史学家所说的将斡罗思社会"分成两半儿"的后果:某些统治阶级代表人物转而为征服者效劳,使征服者政权得以巩固。不过并非所有的人都这样行事,封建上层——公爵、贵族和宗教界人士中抵抗异族统治者的大有人在。

　　与鞑靼—蒙古压迫者进行积极斗争的力量是人民群众。在整个十三世纪中,人民解放运动此起彼落,反对鞑靼人的起义一直不断。不过要创造条件使个别的自发的分裂的行动变成有组织的反抗金帐汗国统治的武装行动,尚需要时间。这一行动终于在十四世纪末发生了(这就是著名的1380年库里科沃大战)。又经过一百年,到1480年时,罗斯最终摆脱了金帐汗国的统治。

六　蒙古征服东欧(1241 年)

　　本文根据原苏联历史学家弗·捷·帕舒托所撰《蒙古大军进军欧洲腹地》(载论文集《鞑靼—蒙古人在亚洲和欧洲》)一文编译。

　　弗·捷·帕舒托(1918～1983 年)毕业于列宁格勒大学,任职于原苏联科学院苏联历史研究所,历史学博士,原苏联科学院通讯院士,俄国史专家。他的著作有《古代罗斯的外交政策》、《加里奇—沃伦罗斯史纲》等。

　　本文引用的史料有《中欧东欧历史档案》、《德国史文献》、《波兰历史文献》、《匈牙利古代史史料汇集》、《南斯拉夫历史研究文集》等,当代原苏联历史学家谢·安·安宁斯基《十二世纪至十三世纪匈牙利传教士关于鞑靼人与东欧的报告》、波兰历史学家格·里亚布达《1241 年鞑靼人发动的战争》、德国历史学家亚·贝克《蒙古人的侵略》、塞尔维亚历史学家奥·科拉里克《1241 年蒙古人入侵莫拉维亚的史实与神话》等。

　　只有联系蒙古帝国的历史和欧亚两大陆各民族反抗蒙古帝国斗争的历史,才能正确理解欧洲历史上这重要的一页。

　　在国际史学界,至今仍可听到一些赞颂成吉思汗坚强个性和他的继承人所谓功绩的欧亚学派(尼·特鲁别茨科伊,格·魏尔纳德斯基,额·哈拉达旺等人)①的说法②。苏联史学家(鲍·雅·符

---

① 尼·特·〔尼古拉·特鲁别茨科伊〕:《成吉思汗的遗产》,柏林,1925 年;格·魏尔纳德斯基:《蒙古人在俄国历史上的统治》,载《欧亚年鉴》,第 5 卷,1927 年,第 153－164 页;额·哈拉达旺:《成吉思汗:一位统帅及其遗产》,贝尔格莱德,1929 年。对于欧亚学派观点的评价,可参阅弗·捷·帕舒托:《德国新法西斯分子之俄国历史观的起源》,载《历史问题》,1962 年,第 10 期,第 75 页。
② 雷·格鲁塞:《草原帝国:阿提拉,成吉思汗,跛子帖木耳》〔法文〕,巴黎,1939 年,第 316 页(成吉思汗似乎"为文明开辟了新路")。

拉基米尔佐夫、阿·尤·雅库鲍夫斯基、阿·尼·纳索诺夫等人）和蒙古人民共和国的同行们则对蒙古统治者的社会制度、国家组织和对外行动的性质进行了深刻剖析。

有鉴于此,在蒙古人远征欧洲及其失败原因这些问题上,须重新进行研究。

长期以来,东方和欧洲宫廷史家认为,大汗之死引起蒙古大军退兵乃是蒙古人中止入侵欧洲的原因。旧的贵族资产阶级史学界囿于民族分立主义情绪,不可能对亚欧各族人民同蒙古侵略者斗争的意义作出全面评价。德国资产阶级史学家则贬低斯拉夫各民族与侵略者斗争的意义,承袭纳粹主义观点,一方面宣扬蒙古诸汗远征欧洲只是为了征服匈牙利而已,另一方面认为欧洲文明得以拯救不是各族人民进行斗争的结果,而是德国统治者执行微妙政策以及拥有强大武力的结果。

这种观点最初是格·斯特拉科什—格拉斯曼提出的(他最先搜集了有关这一问题的大量资料)[1],现在则在德国"东方学家"贝·施普勒的著作中得到了发展。贝·施普勒同样无视各民族人民的解放斗争;他认为蒙古诸汗征服罗斯只是"一段插曲",而拯救欧洲的任务……则似乎是由在里格尼查之战起了决定性作用的德国骑士团完成的[2]。格·魏尔纳德斯基在其近期论文中,观点更为荒谬。他一方面承认欧洲各国执政者之间普遍存在的不和削弱了抗击敌人的优势,另一方面又做出如下结论:"由于遥远的蒙古发生了一件大事"——即指大汗去世这件事,"西方才无意中得到拯救"。"据迦尔宾记载,这位大汗是被其子贵由的婶母毒死的。无

---

[1] 格·斯特拉科什—格拉斯曼:《1241年至1242年蒙古人对中欧的入侵》〔德文〕,因斯布鲁克,1893年,第50页—52页,第147页—148页。

[2] 贝·施普勒:《金帐汗国:蒙古人在罗斯1223年至1502年。》〔德文〕,莱比锡,1943年,第20页,第22—23页。这一观点,不久前为冈·施多柯勒所推翻。请参阅冈·施多柯勒:《东欧与德国人》〔德文〕,汉堡,1967年,第84页,第88页。

论如何,这个女子应该被认为是西欧的拯救者"①。对资料进行一番客观分析,可使人们认清这种观点是站不住脚的。它正被学术界逐渐所摒弃。

蒙古人入侵前的欧洲

拔都人军临近欧洲的消息虽然早有所闻,但是欧洲并没有做好抵御的准备,这一点是无可怀疑的②。种种传闻都带有半传说性质,自然没有受到应有的重视。蒙古使者确曾访问过罗斯③,还访问过其他国家,包括匈牙利在内。蒙古大汗曾写信给国王贝拉四世,要求他投降,警告他不可收留波洛维茨人,责备他扣留了大批蒙古使者,以上出自多明我会传教士尤里安的记载④。这位多明我会传教士以及其他多明我和方济各会成员,曾受国王贝拉的派遣,于1235～1238年期间来到伏尔加河流域进行侦察活动,并获得了有关蒙古人入侵威胁的准确消息⑤。

---

① 格·魏尔纳德斯基:《蒙古人与俄罗斯》〔英文〕,纽黑文,1953年,第58页。关于对格·魏尔纳德斯基观点的评价,可参看尼·雅·麦尔彼尔特和弗·捷·帕舒托的书评(《历史问题》,1955年,第8期,第180页—186页)。

② 斯·托马舍夫斯基:《先驱者希道尔·彼得·阿凯罗维奇:罗斯总主教(1241—1245)》〔波兰文〕,载《圣巴西尔教职录》,第2卷,约夫克瓦,1927年,第3—4辑,第221—313页;以及阿·伏·格拉勃斯基:《蒙古人入侵欧洲前夕。匈牙利与伏尔加沿岸公国的关系。1231—1237》〔波兰文〕,载《罗兹大学学术论文。人文科学与社会科学》,第1卷,第30辑,1963年,第33—59页。

③《俄国编年史全集》,第1卷,第2辑,第468栏。

④ 尤里安的汇报和信函,参见《真实游记汇编(1235—1238)。僧人尤里安游记》〔捷克文〕,伊·本德夫编辑,载《中欧东欧历史档案》,第3卷,第1—3辑,布达佩斯,1937年,第1—47页;俄语译文见谢·安·安宁斯基:《十二至十三世纪匈牙利传教士关于鞑靼人与东欧的记载》,载《历史档案》,第3卷,莫斯科—列宁格勒,1940年,第88—89页。史料学方面的分析,参阅丹·西诺尔:《十三世纪的一位旅行家:匈牙利多明我会僧人尤里安》〔法文〕,载《东方学与非洲学学院学报》,伦敦大学,第14卷,第3辑,1952年,第589页—602页。

⑤ 诚如一位匈牙利主教致巴黎主教的信中所说,早在蒙古人入侵之前,贝拉四世就向东方派出了方济各会和多明我会成员"ad explorandum"〔"去冒险"〕;这些成员在莫尔达瓦被杀害(《巴黎之马修(大史)。附录》〔法文〕,亨·理·卢阿德编辑,第6卷,伦敦,1877年,第75页)。

后来,德国皇帝斐德烈二世曾抱怨说,贝拉四世当时过着高枕无忧的日子。他的抱怨未必正确[1]。看来问题出在贝拉四世未能实现他利用波洛维茨人的打算上。这位国王曾不顾蒙古大汗的一再警告,打定主意让波洛维茨人定居在匈牙利。早在蒙古人大肆入侵罗斯的时候,波洛维茨汗忽滩就致函贝拉四世,请求提供庇护地,并表示愿意接受天主教。国王对这一请求表示欢迎,犒赏了波洛维茨使者,并派可能访问过波洛维茨人教区的多明我会僧人一起随之返回波洛维茨人所在地[2]。1239年,国王亲自到国境线一带隆重欢迎忽滩汗及其四万军队[3],一些高级官吏受命将波维茨人安顿在匈牙利各地。波洛维茨人改信天主教,忽滩还与匈牙利人签订了协议。

但是,国王统治力量的加强引起了匈牙利富豪们的不安。在他们的密谋下,忽滩汗和其他波洛维茨新教徒们在蒙古人入侵之年被杀于佩斯,波洛维茨人的军队急忙向萨瓦一带退去,冲破沿路遇到的一切阻力,到达巴尔干[4]。此后,不少波洛维茨人曾为尼西亚帝国效劳[5]。匈牙利与波洛维茨人的同盟关系未能建立起来。

罗斯与匈牙利同盟也未能起到抗击蒙古大军的作用。罗斯最强大的三位公爵(苏兹达尔公爵、切尔尼果夫公爵、加里奇公爵)中有两个与匈牙利结成同盟。当蒙古人侵入基辅(乞瓦)地面时,切尔尼果夫公爵米啥伊尔·伏谢沃洛多维奇来到匈牙利,希望得国王贝拉四世的援助,并提出以其子罗斯吉斯拉夫与国王之女联姻

---

[1]《德国史文献》,第28卷,汉诺威,1888年,第210页。

[2] 弗·捷·帕舒托:《波洛维茨主教会》,载《爱·文特颂寿文集》,柏林,1966年,第33—40页。

[3]《匈牙利历史古文献》〔意大利文〕,第1卷,阿·泰纳编辑,罗马,1859年,第493号,第268页—270页。

[4]《罗盖里乌斯:匈牙利王国毁灭之悲歌》〔匈牙利文〕,载《匈牙利手稿》,第2卷,艾·岑特佩特里编辑,布达佩斯,1938年,第553—554页,第559—561页,第566页。罗盖里乌斯是意大利人,任罗马教皇在匈牙利的使者助手,1241年为鞑靼人所俘,1243年返回罗马,1244年完成其著述。

[5]《乔治·阿克罗波里著作》,第65页之注释16页。

而加强同盟关系的建议。但是，国王拒绝援助，也"没有将其女嫁给罗斯吉斯拉夫"①。贝拉四世还拒绝了加里奇—沃伦公爵达尼伊尔·罗曼诺维奇的建议。后者在蒙古人入侵罗斯西南部时带领其子列夫和亲近贵族曾拜访过贝拉，同样希望与国王"结成亲家"，但是"他们没有结成亲家"②。罗斯与匈牙利同盟未能组成。

罗斯与波兰以及小波兰（克拉科夫）、西里西亚（伏罗茨拉夫）的同盟也未形成。罗斯公爵们只在马佐维亚得到了援助。切尔尼果夫公爵和加里奇—沃伦公爵得到基辅陷落的消息以后，躲进马佐维亚公爵鲍列斯拉夫的宫中；而沃伦公爵们则暂驻在维舍格拉德城中③。切尔尼果夫之米哈伊尔·伏谢沃洛多维奇想到什棱斯克（西里西亚）去寻求帮助。他在由伏罗茨斯拉夫赴此后不久即将变成流血战场的里格尼查的路上，于什罗达城遭到当地德国商人的抢劫，随从人员被杀④。他只好再返回马佐维亚。

罗斯被征服一事，最初确实引起了各国的惊恐，反响很大：都灵侯爵亨利·拉斯佩写信给布拉邦特公爵，信中谈到他们面临的蒙古人的威胁⑤；斐德烈二世国王也知道了蒙古人进犯的消息，他还收到蒙古大汗要求他归顺的信函，并在复信中不无讽刺地回答说，他是鸟类专家，似可充当汗的管鹰人⑥。当时有关斐德烈二世与蒙古汗签订秘密协议的流言不胫而走⑦，以致斐德烈二世的对手——罗马教皇对此深信不疑。这流言是否符合实际情况，至今尚未确定。尽管存在上述种种情况，欧洲其他国家均未采取防范

①《俄国编年史全集》，第 2 卷，第 783 栏。

② 同上，第 787 栏。

③ 同上，第 788 栏。

④ 同上，第 784 栏。

⑤《德国史文献》，第 28 卷，第 206 页（1241 年 3 月 10 日）。

⑥《三圣泉僧人阿尔贝里乔编年史》〔德文〕，载《德国史文献》，第 23 卷，第 943 页（1238 年）。

⑦《德国史文献》，第 28 卷，第 213 页，第 292 页（1247 年）；试与第 26 卷，第 818 页，第 30970 条比较。

措施。需要注意的是，刚得到蒙古人进犯消息之后，罗马教皇也罢，德国也罢，竟然产生了欲同鞑靼人结成同盟反对阿拉伯人的想法①。德国教会、丹麦和瑞典均拥有重兵，但是由于当时教皇和德国之间互相仇视，他们居然向在蒙古人入侵时尚未被染指的诺甫戈罗德地面和普斯科夫地面发动了进攻②。如此看来，欧洲的局势大体是这样的：欧洲各国不可能对入侵之敌施以有组织的反击。只有遭蒙古帝国征服的各族人民进行的斗争，才对欧洲有所帮助。

蒙古人入侵之前的后方

在谈到蒙古人远征欧洲腹地的情况时，我们应当记住：这次远征行动是他们在欧洲进行扩张行动的继续，同时也是扩张行动的最后阶段；他们历经中亚和中央亚之战、高加索之战、伏尔加河流域之战特别是长达四年之久的罗斯之战，损失惨重，来到西方时已经筋疲力竭了。福马·斯普里特斯基在有关罗斯的记载中说得好：“由于罗斯对他们进行了反抗，鞑靼人无法继续前进：他们同斡罗思人不断发生冲突，流血甚多，被斡罗思人拖了很久。因此，从罗斯出发再进军别的地方时，所有北部地区都对他们进行了围攻”③。这段记载说的是鞑靼人初次入侵之时在迦尔迦河发生战斗时的情况。现在的情况也是如此。我们所掌握的史料虽然极少，其说不一，且带有倾向性，但是对这些史料进行一番全面的分析

---

① 比如可参阅埃及红衣主教佩拉吉的报告。该报告见《三圣泉僧人阿尔贝里乔编年史》〔德文〕，载《德国史文献》，第 23 卷，第 911 页(1221 年)；斯·托马舍夫斯基：《先驱者希道尔·彼得·阿凯罗维奇：罗斯总主教》，第 244 页，注释 2；阿·伏·格拉勃斯基：《蒙古人入侵前夕。匈牙利与伏尔加沿岸公国的关系》，第 33 页；丹·西诺尔：《阿鲁浑与贝拉四世在世时蒙古人与欧洲的关系》〔法文〕，载《世界史公报》，第 3 卷，第 1 期，1956 年，第 39 页。

② 参阅弗·捷·帕舒托：《苏联史纲(十二世纪至十三世纪)》，莫斯科，1960 年，第 146 页及以下。

③ 托马斯：《萨伦尼塔纳史》，载《南斯拉夫历史研究文集》，第 26 卷，“手稿”，第 3 卷，弗·拉茨基编辑，萨格勒布，1894 年，第 36 章，第 134—137 页。

后,还是可以获得一些颇值得注意的材料的。

尽管遭到严重摧残,斡罗思人民并没有屈服。流传下这样一则故事。梁赞勇士叶甫帕提·科洛甫拉特从梁赞大战之后残存的百姓中集结了 1700"勇士"组成自卫队,给东北罗斯的敌人以沉重打击:"路过该地的鞑靼大军受到他们的无情打击"。科洛甫拉特的战士攻其不备,引起敌人的极大恐慌。一部诗体小说记载,迷信的蒙古人说:"这些人简直像插了翅膀一样,既不怕死,又作战勇猛:一个顶上一千个,两个顶上一万个"①。

其他地方也掀起了斗争。蒙古将领们离开罗斯西进时,下决心要确保基辅地面能供应足够的军需品。他们与鲍洛霍沃地面的贵族们订下协议,他们不破坏这里的城乡,而当地居民必须保证军队的粮饷:"鞑靼人保留下这些城乡,但需向他们交麦黍。"但是,加里奇—沃伦公爵达尼伊尔·罗曼诺维奇从波兰返回罗斯之后,便对变节者们——鲍洛霍沃贵族们兴师问罪。公爵的军队"放火烧了他们的城市,铲平了他们的城墙"②。鲍洛霍沃地区的六座城市被荡平,于是蒙古大军的供养也随之恶化起来。

切尔尼果夫地面的居民也奋起斗争。各阶层百姓都参与了这场斗争。教皇使者约翰·德·普兰·迦尔宾(1245～1247 年访问过萨莱和哈剌和林)记载说,他来罗斯以后,切尔尼果夫公爵安德烈"由于据说将鞑靼人马匹从该地弄走卖往外地,而开罪于拔都;这一点虽未被证实,他却终被杀掉"③。弄走马匹这件事,如我们下面将要看到的那样,乃是同草原征服者进行斗争的一种常用方式。

---

① 《古罗斯战士故事》,瓦·帕·阿德里阿诺娃—彼列特茨编,莫斯科—列宁格勒,1949 年,第 13—14 页。
② 《俄国编年史全集》,第 2 卷,第 792 栏。
③ 普兰·迦尔宾:《蒙古人的历史》,圣彼得堡,1911 年,第 9 页。

关于其他民族同蒙古人进行斗争的记载不多见,且流传至今的记载多含恶意。这里,首先应当谈到的是伏尔加河流域的起义。这次起义的领导人物是波洛维茨人八赤蛮和阿速人(阿兰人)合奇尔—乌库勒[1]。

志费尼——如同当时其他许多波斯史学家一样,曾为蒙古统治者效过力——这样说过,波洛维茨人中"有一个叫八赤蛮的人和几个钦察武士逃脱了追索;同时,其他难民都去投奔他。因为没有巢穴和藏身之处,他每天去一个新地方"。他的队伍活动在伏尔加河流域一带,后来在那里他得到了当地居民的支持。志费尼接着写到:"逐渐地,他恶性增强,胡作非为之事增多。"八赤蛮军队灵活开展游击战,"蒙古军队不管在什么地方搜寻他,都找不到他的行踪"。

后来,蒙哥汗和他的兄弟拨绰"沿着河的两岸进行搜捕",动用了200艘船和2万名蒙古士兵。蒙古人最终将八赤蛮的军队包围在一个小岛上。这支部队进行了英勇的抗击;战士们全部战死:"有的被扔进河里,有的被即刻杀死;他们的妻子儿女被掠为奴"[2]。八赤蛮被擒。当蒙哥令他下跪时,他自豪地回答道:"我不怕死。我不是骆驼,不会下跪。"[3]他遭到了杀害。

关于伏尔加河不里阿儿人起义的情况,拉施特丁史中有记载。拉施特丁写道,不里阿儿被摧毁后的初期,"当地头人伯颜和吉忽出面向蒙古诸王表示归顺之意,受到慷慨赏赐后归来,可是后来他们又反叛起来"[4]。为了平息反叛,速不台远征欧洲之后又一次被

---

① 鲍·德·格列科夫,阿·尤·雅库鲍夫斯基:《金帐汗国及其衰亡》,莫斯科—列宁格勒,1950年,第58—59页。

②《金帐汗国史资料汇编》,第2卷,第24页,第35页。

③《据东亚史资料对中世纪所做的研究》〔英文〕,埃·布莱特施奈德编,伦敦,1887年,第1卷,第311页—312页。

④《金帐汗国史资料汇编》,第2卷,第35页。

派往该地进行弹压。

还有资料谈到了莫尔多瓦地面的反抗情况。这些资料还相当引人注目（参阅十三世纪五十年代法国出使蒙古的使者威廉·鲁不鲁克的记载）。据这些资料讲，拔都曾胁迫一支莫尔多瓦军队参加征服欧洲的军事行动①。据俄文和波斯文史料讲，蒙古大军以武力攻占了莫尔多瓦地面。据拉施特丁讲，蒙古人"同莫克沙人、不儿塔思人以及阿儿羌人（即额儿姜人）交战，用很短的时间将他们征服了"②。但据匈牙利僧人尤里安说，确有一个莫尔多瓦公爵"率其百姓和家族归顺了鞑靼统治者，但另一个公爵却率领少数人进驻设防牢固的地方，进行抗击，可惜力量不足"③。据莫尔多瓦史学家讲，前一个公爵是莫克沙公爵，后一个公爵是额尔兹公爵。后一个公爵进驻的要塞在下诺甫戈罗德地区。④

北高加索一带的斗争也始终不息。普兰·迦尔宾在谈到"至今尚未臣服于鞑靼人"的地面时，曾提到"一部分阿兰人"；他说，蒙古—鞑靼人曾以十二年的时间围攻"阿兰地面的一座山头"，而阿兰人英勇反抗，"杀死许多鞑靼人，其中包括大官"⑤。法国国王的使者指出，切尔凯思人地面也"不服鞑靼人"，勒兹格人和阿兰人同样不屈服，撒儿塔汗只得拨出第五支军队来与之周旋⑥。中亚爆发了马赫穆德·塔拉比领导的不花儿起义（1238年），点起了解放运动之火。有一万蒙古士兵在这里送了命⑦。

如此说来，当拔都率领大军挺进欧洲之时，罗斯虽被征服，但

---

① 威廉·鲁不鲁克：《东方国家行记》，圣波得堡，1911年，第76页，第88页。

② 拉施特丁：《史集》，第2卷，莫斯科—列宁格勒，1960年，第38页。

③ 谢·安·安宁斯基：第85—86页。

④ 《莫尔达瓦自治共和国史纲》，萨兰斯克，1955年，第42页。

⑤ 普兰·迦尔宾：《蒙古人的历史》，第36页，第42页。

⑥ 威廉·鲁不鲁克：《东方国家行记》，第66页，第88—89页，第169页。

⑦ 阿·尤·雅库鲍夫斯基：《1238年的塔拉比起义》，载《苏联科学院东方学研究所著作集》，第17卷，莫斯科—列宁格勒，1936年，第121—125页。

不屈服的各族人民在蒙古帝国各处开展解放斗争。这场斗争预示了蒙古人远征欧洲腹地的失败。

蒙古人入侵欧洲腹地

文献中常见这样的说法：蒙古人入侵伏尔加河是为了征服匈牙利。史料则另有一种说法。普兰·迦尔宾写道，成吉思汗认为，他们"应当征服整个大地，如果哪个民族先前没有表示臣服于他们，他们则不可能与之和平共处"①。先于普兰·迦尔宾到过伏尔加河流域的匈牙利多明我会僧人尤里安也从鞑靼人使者口中听到过这样的说法②。尤里安向贝拉四世发出如下警告："许多人的传言都是正确的。苏兹达尔公爵(尤里·伏谢沃洛多维奇)要我向匈牙利国王转告以下意思：鞑靼人日夜议事，讨论如何进军并侵占基督教徒匈牙利人的王国。因为据说他们还打算征服罗马并继续向前挺进"③。

蒙古史最有名的权威人士鲍·雅·符拉吉米尔佐夫对蒙古人远征的目的也持这种看法④。拔都在远征欧洲中，选择了游牧民传统的做法，希望在匈牙利平原建立根据地，以为统治整个大陆的中心。因此，据史料记载判断，他在率主力部队入侵匈牙利的同时，还派出其他将领率部出发，以便首先确保自身安全，防备来自波兰、捷克和保加利亚方面的进攻，

罗斯之战以后，蒙古大军于 1241 年初⑤侵入欧洲相邻国家境

---

① 普兰·迦尔宾：《蒙古人的历史》，第 21 页，试与第 37 页相比较。

② 谢·安·安宁斯基，第 81—82 页，试与第 85 页相比较。

③ 同上，第 88 页。

④ 鲍·雅·符拉基米尔佐夫：《成吉思汗》，柏林，1922 年，第 150—155 页；试与额·哈尔达旺的《成吉思汗》第 170 页相比较。

⑤ 原来，这次入侵的时间据认为当在 3 月。参阅古·施特拉科什·格拉斯曼，第 68 页。

内。在这些国家,他们如同各地所遇到的那样,遭到英勇的但缺乏有组织的抵抗。蒙古人入侵的第一个牺牲品是波兰。不久前,著名的波兰研究家格·里亚布达重新研究了有关这个问题的种种分散而互相矛盾的史料,得出结论说,扬·德鲁戈什的著作可以作为弄清事件真相的基本材料。这部著作含有现已失散的多明我会教堂编年史资料和当时一些人甚至里格尼查之战参加者(比如扬·伊万诺维奇)提供的情况①。

格·里亚布达认为第一次入侵发生在 1241 年 1 月,即蒙古人攻克基辅后不久。这也就是说,他们乘加里奇—沃伦罗斯之战的机会,冲到维斯拉河,占领了拒绝承认他们统治的卢布林和扎维霍斯特。一支部队利用这一缺口一直打到拉齐布日。

第二次入侵发生在同年 2 月,攻击目标是桑多米尔。蒙古人摧毁波兰人设在维斯拉河边的这个重要据地之后,接着大败小波兰骑士团于图尔斯克战役(2 月 13 日)②。蒙古大军很可能在此之后便与设在罗斯的出发地之间拉长了供应线。

格·里亚布达认为,由于主力部队用于征讨匈牙利,蒙古人只留下 8000 到 10000 骑兵在拜答儿的指挥下以对付波兰。我认为,这个数字似乎被说小了。理由如次。据基辅人捕捉的鞑靼人"舌头"所交待的材料来看,拜答儿(罗盖里乌斯称之为 Peta③)乃是随同拔都围攻基辅的九名"大将"之一④——这些大将是蒙哥、贵由、

---

① 格·里亚布达:《1241 年鞑靼人发动的战争》〔波兰文〕,载《历史研究》,第 50 卷,华沙,1959 年,第 2 期,第 189—224 页;试与斯·克拉科夫斯基之《十三世纪鞑靼人统治之下的波兰》〔波兰文〕(华沙,1956 年)第 119—153 页相比较。

② 在十三世纪的波兰史料中保存下一批有关蒙古人入侵的私人简要记载,散见于波兹南编年史(早期大波兰版见《波兹南编年史》,载《波兰历史文献》,第 3 卷,第 9 页;晚期大波兰版见同书第 2 卷,第 561 页)、克拉科夫编年史(《克拉科夫神甫会编年史》,载同书第 2 卷,第 804 页),还有什棱斯克编年史(载第 3 卷,第 678—679 页)。

③《罗盖里乌斯》,第 20 章,第 564 页。

④《俄国编年史全集》,第 2 卷,第 785 栏;试与第 15 卷,第 131 页相比较。

合丹、斡儿达、拜答儿、不里、拨绰、速不台和不伦台；而留在波兰的
除了拜答儿外，据认为当有海都①。

　　无论上述情况到底如何，事实是拜答儿于 3 月 10 日在桑多米
尔附近渡过维斯拉河，并派海都的部队由该地向林奇查方向挺进，
劫掠这一带地方，并为下一步进攻克拉科夫作好准备。拜答儿本
人则向纵深方向发展，一直打到凯里茨一带。波兰军队——弗拉
迪麦日率领的克拉科夫驻军和帕科斯拉夫率领的桑多米尔驻军封
锁了通往克拉科夫的道路，试图阻挡敌人的进攻，但于 3 月 18 日
在赫麦里尼克附近被击败。弗拉迪麦日将军战死。克拉科夫兼桑
多米尔公爵"羞怯者"鲍拉斯拉夫及其母亲、罗斯公爵夫人格列米
斯拉娃·英格瓦罗芙娜雅及其全家，一起离开小波兰首都，逃往匈
牙利②。但是市民们进行了英勇的保卫战，经过血战，克拉科夫在
3 月 28 日陷落。但是少数勇士曾固守圣安德烈教堂。这座教堂离
瓦德尔不远，遗迹至今犹存。蒙古人如同各地所做所为一样，将这
里掠夺一空，将居民作为奴隶带走。在一部克拉科夫编年史简编
本中有如下记载："鞑靼人进入克拉科夫，烧了教堂，带走了无数居
民"③。

　　4 月初，拜答尔和海都汇合兵力，飞袭拉齐布日和奥波列，直取
什棱斯克首府伏罗茨拉夫。小波兰被摧毁之后，在波兰全国起了
极大恐慌。什棱斯克地面居民们响应亨利·勃拉戈切斯吉维伊公
爵的号召，奋起自卫；波兰骑士团和民团——弓箭手、农民、农奴从
全国各地向伏罗茨拉夫集结④。小波兰以及大波兰南方的士兵们
统一于苏里斯拉夫——克拉科夫将军之兄弟的指挥下，上什棱斯

① 迦尔宾提到，在波兰的尚有斡儿达（《蒙古人的历史》，第 22 页）。
② 扬·德鲁戈斯：《波兰史》〔波兰文〕，第 2 卷，阿·普列兹迪斯基编，第 11 卷，克拉科夫，1873 年，第
　 268 页。
③《简要年鉴》〔波兰文〕，载《波兰历史文献》，第 2 卷，第 804 页。
④ 关于农民参加自卫团一事，可参阅扬·德鲁戈斯之《波兰史》，第 2 卷，第 272 页。

克的军队由奥波列的麦什科领导;下什伦斯克的军队则归亨利本人统率。至于马佐维亚和库亚维亚的军队由谁指挥;史料中没有提及,其原因可能是或在忙于应付海都向林奇查发动的进攻,或正处于公爵们的内讧之中。

集结起来的军队中有一支系外由国骑士组成,其指挥可能是莫拉维亚封疆诸侯迪波尔德之子鲍列斯拉夫。这支部队中有一些法国僧人。这一点,我们是从他们的团长彭塞·多邦致法国皇帝路易九世的一封信中了解到的。在里格尼查之战中,他们损失500余人,其中包括6名骑士①。这支部队还有一些来自兹拉塔雅·戈扎的矿工②,还可能有若干德国骑士加入这支部队。他们于1222年从"大胡子"亨利公爵手中得到了班德列维查的一个小镇洛索西诺(Lassussici)③,并在该镇效力。亨利公爵还曾向捷克求援。捷克国王瓦茨拉夫一世(1228~1252年)答应派遣军队增援。

亨利公爵没有固守伏罗茨拉夫,但是该城居民却对蒙古人的进攻进行了抗击。蒙古人摧毁该城四郊之后,留下城市于不顾,而继续向前推进。亨利很可能知道蒙古人在拔除罗斯和波兰大城市的过程中给当地军民带来什么后果,于是他想通过旷野交战来碰碰运气。4月9日,亨利的军队在与捷克援军会合途中,与敌人在里格尼查城下开战了。亨利军队尽管勇敢迎击敌人,最终不免失利。许多军士战死,亨利公爵本人也牺牲了④。

就在里格尼查城下大战决定胜负的关键时刻,捷克军队离里格尼查还有一天的路程。捷克国内倒是认真作好了防卫准备,加固了城地,积蓄了用品。但是,蒙古人没有西下。他们割下了死者

①《法兰克地区史》,载《德国史文献》,第26卷,第604—605页;弗·乌兰诺夫斯基:《化里格尼查战役中的圣殿骑士团》〔波兰文〕,载《科学学院学报》,第17卷,克拉科夫,1884年,第278页。

②科·格伦哈根:《西里西亚史档案》〔德文〕,第1类,布莱斯劳,1884年,第571号,第250页。

③同上,第247号,第133页;第410号,第195页。

④扬·德鲁戈斯:《波兰史》,第277页。

的耳朵以计数①、将亨利的人头插在木桩子上以示众之后,便逼近里格尼查城②。市民们得知旷野之战失利的消息后没有气馁,对敌人的进攻给予坚决抗击。蒙古人转而进攻奥德穆霍夫。他们在下什棱斯克逗留了两周,又进军拉齐布日。但是,在那里他们没有得手,拉齐布日没有被攻下。其时,指挥主力部队在匈牙利作战的拔都认为应将多瑙河以北的捷克军队打败,于是命令拜答儿于 4 月 16 日离开拉齐布日,开往莫拉维亚。这一点已为一部科伦编年史所证实。途中,一支部队到过迈森③。

波兰人民得以守住若干个重要的中心城市,并给敌人以沉重打击。普兰·迦尔宾写道,远征欧洲腹地的蒙古人中,"有许多死于波兰和匈牙利者"④。

早在 1 月份,即蒙古首批侦察部队大约在匈牙利边界出现时,贝拉四世国王下令总督迪奥尼西在喀尔巴阡山中设立要塞⑤。3 月 10 日,国王在佩斯得到蒙古人通过"斡罗思大门"——维列茨克山口——入侵匈牙利的消息。从提到的统兵进犯匈牙利的将领名单判断,蒙古军队可能有 10000 人。罗盖里乌斯提到将领有不黑脱(in milita potentior Bohetor)、合丹(窝阔台之子)以及"鞑靼人中最有名的国王"阔阿黑端(Coacton)、菲罕（Feycan）、拜答儿(Peta)、黑木思(Hermeus)、豁不(Cheb)、斡合达(Ocadar)⑥。普

---

① 在马林堡黑衣主教修道院院长写于 1242 年一月四日的一封信中说,死者人数逾 60000(见《波西米亚和莫拉维亚列文和书信档案》〔捷克文〕,第 1 卷,布拉格,1885 年,第 1060 期,第 502 页)。关于死亡人数,还有别的说法。

② 扬·德鲁戈斯:《波兰史》,第 227—228 页。

③《圣潘塔列昂修道院编年史》〔德文〕,载《德国史文献》,第 22 卷,535 页;关于蒙古人入侵普鲁士的提法,参阅雅·贝克尔:《蒙古人的侵略》〔德文〕,载《西里西亚史学会杂志》,第 66 卷,1932 年,第 42 页。据我所知,在普鲁士僧团史籍中尚未发现蒙古人入侵普鲁士的证据。

④ 普兰·迦尔宾:《蒙古人的历史》,第 25 页。

⑤《罗盖里乌斯》,第 14 章,第 560 页。

⑥ 同上,第 19 章,第 563 页;试与托马斯之《萨伦民塔纳史》(第 36 章,第 156—157 页)相比较。

兰·迦尔宾提到的有拔都、合丹、不里、昔班、拨绰、斡儿达,而且还说明,"他们都在匈牙利"①。

游牧民冲入匈牙利。他们的骑兵烧毁村镇,杀害居民。另一支军队从加里奇纳开往南部,穿过特兰西里瓦尼亚,以切断匈牙利同保加利亚的联系。不黑脱"与其他首领渡过一条名叫谢列特的河流,侵入波洛维茨主教地面,打垮集结起来投入战斗的人们(指莫尔达维亚居民),将该地面完全征服"②。短命的波洛维茨主教团全体人员在莫尔达维亚人民同入侵者斗争过程中,也全部垮掉。合丹率领蒙古大军一边作战,一边打过罗德纳(3月31日)、别斯捷尔采(4月2日),占领了科洛契瓦尔,向瓦拉金推进③。

国王贝拉四世竭力从各个城市——谢凯什菲赫尔瓦尔、爱斯捷尔戈姆等地向佩斯调集军队;卡里曼公爵也率领霍尔瓦蒂亚军队来到了佩斯。蒙古大军遇到城市居民们的反抗之后,摧毁了叶尔拉乌和凯维什德。4月初,贝拉四世国王的60000大军从佩斯出动。蒙古大军的先锋部队向后退去。国王的军队在赛奥河畔与敌军遭遇。他们将大车围成一圈,安下营寨④。一名斡罗思投敌分子从蒙古军营中跑出来,向匈牙利人透露了蒙古人发起进攻的时间。霍尔瓦蒂亚公爵卡里曼和科洛契大主教乌戈林率领的匈牙利军队打退了敌人的第一次进攻,然后在营地北面与敌人进行了两个钟头的顽强奋战。

匈牙利人在1241年4月11日(里格尼查之战结束后仅仅两天!)发生的赛奥之战中失败了。失败的重要原因之一是对国王怀有仇恨之感的贵族们意志不坚定。不过,毕竟有一部分匈牙利士

① 普兰·迦尔宾:《蒙古人的历史》,第12页。
② 《罗盖里乌斯》,第20章,第564页。
③ 同上,第564页。
④ 托马斯:《萨伦尼塔纳史》,第36章,第160页。

兵冲出包围圈,历经两天时间退回佩斯,一路上丢下了许许多多尸体(编年史学家罗盖里乌斯语);许多著名的教会公爵——爱斯捷尔戈姆的大主教马蒂阿斯,科洛契的大主教乌戈林,以及特兰西里瓦尼亚的主教莱诺尔德、尼特拉的主教雅科夫等也阵亡了①。

其他国家发生过的事在匈牙利也发生了。普通老百姓保卫城市,甚至不顾上层统治人物们的命令。受了重伤的卡里曼带领残存的部队经佩斯后撤时,曾劝告城市居民不要抵抗;老百姓却下定决心进行自卫。敌人围攻佩斯时,防御工程尚未完工,但是居民们竟坚持抵抗了三天。在敌人的冲击下,佩斯陷落了。一位编年史学家目击了居民惨遭掠夺、集体被杀的情景,对此作过令人触目惊心的记载②。

合丹军队经过苦战,占领了瓦拉金、阿拉德、彼列格、叶格列斯、捷麦什瓦尔、德尤拉菲赫尔瓦尔。匈牙利人民的斗争事迹则通过许多当地传说和故事流传下来。其中一则传说谈到了当时被摧毁的瓦拉金的情况③。据这则传说讲,拔都本人似乎死于该城城下。这则传说于十五世纪中叶为斡罗思说书人所采纳,并在流传于罗斯的《拔都之死的故事》中反映出来④。

蒙古大军征服罗斯,入侵波兰、匈牙利和其他地方,在欧洲大地引起一片惊慌。据巴瓦尔的一位历史学家记载说,存在了 350年的匈牙利王国毁于一旦⑤。科伦的圣潘塔列昂修道院编年史关

----

① 《罗盖里乌斯》,第 30 章,第 569—572 页;托马斯:《萨伦尼塔纳史》,第 36 章,第 160—166 页;《德国史文献》,第 26 卷,第 535 页。

② 《罗盖里乌斯》,第 34 章,第 577 页;第 37 章,第 582 页;托马斯:《萨伦尼塔纳史》,第 36 章、第 166页;后来,迦宾宾在萨莱访问拔都时,曾写道:"他的帐篷大而华丽,系用亚麻布缝制而成。从前,这些帐篷属匈牙利国王所有"(《蒙古人的历史》,第 49 页)。

③ 《罗盖里乌斯》,第 34 章,第 576—578 页,第 587 页。

④ 谢·帕·罗扎诺夫:《拔都之死的故事》,载《科学院俄罗斯语言文学部通报》,第 21 卷,第 1 册,圣彼得堡,1916 年,第 109 页—112 页。

⑤ 《德国古代文献》,载《德国史文献》,第 17 卷,第 194 页。罗斯的逃亡者们一直逃到萨克森一带(《德国史文献》,第 28 卷,第 207 页)。

于鞑靼人有如下一段记载:"这批野蛮民族的所做所为引起了遥远国度的颇大恐慌。这些遥远国度不仅有法国,而且还有在此之前根本不知道鞑靼人为何人的勃艮第公国和西班牙"①。法兰西王国的一部中世纪历史中说,蒙古人引起的恐慌导致了贸易活动的停滞②。英国编年史学家巴黎之马特维(1259年之前从事历史创作活动)写道,在一段时间内,英国中断了与欧洲大陆的贸易活动,其中包括雅茅斯与弗里西安商人、荷兰商人进行的青鱼贸易③。德国甚至流传着这样一句祈祷语:"主啊,请把我们从鞑靼人的狂怒之下拯救出来吧!"④

某些外国(特别是基督教)史学家企图证明,包括教皇在内的西欧各国统治者曾经齐心合力援助过那些处于蒙古侵略者打击之下的国家。事实并非如此。

匈牙利国王曾不只一次向西欧各国国君们以及罗马教廷发出求援呼吁⑤。贝拉的求援引出了各国国务活动家之间频繁的信件往还。对这些信件进行研究后,人们一无所获⑥。斐德烈二世国王在致贝拉四世国王⑦、英国亨利三世国王⑧的函件中,确曾谈到了抗击鞑靼人之必要性,还提到了基辅的毁灭:"当时,这支野蛮的

---

① 《圣潘塔列昂修道院编年史》,载《德国史文献》,第22卷,第535页。

② 《法兰克地区史》,载《德国史文献》,第26卷,第604—605页(1236年条下)。

③ 同上,第28卷,第145页(1238年条下);英国于1238年从阿拉伯使者口中第一次听到有关蒙古人的消息(《梅尔罗斯纪事》,载《德国史文献》,第27卷,第439页)。

④ 同上,第28卷,第208页。

⑤ 《匈牙利古代史史料汇集》〔匈牙利文〕,第4卷,第1辑,布达,1829年,第214页(贝拉四世致乔治九世函,1241年5月18日);埃·列捷佩普:《鞑靼人入侵匈牙利与当时的国际性事件》〔匈牙利文〕,载《匈牙利科学院历史通报》,布达佩斯,1953年,第1—45页。

⑥ 知·巴赫菲尔德:《蒙古人在波兰、西里西亚、波希米亚和马加尔》〔德文〕,因斯布鲁克,1889年,第80页—90页。

⑦ 《帝国档案》,约·弗·博默编,第1卷,第1册,因斯布鲁克,1881年—1882年,第3211号;《斐德烈二世历史资料》〔法文〕,阿·古伊拉德—勃莱戈列斯编,第5卷,第2册,巴黎,1859年,第1143页—1146页。

⑧ 《帝国档案》,第3216号(1241年7月3日);《斐德烈二世历史资料》,第1148—1154页。

民族像上帝发怒像雷声闪电一般扑过来,以突然袭击和进犯的方式征服并夺取了这个王国最大的城市基辅;整个美丽的王国由于居民被消灭而变成一片废墟"①。但是这位国王却又大骂起教皇乔治九世来,说教皇领导的十字军远征不去对付狂暴的鞑靼人,而是对付他斐德烈——教会的庇护人。至于早已从格鲁吉亚(谷儿只)得到有关鞑靼人情报的乔治九世教皇②,则在与斐德烈二世这个"自称国王"的人未缔结胜利和约之前,只能对匈牙利国王说上一番安慰之言,表示一番祝福而已③。而且,教皇本人所拥有的武力也少得可怜④。说实话,无论斐德烈王廷,无论罗马教廷,都号召征讨鞑靼人⑤,在沃尔姆斯,在美因茨⑥,在梅泽堡⑦都谈论过这件事,而且还提议在纽伦堡集结军队⑧。但都是谈谈而已,不再有下文。特别是在弄清楚德国不再受到直接威胁之后,斐德烈二世的大军便于 1241 年 6 月开始了讨伐罗马的军事行动了。

匈牙利的紧邻威尼斯和奥地利也没有援助过匈牙利。不但如此,威尼斯编年史学家安德烈阿斯·丹杜里还有这样的记载:"只是出于对基督教的关注,威尼斯人才没有给国王(指贝拉四世)找

---

① 同上,第 1149 页。

② 参阅《德国史文献》,载《十三世纪书信》,第 1 卷,洛贝里尼,1883 年,第 765 号(乔治九世致鲁苏丹女皇与大卫书,1240 年 1 月 13 日)。

③ 《德国史文献》,载《十三世纪书信》,第 1 卷,第 821 号,第 721 页—722 页(乔治九世致贝拉四世书,1241 年 6 月 16 日);第 826 号,第 725—726 页(乔治九世致贝拉四世书,1241 年 7 月 1 日)。

④ 丹·彼·威里:《十三世纪亚美尼亚的天主教会》〔英文〕,载《英国史评论》,第 72 卷,第 282 号,伦敦,1957 年,1 月号,第 1—30 页。

⑤ 《德国史文献》,载《十二世纪书信》,第 882 号,第 722—723 页(乔治九世致西司忒派僧人的信,1241 年 6 月 19 日);《斐德烈二世历史资料》,第 1139—1143 页。

⑥ 《沃尔姆斯年鉴》,载《德国史资料》,第 17 卷,第 46—47 页。

⑦ 《萨克森世界史》〔德文〕,第 254 页;《德国史文献》,第 28 卷,第 208 页;《沃尔姆斯年鉴》,载《德国史文献》,第 17 卷,第 75 页(1238 年条下)。

⑧ 《帝国档案》,第 4437 号,第 4438a 号,试与《德国史文献》之《法律》第 2 卷(宪法),乔·海·佩茨编辑,莱比锡,1925 年,第 1211 号,第 1214 号,第 1217 号相比较。

麻烦,不然真会对他采取许多不利的行动"①。另一个邻国奥地利的公爵——斐德烈二世巴宾贝格则大有趁火打劫之嫌。起初,他向希望奥地利王宫收留其本人和家眷的贝拉四世提出索取 10000 马克②的要求,后来当蒙古人入侵行动进入高潮期间,他竟出兵占领了匈牙利的沙普龙、莫松和洛奇蒙德几个省,以做为索要 10000 马克的抵押;但奥地利军队被当地居民赶走了③。

奥地利本上未曾受到入侵之害。只有一支蒙古骑兵部队闯入奥地利边境。在与这支骑兵的对抗过程中,奥地利方面损失了近 100 人,且如斐德烈公爵所说的那样,均为"下等"士兵④。

1241 年 4 月,蒙古大军劫掠了匈牙利统治下的斯洛伐克;班斯卡·什嘉甫尼查、普卡涅茨、克鲁皮纳等一系列山中城市陷落。蒙古人从波兰和莫拉维亚出发,经格罗森科夫山口和雅勃洛诺夫山口,打到西斯洛伐克。对斯洛伐克进行劫掠之后,于 1241 年 12 月在科罗姆纳一带渡过多瑙河,与拔都统率的主力部队会合。在斯洛伐克一些地方,蒙古人逗留了约一年之久,在拥有行政司法权的"巴维勒"们的协助下实行统治。斯洛伐克的泽姆普林、阿鲍夫、图尔纳、盖麦尔诸省直到兹沃林森林一带,遭到蒙古人的蹂躏,到处一片荒凉,连雅索夫修道院也遭到破坏。但是,勃拉吉斯拉瓦、科马尔诺、特连钦、尼特拉、彼茨科夫则在市民和四郊农民的守卫下得以保存下来⑤。

东捷克的战斗持续不断。蒙古人是从波兰开到这里的。关于

---

① 安德烈阿斯·丹杜里:《威尼斯史》〔意大利文〕,拉·阿·穆拉托里编辑,载《意大利手稿集》,第 7 卷,麦迪奥拉尼,1728 年,第 354 页。

② 《罗盖里乌斯》,第 32 章,第 575 页。

③ 同上。

④ 《波希米亚和莫拉维亚外交和书信档案》,卡·亚·埃尔本,第 1 卷,布拉格,1855 年,第 1041 号(斐德烈二世巴宾堡致康拉德·赫亨斯陶芬的信,1241 年 6 月 13 日);参阅弗·阿·库甫申诺夫:《鞑靼—蒙古人对中欧的入侵与神圣罗马帝国》(副博士学位论文摘要),莫斯科,1968 年。

⑤ 《斯洛伐克史》,第 1 卷,卢·霍洛蒂克,扬·蒂本斯基编,布拉迪斯拉发,1961 年,第 149—150 页。

该地区的战事情况,史料记载其说不一。有些史料记载了奥帕瓦①、格拉迪谢诺修道院和奥洛莫乌茨修道院②的战斗情况,这些记载大体属实;有些史料谈到的彼涅舍夫、普尔热罗夫、里托维尔、叶维奇科等地的战斗情况,则令人怀疑③,虽然对摧毁莫拉维亚之后战事又向纵深方向发展 4 天之久一事,已有编年史学家的记载为证④。看来,对于这一问题,我们的捷克斯洛伐克历史同行们尚需从史料学角度进行全面探讨。

　　无论事实情况如何,拔都军队损失甚大,在这一地区不想再往西去,也不想与已采取种种有力措施以巩固国防⑤的捷克国王瓦茨拉夫的 40000 大军再行对抗⑥。

　　1241 年冬至 1242 年,蒙古大军由捷克顺利地⑦攻入匈牙利。拔都渡过多瑙河。接着,攻克首都爱斯捷尔格。该城墙厚楼坚,有重兵守护,且有大批四郊居民助战。蒙古将领驱赶俘虏以沙石填平城壕,用 30 辆投石器日夜不停地投掷石块,摧毁了防御设施。市民们一直抗击到底。看到守城无望时,他们便将货物烧毁,将珍宝埋掉,将马匹杀光,不给敌人留下任何东西。经过巷战,守卫修道院的士兵战死,城市随之陷落,保卫者遭到杀害⑧。只有以西班牙人西麦昂为首的许多弓箭手守卫的内城没有失陷⑨。谢凯什菲赫尔瓦尔、基督教修道院院长乌罗什负责守卫的圣马丁·潘农修

① 《波希米亚文献》,第 1169 号,第 546 号(1247 年 2 月 5 日)。
② 同上,第 1028 号,第 481 页(贵族修道院被毁)。
③ 瓦·诺沃提尼:《捷克历史》,1928 年,第 715—748 页,第 1005—1008 页;奥·克拉里克:《1241 年蒙古人入侵莫拉维亚的历史真像》(波兰文),奥洛莫乌斯,1968 年。
④ 《圣潘塔列昂修道院编年史》,载《德国史文献》,第 22 卷,第 535 页;普兰·迦尔宾:《蒙古人的历史》,第 46 页。
⑤ 《波希米亚文献》,第 1035 号,第 486 页(弗里森根主教康拉德的信,1241 年)。
⑥ 《科斯莫斯·布拉格史续篇》,载《德国史文献》,第 9 卷,第 171 页。
⑦ 《罗盖里乌斯》,第 20 章,第 564 页;第 31 章,第 574 页。
⑧ 同上,第 39 章,第 584—585 页。
⑨ 同上,第 40 章,第 585 页。

道院(潘农哈尔姆)和其他几座要塞,也未被蒙古军队攻占。

拔都曾经设想把匈牙利平原像木干草原一样变成进一步扩大欧洲战事的骑兵草料供应地①,他的这一意图未能实现:来自四面八方的打击,削弱了蒙古大军的实力。

匈牙利人民坚持不懈地为独立而战。躲进森林和山洞的农民开展了游击战。有一则记载谈到了切伦哈兹一支农民部队的情况。这支部队由一个名叫"美丽的兰卡"的姑娘领导。当她的部队被打垮之后,为了不致落入敌手,她用利剑自吻②。农民们没有武器,他们在地上栽上尖木桩,阻拦蒙古人的进路。

在匈牙利,蒙古人遭到了巨大损失。普兰·迦尔宾在贵由大汗的营地中曾看到一座特殊的墓地,"其中埋葬着在匈牙利战死的人,因为许多人都死在该国"③。

蒙古人挟着恐惧之风,继续向西南方向追击,企图极力赶上贝拉四世。而贝拉四世从奥地利出发,迭经谢盖什特——萨格勒布——特罗吉尔,最后逃到海岸边的一座小岛上。合丹不敢贸然进军海岛。特罗吉尔附近海岸边的居民也进行了英勇抗击。其中涌现出来的最有名的勇士是勃里勃里岛的斯捷普利·舒比奇。后来,蒙古人在霍尔瓦蒂亚攻陷了萨格勒布,在亚得里亚海滨攻陷了基督教主教所在地斯瓦奇、德里瓦斯托(斯卡达尔城附近)等城市,烧毁了卡塔罗。不过,克里斯城的居民们用石块击溃了合丹大军的围攻④。蒙古人也不敢贸然进攻城池坚固的斯普里特⑤,无法接

① 拔都力图协调军事占领机构的运转情况,即可证明这一点(《罗盖里乌斯》,第 31 章,第 573—574 页)。
② 玛·阿·帕甫鲁什科娃:《埃·列捷列尔论文评介》,载《中世纪》,第 5 卷,第 408 页。
③ 普兰·迦尔宾:《蒙古人的历史》,第 12 页。
④《罗盖里乌斯》,第 38 章,第 584 页;托马斯:《萨伦尼塔纳史》,第 39 章,第 175 页。
⑤ 托马斯:《萨伦尼塔纳史》,第 38 章,第 173 页;第 39 章,第 175—176 页。

近特拉瓦(1242年三月),无法攻克拉古扎(杜勃罗夫尼克)①。始于伏尔加大平原的进攻,至此陷入了亚得里亚海滨的死胡同。

蒙古人从欧洲腹地撤兵

在这种情况下,窝阔台大汗之死(1241年11月11日)的消息传来。这成为蒙古人匆忙撤兵的最好借口。那些打算将窝阔台之死当做是蒙古人远征欧洲失利之主要原因的论文作者们,应当回答这样一个问题:在阿勒颇和大马士革城下作战的旭烈兀汗也得到过这一死讯,为什么他却没有将指挥大权交给怯特—不哥而亲自回去奔丧呢?问题很清楚,之所以撤兵是由于拔都无法控制全部被摧毁之地面的缘故。近期前景表明,即使是忠于诸垓万户长的保加利亚和莫尔达维亚也不再是帝国可靠的领地了。

蒙古大军主力撤到伏尔加河以东是别的原因所致。罗斯各族人民,东欧和中欧各族人民,在蒙古人入侵的严峻时刻,既捍卫了自己的家园,又拯救了许多别国的城市如维也纳和巴黎、伦敦和罗马以及许多别国的文化。这就是他们为人类历史做出的伟大贡献。

拔都率大军经波希尼亚、塞尔维亚、保加利亚、罗斯撤到伏尔加河以东地面。他的军队在斯洛沃尼亚山中受到折损②,保加尔人和伏拉赫人也给他们以沉重打击③。蒙古人的仓慌撤退,在罗斯史籍中只留下一条记载。这条记载说,拔都曾派马那忙和八赖两支

---

① 特·库库里耶维奇·萨克森斯基:《霍尔瓦蒂亚人同蒙古—鞑靼人的斗争》〔塞尔维亚文〕,萨格勒布,1863年,第10—53页;克·尤列切克:《塞尔维亚史》〔塞尔维亚文〕,第1册,贝尔格莱德,1953年,第338页,第633页。

② 有关"斯拉沃尼亚"百姓为独立而斗争的情况,请参阅《匈牙利外交史料汇集》,乔·菲耶尔编,第4卷,第1辑,第289页;第2辑,第99页;《卡斯坦斯史续编》,载《德国史文献》,第9卷,第597页。

③ 关于"as Blas"国家即保加尔人和伏拉赫人国家统治者的军队对蒙古人的打击情况,请参阅《圣匈牙利历史古文献》,第1卷,阿·泰纳编辑,罗马,1859年,第440号,第230页;菲里普·莫斯凯特:《法兰克诗韵史》,载《德国史文献》,第26卷,第819页,第30959号及以下。

军队追寻加里奇—沃伦公爵达尼伊尔,一直深入到乌格罗夫斯克以北布格河畔的沃洛达瓦;在临撤退时,这两支军队又露面了①。

蒙古人从被摧毁的欧洲各国带走了大批俘虏。普兰·迦尔宾在大汗营地看到过"许多斡罗思人和匈牙利人"②。法国使者鲁不鲁克也证实说,哈剌和林有"大量被俘的基督教徒:匈牙利人,阿兰人,斡罗思人,谷儿只人和亚美尼亚人"③;在那里他还遇到过一位从匈牙利掳来的出生于麦茨(洛塔林吉亚)的普通姑娘。这位姑娘在哈剌和林嫁给了一位年轻的斡罗思木匠。鲁不鲁克写道,"这位姑娘对我们讲了"她到哈剌和林途中历经的"闻所未闻的种种苦难"④。这里除了有一位斡罗思金匠库兹马之外⑤,还有一位法国金匠布切,此外还有从贝尔格莱德掳来的其他匠人⑥。一些被俘的德国人被送往准噶尔铁矿山区⑦。

值得注意的是,这些被俘的奴隶们并没有屈服。鲁不鲁克在从撒儿塔营帐赴伏尔加河岸边的拔都营帐途中,得知"为数甚夥的鞑靼人奴隶——斡罗思人、匈牙利人和阿兰人,一次聚集起二三十人,在夜里携带弓箭出逃,并杀死夜间碰到的一切人。白天他们躲藏起来;坐骑疲备时,他们在夜间偷偷摸到放牧马匹的牧场,将马匹换掉,再顺手牵上一两匹,以备急需时换乘"⑧。这是最雄辩的证明。被征服的人民没有屈服。他们的起义很快就将震撼强大的蒙古帝国。

---

① 《俄国编年史全集》,第 2 卷,第 794 号。
② 普兰·迦尔宾:《蒙古人的历史》,第 57 页。
③ 威廉·鲁不鲁克:《东方国家行记》,第 142 页。
④ 同上,第 122 页。
⑤ 普兰·迦尔宾:《蒙古人的历史》,第 52 页。
⑥ 威廉·鲁不鲁克:《东方国家行记》,第 135 页;还可参阅第 141 页(巴吉尔是一个英国人的儿子,出生在匈牙利)。
⑦ 莱·奥尔什基:《威廉·布切——汗宫中的一个法国匠人》〔英文〕,英格兰,巴尔的摩,1946 年,第 5 页。
⑧ 威廉·鲁不鲁克:《东方国家行记》,第 95 页。

七　蒙古征服和统治伊朗和阿塞拜疆 (1256～1353 年)

　　本文根据原苏联历史学家伊·帕·彼特鲁舍夫斯基所撰《旭烈兀王朝统治下的伊朗和阿塞拜疆》(载论文集《鞑靼—蒙古人在亚洲和欧洲》)一文编译。

　　伊·帕·彼特鲁舍夫斯基(1898～1977 年)毕业于哈尔科夫大学和巴库大学,原苏联科学院东方学研究所列宁格勒分所研究员,历史学博士,教授,近东和中东史专家。他的著作有《伊朗史》、《十二世纪至十五世纪伊朗的穆斯林》、《十三世纪至十六世纪伊朗的农业和土地关系》等。

　　本文引用的史籍有伊本·阿昔尔《编年史全集》(十三世纪)、捏萨维《算端扎阑丁传》(十三世纪)等阿拉伯文著作,志费尼《世界征服者史》(十三世纪)、拉施特丁《史集》(十三世纪)、《拉施特丁的书信》、朱思扎尼《塔巴哈特—伊·纳昔里》(《纳昔里史记》,十三世纪)、《塔里黑—伊·瓦撒夫》(《瓦撒夫史》,十三世纪)、哈姆达拉赫·卡兹维尼《塔里黑—伊·古吉德》(《历史选集》,十三世纪)等波斯文著作,当代原苏联历史学家弗·弗·巴托尔德《蒙古人入侵时期的突厥斯坦》、尼·维·皮古列夫斯卡娅《马尔·牙巴拉哈三世和拉班·扫马传》、英国历史学家米·米诺维和弗·米诺尔斯基《纳速剌丁·徒昔论财政》等。

与本文有关的史料和著作

伊本·阿昔尔、捏萨维、朱思扎尼（持反蒙古人观点者）、志费尼和拉施特丁①（持亲蒙古人观点者）的历史著作，为研究伊朗和阿塞拜疆的历史提供了比研究中亚历史更为丰富的资料②。拉施特丁史中含有许多有关十三世纪伊朗社会经济状况的珍贵记载。

其他史籍，主要是用波斯文写成的地方性史籍，也谈到了蒙古人统治时期的伊朗历史。我们这里只谈其中的几种。捏萨维的著作除了上面提到的那部阿拉伯文史籍以外，还有一部用波斯文写成的《纳甫萨特·阿勒—玛斯杜尔》——《风之鸣响》（转义为《发自心灵深处的叹息》）。这是一部"充满人性的文献"，它清晰地描绘了城乡毁坏荒芜的图景和居民们饱尝艰辛的情形③。

波斯文写成的记述性史籍中最为重要的有：希哈卜丁·阿卜杜拉·希拉吉（他以绰号瓦撒夫著名）的史著④——这部著作（成书于 1328 年左右）风格怪异，用词绮丽，含有许多有关蒙古诸汗赋税体制、封建土地占有制和农民状况的详细材料⑤；哈姆达拉赫·穆斯塔菲·卡兹维尼的简明史著《塔里黑—伊·古吉德》（《历史选

---

① 参阅本书《蒙古征服和统治中亚（1219 年—1224 年）》。

② 拉施特丁史中，伊朗和阿塞拜疆史资料多在第三卷第一部分（《塔里黑·合赞》）。有关该书波斯文本和俄语译本的各个版本，可参弗·弗·巴托尔德：《蒙古人入侵时期的突厥斯坦》，原载《著作集》，第 1 卷，莫斯科，1963 年，第 637 页。我们使用的版本是：拉施特丁：《札米阿特—塔瓦里黑（史集）》，第 3 卷，波斯文由阿·阿·阿里—札德编，俄文由阿·卡·阿林德斯译，巴库，1957 年。

③ 波斯文本由里札—库里汗·希达亚特（卒于 1870 年）编就，于回历 1308 年（1903 年）在德黑兰出版。里札—库里汗认为，这部著作的作者可能是谢伊捷里。著名的伊朗学家米尔咱·穆罕默德汗·卡兹维尼在同年发表于德黑兰的一篇论文中则证明，这部著作的作者是捏萨维。关于《纳甫萨特·阿勒—玛斯杜尔》一书，可参阅伊·帕·彼特鲁舍夫斯基：《一部新发现的记载蒙古人侵史的波斯史籍》，原载《历史问题》，1946 年，第 11—12 期，第 122—126 页。

④ "瓦撒夫·哈兹拉特"（"陛下颂词作者"）。

⑤ 《塔里黑—伊·瓦撒夫》（《瓦撒夫史》），孟买影印出版，波斯文本，回历 1269 年（1852 年—1853 年）。

集》,约 1330 年)①;同一作者的地理著作《努兹哈特·库鲁卜》(《心
之欢愉》,约 1340 年),确切地讲,当是该书的第三部,即关于旭烈
兀王朝国家完整的地理描述②——该书留下了有关伊朗、阿塞拜疆
经济状况特别是水利和农业以及从各地区征收贡赋之数目的珍贵
记载③。在种种文献史料中,拉施特丁史的抄本以及简本收录的蒙
古合赞汗(1295～1304 年在位)诏令,对于弄清旭烈兀王朝的国内
政策(包括赋税政策)以及伊朗和阿塞拜疆的社会经济制度、封建
土地占有制和农民状况最有价值④。流传至今的拉施特丁的书信
也很有价值。拉施特丁曾在旭烈兀王朝蒙古诸汗手下任宰相达 19
年之久(1298～1317 年)。他的书信(共 53 件,由历史学家、部务秘
书穆罕默德·阿贝库西搜集而成)有的是写给儿子们的(他的儿子
中有 10 个人曾任过省级地方官吏),有的是写给穆斯林宗教人士、
军事长官、行政长官或贵族人士的⑤。这些信件为了解旭烈兀王朝
在十三世纪和十四世纪交替时期的社会政治和社会经济制度,以

---

① 《塔里黑—伊·古吉德》(《历史选集》),埃·格·布朗编,莱顿—伦敦,1910 年,收入《吉伯丛书》,
　第 14 辑;第 1 卷,波斯文影印本;第 2 卷,英语节译本。

② 《努兹哈特·库鲁卜》地理分册》(《《心之欢愉》地理分册》,盖·勒·斯特朗编,莱顿—伦敦,1945
　年;收入《吉伯丛书》,第 23 辑;第 1 卷,波斯文;第 2 卷,英文。本文只引用波斯文。

③ 伊拉克—伊·阿扎姆(波斯伊拉克,亦即西北伊朗)和阿塞拜疆(现伊朗所辖部分)两个地区的税收
　数字,不仅有总数,而且有分地区数字。关于这部地理著作,可参阅伊·帕·彼特鲁舍夫斯基:《哈
　姆达拉赫·卡兹维尼——东外高加索社会经济史提供者》,载《苏联科学院通报》,社会科学类,
　1937 年,第 4 期,第 873 页—920 页。

④ 拉施特丁:《扎米阿特·塔瓦里黑》(《史集》,第 3 卷,波斯文本,第 408 页—571 页;俄文译本,第
　231 页—328 页。

⑤ 《穆卡塔巴特—伊·拉施迪》(《拉施特丁的书信》),波斯文本,罕·巴哈杜尔·穆罕默德·沙菲出
　刊,拉合尔,回历 1364 年(1945 年)。书信于 1913 年开始为学术界所利用。关于书信,可参阅
　埃·格·布朗:《波斯文学史》(英文),第 3 卷,剑桥,1964 年,第 80 页—87 页。英国历史学家莱
　本·列维(莱·列维:《拉施特丁的书信》(英文),载《英国皇家科学院杂志》,1946 年,第 74—78
　页)企图证明,这些书信是十五世纪的伪制品。我写过一篇论文,为这些书信的真实性进行了辩
　护。参阅伊·帕·彼特鲁舍夫斯基:《论拉施特丁书信的真实性问题》),载《列宁格勒大学学报》,
　1948 年,第 9 期,第 124 页—130 页。现在这些书信的真实性已被证实。书信的俄语译文由阿·
　伊·法里娜完成,并出版(莫斯科)。

及为弄清拉施特丁本人所占田产和所掌握的封建经济状况,提供了丰富的材料①。

值得指出的还有据说是著名星相学家兼哲学家纳速剌丁·徒昔(死于 1277 年)为蒙古旭烈兀王朝写下的旨在论述税收政策和贡赋体系原理的财政论文(无标题)②。

亚美尼亚文史料——吉拉科斯·甘扎凯齐、乔治·阿克涅尔齐(僧人马加基亚)、巴吉儿贝德之瓦尔丹的著作——和叙利亚文史料,对于研究这一时期的伊朗史特别是阿塞拜疆史甚为珍贵。叙利亚文史料中,值得提出的有聂思脱里派(景教)长老马尔·牙巴拉哈三世(死于 1317 年)的佚名传记③。其中含有许多有关蒙古人的记载。

此外,还有一些历史著作,特别是区域性的史学作品(地区史、城市史、某些附庸国王朝史),以及圣徒传记(穆斯林高僧传记)需要注意。圣徒传记中含有社会习俗主要是城市社会习俗的丰富资料。对于这些著作,我们不再一一介绍。

蒙古人征服伊朗和阿塞拜疆

1220～1222 年,呼罗珊④被蒙古人征服,并被劫掠一空。同时,成吉思汗派哲别那颜和速不台一把阿秃儿率 3 万大军追赶花剌子模沙穆罕默德(一译摩诃末),但是没有追上,于是对"西方诸

---

① 可参阅伊·帕·彼特鲁舍夫斯基:《拉施特丁的封建经济状况》,载《历史问题》,1951 年,第 4 期,第 87 页—104 页。文中汇集了有关拉施特丁土地占有情况和经济活动的书信资料。

② 莫·米诺维和弗·米诺尔斯基:《纳速剌丁·徒昔论财政》〔英文〕,载《东方研究院学报》,第 10 卷,第 3 类,1940 年。

③《马尔·牙巴拉哈三世和拉班·扫马传》,尼·维·皮古列夫斯基研究并翻译,莫斯科,1958 年。

④ 中世纪的呼罗珊,除了现在伊朗的霍拉桑省(第九省)外,还包括现今阿富汗的北部和西北部(巴尔赫省和赫拉特省)以及麦尔夫省(古代的马儿吉阿纳)。

国"开始了四年之久的突袭。在 1220～1222 年期间,蒙古人打垮了北部伊朗、阿塞拜疆、东部格鲁吉亚。巴里黑、马鲁、也里、徒思、你沙不儿、萨卜咱瓦尔、剌夷、可疾云①、哈马丹等城市遭到了大屠杀。阿塞拜疆的篾剌合和额儿迭比勒(今属伊朗管辖),失儿湾的拜勒寒、薛马合等城市(今属苏联阿塞拜疆),也遭到了同样的命运。"蒙古人曾两次逼近梯比里斯,但是以苦思丁·秃黑来为首的该城要人们每次都献上大批赎金,还有远近闻名的梯比里斯丝织品,结果梯比里斯免遭毁灭。其他城市则重现了中亚遭到的那种居民被集体屠杀、农区被劫掠一空的景象。这里也像中亚那样,市民特别是下层居民曾给征服者以最顽强的抵抗,而封建主和巨商上层则常常倾向于投降。比如,1221 年被征服的也里,在得到花剌子模沙扎阑丁军队到来的消息后举行了起义。后来,扎阑丁的军队在印度河畔被击败(1221 年 12 月)后,蒙古人围困并攻陷攻陷也里,将也里居民全部杀害②。

当初,哈马丹被蒙古人征服后,蒙古人在该城委任了地方官吏(1221 年)。蒙古人不断地索取金钱衣服,这些钱物由该城"赛夷—阿里德"(即城市贵族)之中的首领("撒里夫")敛集起来交给蒙古人。后来,市民"交出了一切财产"。蒙古再次"索钱"。市民们说,我们"无钱也无什么东西可交了。他们不但抢去了我们的钱,还委派地方官吏侮辱我们,我们实在没法活下去了。"首领回答说:"我们只能献上金钱讨好他们(指蒙古人),别的办法是没有的。"市民

---

① 蒙古人攻占可疾云(1220 年 10 月 17 日)和逐个屠杀居民的情况,哈姆达拉赫·穆斯塔菲·卡兹维尼在他的史诗《扎法儿—纳美》《胜利之书》中做过戏剧性的描写;作者是以他九十三岁的老祖父——事件目击者的口气叙述的。波斯原文和英语译文刊布于埃·格·布朗:《波斯文学史》,第 8 卷,第 96—98 页。

② 赛菲:《塔里黑—纳美—伊·也里》,加尔各答,1944 年,第 72—82 页;朱思扎尼:《塔巴哈特—伊·纳昔里》《纳昔里史记》,波斯文本,威·纳骚—里斯编,加尔各答,1864 年,第 350 页及以下各页。

们说:"你比异教徒还坏",就杀死了他①。接着市民们发动了反对蒙古地方官吏的起义,在城市进行设防。蒙古人将哈马丹围困起来。被围困的城市居民中发生了饥荒,城中的食品日见减少。不过,死于战斗的蒙古人要多于市民。后来,首领钻地道出逃,市民们"共同决定决一死战"。蒙古人攻入城中以后,"市民们在街上同他们作战;由于人多,火器无法发挥作用②,市民们就拔刀厮杀。双方死的人数太多,只有真主才能数清其数"。最终,蒙古人占领了城市,接连几天对市民们进行了大屠杀,幸免一死的只有藏在暗室中的少数人。后来,蒙古人"放了一把火,把城市烧掉",③离开了这里。

蒙古人征服西部伊朗的进程,由于最后一代花剌子模沙扎阑丁在这里露面(他在印度流亡四年之后来到这里)并将阿塞拜疆变成自己的根据地而受阻。与此同时,有一支新开来的蒙古军队在北部伊朗进行征讨,他们将哲别和速不台大军征讨时这里还残存下来的一切统统摧毁。这次被攻占和摧毁的城市有忽木和柯伤(1225年),这两个城市的居民全部被杀。④ 扎阑丁先在剌夷附近击败蒙古人(1227年),后在亦思法杭附近的大战中又打败蒙古人(1227年)。在后一场大战中,亦思法杭市民参加了战斗。他们在战斗前夕"派人见他(扎阑丁),请他来亦思法杭,保证与他协同行动攻击敌人,并说他们勇气十足"⑤。但是,即使到此地步,扎阑丁

---

① 从这个情节中可以看出市民上层与下层之间存在着对立情绪。
② 里是指弓、弩弓和投掷油罐的装置而言。
③ 这则故事引自伊本·阿昔尔:《编年史全集》,卡·约·托恩伯格出版,第12卷,第248—250页;《金帐汗国史资料集》,第1卷,第20—22页。
④ 伊本·阿昔尔:《编年史全集》,第12卷,第272页;《金帐汗国史资料集》,第1卷,第35页。
⑤ 伊本·阿昔尔:《编年史全集》,第12卷,第310—311页;《金帐汗国史资料集》,第1卷,第37—38页;捏萨维:《算端扎阑丁传》,奥·奥达斯编,阿拉伯文本,第134—140页;法文本,第223—232页;波斯文本,莫吉特巴·米诺维出版,第167—173页;志费尼:《塔里黑—伊·扎罕古沙》,第2卷,第168—170页。

也没有对城市民兵在反对侵略者的斗争中所发挥的作用给予恰当的评价。他既没有追击蒙古人,又没有扩大战果,相反,却把力量白白耗费在同谷儿只人(格鲁吉亚人)、艾育伯王朝、鲁木塞尔柱王朝的无意义的争斗中。1231 年,他在木干的昔儿赫布特附近被以绰儿马罕为首的蒙古人打败①。在向底格里斯河下游的阿迷德山退却时,他又在最后一战中丢掉了残存的兵士,只身出逃,死在库尔德斯坦山中(1231 年 8 月 17 日)②。

阿塞拜疆(今伊朗所辖)也在 1231 年被蒙古人征服,梯比里斯又一次交出赎金,未遭洗劫。1231 年至 1239 年期间,从阿兰、失儿湾(今苏联阿塞拜疆)到打耳班,包括东部格鲁吉亚(卡尔特里)和亚美尼亚在内,都被绰儿马罕所攻占。③ 与此同时,征服伊朗的行动继续进行。1237 年,亦思法杭被蒙古人攻占,并遭抢劫,居民被屠杀。波斯著名诗人怯马鲁丁·亦思马因也在被杀之列。

伊朗南部地区在被征服过程中受的苦难较为少一些,这是因为各地统治者——罗耳斯坦的阿塔比("哈扎拉斯皮德")、富楼沙的阿塔比("萨尔古里德")和起儿漫的阿塔比("库特鲁格沙赫")表示臣服,使自己的地盘成为蒙古大汗窝阔台的属地,因而得以保存下来。然而,为此他们不得不付出大量的赎金,而后又得交纳贡品,所有这些就象绳索一样套在市民和农民的脖子上。波斯大诗人穆斯里哈丁·萨迪在献给富楼沙阿塔比阿布·贝克儿(1226 年至 1260 年在位)的一本诗集中曾这样写道:

---

① 此人在亚美尼亚文史籍中叫做查尔马干。

② 捏萨维:《算端扎阑丁传》,第 242—252 页;法文译本,第 403—410 页;波斯文本,第 274—281 页。

③ 详情见伊·帕·彼特鲁舍夫斯基:《十三世纪至十四世纪阿塞拜疆各民族反对异族征服者英勇斗争简史》,巴库,1941 年;阿·阿·阿里—扎德:《十三世纪至十四世纪阿塞拜疆社会经济政治史》,巴库,1956 年,第 89—112 页;还可参阅收入本书的阿·加·加尔斯特扬的论文。

> 伊思坎德①用一道铜石墙挡住
>
> 果哥(雅朱只)②通向世界之路,
>
> 你不用铜墙,而用金墙③
>
> 挡住异教徒果哥(库弗儿)④的进路。

十三世纪三十年代,伊朗的大部分地区和外高加索诸国均为蒙古人所征服。未被征服的,只剩下了阿尔布斯山和忽希斯坦亦思马因王朝的地盘,以及阿拉伯伊拉克和胡济斯坦报达哈里发王朝的地盘。1251 年在蒙古召开"忽里勒台",成吉思汗之孙、拖雷汗之子蒙哥汗被推为大汗。蒙哥汗决定,由旭烈兀领兵,准备完成大规模征服伊朗和占领西亚其他国家的军事行动。为了这次征服行动,四个兀鲁思汗须将自己的兵力拿出十分之二来。到 1253 年准备工作始告完成,旭烈兀带领集结起来的兵力离开蒙古。他们行动迟缓,1255 年秋季才到达撒麻耳干,1256 年 1 月渡过阿姆河,进入呼罗珊。

根据成吉思汗遗言,阿姆河和咸海以西的地面应划入术赤及其后裔的封地之内,但由于这些地方——伊朗高原和外高加索诸国远离金帐汗国,术赤王朝鞭长莫及,故在十三世纪二十年代至三十年代,伊朗和外高加索诸国由术赤汗的地方官吏管辖。旭烈兀汗来到伊朗之后,将最高权力控制在自己手中。他征服了伊朗,灭掉了以阿剌模忒为首都的亦思马因国(该国立国年代为 1090～1256 年)。亦思马因国极端什叶派"异教徒"及其"伊祸木"的宗教

---

① 马其顿的亚历山大。

② 当指《圣经》中的圣果哥和马果哥——传说中居住在亚洲腹地某处的凶悍而野蛮的两个部落。据穆斯林传说,马其顿的亚历山大曾筑起一道长城以阻挡他们。这则传说显然反映的是筑墙以阻挡游牧民这一观念。

③ 萨迪:《〈布斯坦〉》(《果园》),卡·格拉夫出版,维也纳,1858 年,第 22—23 页。还可参阅埃·格·布朗:《波斯文学史》,第 3 卷,第 15—16 页。《布斯坦》成书于 1257 年。

④ 亦即成吉思汗。

和世俗主鲁坤丁·忽儿沙,与贵族上层示意臣服于蒙古人,交出城堡和宝库的钥匙,拆毁要塞。但是,由于教派中社会下层对忽儿沙的贵族路线不满,群起抗争,要求"与异教徒进行圣战",忽儿沙的计划无法实现。于是旭烈兀汗围困并攻下阿剌模式;忽儿沙在得到蒙古人留他一条活命的允诺之后,来到旭烈兀营帐(1256 年)。后来,他被送到蒙古,去见蒙哥汗。蒙哥汗却下令将他杀掉。亦思马因人的反抗仍在继续着①;答木罕附近的吉儿都怯城堡的抵抗斗争一直持续了三年之久。蒙古人征服忽希斯坦前后共用了 20 年,在那里守卫城堡的是一些被称为"败类"("鲁努德")②的社会下层。旭烈兀下令将所有亦思马因人统统杀死。胡济斯坦被杀人数达 12000 之多③。

　　1258 年 1 月,旭烈兀汗打到报达城下④。阿拔斯王朝最后一任哈里发穆思塔昔(1242～1258 年)是个无所事事、意志薄弱、只好听音乐和笑话之人,这时一筹莫展。宰相伊本·阿勒哈米劝他投降旭烈兀汗,交付赎金;但是,被任命为总指挥的"达瓦特达尔"(原意为"保存墨水瓶者",即副宰相)埃别克和军事上层人士则坚持抵抗。结果,以埃别克为首的哈里发军队被蒙古人击败,城市被围困。回历 656 年萨伐尔月 4 日(1258 年 2 月 10 日),蒙古人冲入城中。哈里发穆斯塔昔无条件投降。他被迫说出藏满金银宝石的秘密国库所在地,10 天之后与阿拔斯王朝家族所有男子一起被处死。

---

① 参阅留·弗·斯特罗耶娃:《蒙古人消灭伊朗的亦思马因派国家》,载《列宁格勒大学学报》,第 179 期,东方学类,第 4 辑,列宁格勒,1954 年。

② 志费尼:《塔里黑—伊·扎罕古沙》,第 3 卷,第 102 页。

③ 据志费尼记载,忽济斯坦的亦思马因人以动员参加"人堆"("哈沙尔")亦即参加围城战斗为名而被集合起来,然后统统被杀死(志费尼:《塔里黑—伊·扎罕古沙》,第 3 卷,第 277 页)。试与威·阿·拜布尔迪:《尼扎里的生平和著作》(莫斯科,1966 年,第 35 页)相比较。

④ 蒙古人攻占报达的详情,由上面已经提到的著名学者纳速剌丁·徒昔在其以亲蒙古人观点写成的志费尼史"续篇"(《扎伊尔—伊·塔里黑—伊·扎罕古沙》)中作了描述。这则故事还收入我们引用过的志费尼史波斯文版第 3 卷(第 280—212 页)。关于攻占报达的过程,还可参阅拉施特丁:《史集》,第 3 卷,波斯文本,第 51—64 页;俄文译本,第 39—64 页。

被处死的还有埃别克、异密和劝说哈里发进行抵抗的臣僚们。与此相反,宰相伊本·阿勒哈米、聂思脱里派长老和其他主张投降的人却受到旭烈兀汗的恩典。报达城中的大肆劫掠和大肆屠杀进行了5天①,幸免于一死的只有基督教徒和犹太教徒②。这些在穆斯林(散纳派)国家中权利上受限制的宗教少数派,被旭烈兀汗视做蒙古国潜在的拥护者③。在报达大部分被烧毁的情况下,旭烈兀汗为了保护该城,下令停止屠杀④。据拉施特丁记载,哈里发的全部财富和金钱,"900年中欲集的全部东西,像山一样堆在汗帐的周围"⑤。而后,蒙古人攻下瓦西特,杀掉4万居民。重要港口巴士拉自动投降,吉剌的居民——循规蹈距的什叶派教徒们在幼发拉底河上筑起浮桥,前去迎接蒙古大军,对蒙古人表示欢迎⑥。旭烈兀依靠宗教少数派政策的总体倾向,由此可见一斑。

蒙古人征服带来的后果

对伊朗和阿塞拜疆来说,蒙古人的征服也如对中亚一样,后果是极为有害的。对这一事件,同代人是这样评价的。伊本·阿昔

---

① 据志费尼史续写者说(第3卷,第290页),屠杀在一周后方告停止。

② 为此,下令将基督教徒集中在一个教堂("三号街坊教堂")中,将犹太教集中在一个犹太教堂中。在进行抢劫和屠杀的整个过程中,他们一直留在那里。参阅《希伯莱人的小酒馆》,阿贝洛斯和拉米合编,巴黎,1872年,第3卷。第505页(引文转引自贝·斯普勒:《蒙古人在伊朗》,柏林,1955年,第208页)。关于赦免基督教徒一事,拉施特丁也曾提及(《扎米阿特—塔瓦里黑》,第8卷,第44页);据这位作者说,除了"阿日哈温"(蒙古语"基督教徒")外,外市人也被赦免。志费尼史续写者说(第3卷,第288页),旭烈兀汗下令赦免("阿曼")"阿日哈温"(基督教徒),还有"伊祸木,学者,洒黑"(亦即穆斯林宗教界人士)以及"没有跟我们(蒙古人)打过仗的人们"(即主张投降者)。

③ 后来,当蒙古人在旭烈兀汗及其继承人时代入侵叙利亚时,也对基督教徒和犹太教徒实行怀柔政策。这在蒙古人的征服策略上是一种革新:成吉思汗时代,不论什么人都要被统统杀掉或抢走。

④ 据哈姆达拉赫·卡兹维尼记载(《塔里黑—伊·古吉德》,第580页),报达被杀居民达80万。这一数字显然被大大夸张了。

⑤ 拉施特丁:《史集》,第3卷,波斯文本,第60页;俄文译本,第44页。

⑥ 同上,波斯文本,第63页;俄文译本,第46页。

尔把蒙古人的征服看做是世界上史无前例的最大灾难。伊本·阿昔尔是这样记载的:"这一事件火星四溅,灾祸四溢;它风卷乌云,沿着村庄滚滚而来"①。就连志费尼也承认,凡是抵抗过蒙古人的地方,"1 万居民剩不下 100 人"②。百年之后,历史学者兼地理学家哈姆达拉赫·卡兹维尼这样写道:"蒙古帝国的出现所造成的破坏和大屠杀("哈拉比·瓦·卜特里阿姆")如此严重,即使(此后)再无别的灾祸出现,其后果也无法克服,世界也无法回到事件发生前的最初状态。这是确切无疑的。"③

国家一片废墟。捏萨维在其史著中描述花剌子模沙扎阑丁死后(1231～1232 年冬)的惨状时,用暗淡的色彩描绘了一幅国家遭到破坏的景像:到处是野狼出没的废墟,到处是自称拥护蒙古人的强盗所盘据的荒芜城乡。在半存半毁的侯依城(在今伊朗管辖下的阿塞拜疆),捏萨维看到一群来自亚美尼亚、上美索不达米亚和阿塞拜疆的流民。他加入其中,和他们一起在凛冽严寒之中,毫无干粮、赤手空拳的情况下,徒步向别克里山口走去。在山口附近,他们碰上一群强盗,遭到抢劫,衣服几乎都被扒光④。

征服造成的第一个后果,是大规模屠杀而居民人口锐减,剩下的人或者被掳去,或者逃走。大城市及其附近农区被杀人数之众(几十万,几百万),史籍中屡有记载⑤。这类数字很可能是被夸大的,因为在封建时代,即使是大城市,居民人口也不会达到这样庞大的数字⑥。

---

① 伊本·阿昔尔:《编年史全集》,第 12 卷,第 233—234 页,《金帐汗国史资料集》,第 1 卷,第 1—2 页。

② 志费尼:《塔里黑一伊·扎罕古沙》,第 1 卷,第 17 页。

③ 哈姆达拉赫·卡兹维尼:《努兹哈特·库鲁卜》,第 27 页。

④《纳甫萨特·阿勒一玛斯杜尔》,第 90—95 页。

⑤ 详细数字见拙著:伊·帕·彼特鲁舍夫斯基:《十三世纪至十四世纪伊朗的农业和土地关系》,第 38 页及以下各页。

⑥ 虽然中世纪亚洲比起同一时代的西欧来,有些城市的居民人口多得惊人。

据也里史作者赛菲认为,也里城及其郊区(在 1222 年蒙古人再次占领时)被杀人数为 160 万①。其他史籍记载的数字跟赛菲的记载差不多②。下面是其他几个较小城市比较接近实际情况的数字:巴里黑有居民 20 万③,全部被杀④;呼罗珊的拜哈克一带有居民 7 万被杀⑤,奈撒一带也有居民 7 万被杀⑥。

赛菲(1321 年左右)以老人们讲述的故事为根据,描绘出一幅也里城及也里绿洲被毁的景像:城里只剩下 40 个人,在 4 年之中他们只靠抢劫驼队维持生活,而且抢劫还是在远离也里城的地方(150～500 公里)进行⑦。至于农区,剩下的人也不满 100⑧。在马鲁绿洲,经过蒙古人的三次入侵和屠杀(1220～1222 年)之后,穆尔加不河堤、水利设施和农田全部遭到破坏,种子被运走,牲畜被赶走;"城中和周围各村镇剩下的人数不超过 100"⑨。

事件的同时代人、旅行家兼地理学家牙库特(卒于 1229 年)在记述你沙不儿(中世纪伊朗四大城市之一)时曾这样写道⑩:"617年(公元 1229 年)鞑靼人——让主诅咒他们吧!——摧毁了它,城中没有留下一段矗立着的墙壁。至今我所看到的,也仅只是一堆堆光秃秃的土丘,足以令人无泪而泣"⑪。在另一处地方,牙库特关于你沙不儿是这样写的:"鞑靼人杀掉了那里所有的人,从老人到

---

① 赛菲:《塔里黑—纳美—伊·也里》,第 80 页。
② 这一点,可参阅伊·帕·彼特鲁舍夫斯基:《农业和土地关系》,第 39 页,注释 1。
③《信徒传·扎阑丁·鲁米生平》(载克·华特:《圣徒祀祭记述》),第 1 卷,巴黎,1918 年,第 15 页)。
④ 志费尼:《塔里黑—伊·扎罕古沙》,第 1 卷,第 103—104 页。
⑤ 同上,第 1 卷,第 138 页。
⑥ 捏萨维:《算端扎阑丁传》,阿拉伯文本,第 52 页;法文本,第 88 页;波斯文本,第 77 页。
⑦ 赛菲:《塔里黑—纳美—伊·也里》,第 83—90 页。有关赛菲的这段故事的详细叙述,可参阅伊·帕·彼特鲁舍夫斯基:《农业和土地关系》,第 67—69 页。
⑧ 赛菲:《塔里黑—纳美—伊·也里》,第 183 页。
⑨ 志费尼:《塔里黑—伊·扎罕古沙》,第 1 卷,第 132 页。
⑩ 你沙不儿,剌夷,亦思法杭,泄剌失。
⑪ 牙库特:《穆扎姆·布尔丹》,第 3 卷,阿拉伯文,亨·乌斯滕菲尔德出版,第 230 页(牙库特的情人就死在你沙不儿)。

小孩儿,从妇女到婴儿。然后像薅草一样把它毁掉,同时还破坏了附近的农区"[1]。在徒思,只剩下50幢可以住人的房子,即使在这些房子里人们也是零零落落地栖身于各个角落[2]。

拉施特丁记载说,直到1295年,呼罗珊、中央伊朗(剌夷、哈马丹、忽木)和阿塞拜疆许多地区的城市还是废墟一片;重新耕种的土地只有十分之一,十分之九被荒芜[3]。旅行家马可·波罗也对耶兹德、起儿漫、巴里黑等地区的荒无人烟有过记载[4]。据哈姆达拉赫·卡兹维尼说,直到他那个时代(1340年),忽儿罕还残留着蒙古人劫掠的痕迹,居民依然甚少[5]。他还列举实例说明,许多地区居民点人数锐减,从前的大城市变成了小城市,小城市变成了村镇[6]。剌夷曾是伊朗居民最多的经济重镇,后来变成一片瓦砾,居民纷纷迁走。

与破坏连在一起的是农业灌溉设施的衰败,耕种面积的缩小,大批游牧民——蒙古游牧民、突厥游牧民的迁入和游牧业的扩大[7]。

诚如马克思所指出的那样,在游牧社会中"大片无人居住的地带是放牧的主要条件"[8]。这种情况以及游牧业经济的粗放性,都促使十三世纪伊朗经济出现普遍衰落的倾向。征服者执行的导致农民和市民破产的赋税政策(关于这一点,详见下),以及征服不可能在国内造成持久和平这一状况,也阻碍着经济的复兴。同其他

---

[1] 同上,第4卷,第859页。

[2] 志费尼:《塔里黑一伊·扎罕古沙》,第2卷,第238页。

[3] 拉施特丁:《扎米阿特—塔瓦里黑》,波斯文本,第557—558页;俄文译本,第320页。

[4] 伊·帕·米纳耶夫:《马可·波罗游记》,在弗·弗·巴托尔德主编下俄译,圣彼得堡,1902年,第48页,55—56页,61—62页。

[5] 哈姆达拉赫·卡兹维尼:《努兹哈特·库鲁卜》,第159页。

[6] 详情可参阅伊·帕·彼特鲁舍夫斯基:《农业和土地关系》,第93—94页;文中指出引用文献的出处。城市名单见该文第95页。

[7] 详情可参阅上文,第41—43页,75—77页。

[8] 卡·马克思:《政治经济学批判》,莫斯科,1938年,第116页。

蒙古兀鲁思(中亚的察合台兀鲁思、术赤兀鲁思——金帐汗国)的战争和对叛乱的蒙古部落的讨伐,在整个十三世纪中又使各个地区陷入新的破产境地。这里只举两个例子来说明之。1295年,察合台汗国笃哇汗劫掠了呼罗珊、祃拶答而和耶兹德绿洲,将20万妇女儿童掳走充作奴隶[1]。1270年、1288年、1289年、1306~1307年和1319年,也里绿洲和也里城迭遭破坏,一部分居民被掳走[2]。

旭烈兀建立的伊利汗国(1256~1353年)

旭烈兀自做主张,建立起一个新的国家——蒙古帝国的第五个"兀鲁思"[3],后来该国得到了忽必烈大汗的承认(1261年)。旭烈兀汗(1256~1265年在位)及其继承人号曰"伊利汗",意即"部落之汗",实为兀鲁思之汗。开始,旭烈兀王朝伊利汗国名义上是隶属于蒙古大汗之下的[4]。后来,当伊利汗合赞接受了伊斯兰教(1295年),他就正式拒绝承认"异教徒"大汗的政权了。旭烈兀王朝伊利汗国管辖地域包括伊朗全境和现今阿富汗(除了属察合台兀鲁思所辖的巴里黑地区)、阿塞拜疆(今伊朗所辖)、报达在内的阿拉伯伊拉克、阿兰和失儿湾(现今苏联阿塞拜疆)、库尔德斯坦、杰齐拉(上美索不达米亚)和直到克孜勒河的罗马西部地区(小亚细亚)。塞尔柱王朝科尼亚(鲁木)算端国(从1247年起)、谷只儿、特拉帕作斯希腊王国、乞里乞亚之亚美尼亚和塞浦路斯岛王国[5]

---

① 赛菲:《塔里黑—纳美—伊·也里》,第402—408页。
② 同上,第379页及以下,461页及下,503页及以下,716页及以下。
③ 后来,窝阔台后裔的兀鲁思于十三世纪下半叶至十四世纪初崩溃,结果兀鲁思数只剩下了四个。
④ 举例来说,"达赖汗"这一封号(蒙语字面意思为"海洋汗")是归大汗所有的封号,纳速鲁丁·图昔和拉施特丁就改称为"伊利汗"。
⑤ 十字军建立于1191年(法国卢津扬王朝)。关于十字军与蒙古人的从属关系,参阅《穆卡塔巴特—伊·拉施迪》,第123页(第51号信件)。

成旭烈兀王朝的附属国,向它进贡,为它提供辅备兵力。从拉施特丁书信中可以看到,当时已经衰落的拜占庭,最晚在十三世纪与十四世纪交替时期也开始向旭烈兀王朝进贡了①。

伊利汗国是蒙古封建化的草原国体同伊朗高度发达的封建社会传统相结合、成吉思汗《大札撒》同穆斯林法律(自 1295 年伊利汗合赞接受伊斯兰教之后起)相结合、伊利汗中央集权政治同封建割据相结合的一个怪异而充满内部矛盾的产物。

伊利汗国的对外政策

伊利汗国旭烈兀王占领的一些地盘,根据成吉思汗遗言,本当属于金帐汗国术赤王朝所有,现在这种状况金帐汗国自然无法容忍。他们竭力想夺回这些地盘,哪怕仅只是失儿湾、阿兰、阿塞拜疆和谷儿只也好。术赤王朝和旭烈兀王朝经常在东外高加索一带开战,使这片地区一次又一次遭到新的劫掠。连年征战并未从根本上改变边界现状:伊利汗国控制着外高加索,而打耳班②和北高加索则控制在术赤汗国手中。

伊利诸汗的主要力量放在征服叙利亚和巴勒斯坦方面。为此,他们向埃及的所谓马木留克算端开战。但是,埃及算端被认为是伊斯兰教的支柱;在伊利汗国穆斯林臣民看来,同马木留克算端作战是很不得人心的,因此信奉多神教萨满教的旭烈兀王朝在这场战争中便极力依靠基督教同盟者和附庸们,具体说来就是依靠仍在占领着安条克公国、的黎波里伯爵领地和耶路撒冷王国沿岸

① 上书(第 319 页)谈到,帖必力思"拉施特街坊"的一名学生,靠"鲁木(东罗马)和君士坦丁尼亚(君士坦丁堡)人口税("吉兹亚",即贡赋)收入供养"。
② 哈姆达拉赫·卡兹维尼认为,打耳班当属"伊朗"以外的地区。十三世纪至十四世纪的波斯作者将"伊朗"和"伊朗·扎明"("伊朗地方")同旭烈兀国混为一谈。

一带的十字军,依靠塞浦路斯王国、奇里乞亚之亚美尼亚,还依靠谷儿只和亚美尼亚有封地的封建主。这在很大程度下决定了旭烈兀汗①及其继承人——多神教徒伊利诸汗②对待各派基督教徒必定采取保护政策。旭烈兀汗委任信仰基督教的蒙古人却特一不哥率大军征讨叙利亚。蒙古大军先在艾因一扎鲁特战役为埃及人所败(1260年),后在阿尔比斯坦失利(1277年)。但是伊利诸汗直到十四世纪20年代仍不放弃占领叙利亚的计划。连接受了伊斯兰教的合赞汗也未改变这一政策。他在谷儿只和亚美尼亚附庸们的协助下终于占领了叙利亚,但是却在迈尔捷一苏伐尔又遭失败(1303年)。埃及算端不仅赶走蒙古人,占领了叙利亚,而且还夺取了十字军占领的地方——安条克(1268年)、的黎波里(1289年)、阿克拉、推罗、西顿和贝鲁特(1291年)。

同埃及算端国的这场斗争,促使伊利诸汗寻求西欧诸基督教国——热那亚、法国和英国的国王、罗马教皇以结成同盟,并同他们互换使节③。比如,阿鲁浑汗(1284~1291年)曾先后四次向西方派出使节(1285年,1287年,1289年,1290年);前几次由东方的基督教徒(聂思脱里派)率领④;1289年、1290年和1302~1303年的使团(最后一次是由合赞汗派遣的)首领是热那亚人布斯卡列

---

① 某些西方学者用旭烈兀汗的正妻、"安详的"朵库兹哈屯——一位来自克烈部的蒙古女子而后又信仰聂思脱里派基督教的影响来解释这个问题。另一些亚美尼亚和叙利亚作者则认为,旭烈兀汗本人就是一位基督教徒。这些都不对。作为一个萨满教徒,旭烈兀汗出于政治上的考虑,同时也保护基督教和佛教(西藏"红帽派"——萨迦派佛教,该教派当时已在一部分蒙古人中流传)。

② 当然,伊利诸汗事实上只保护宗教界人士和封建主基督教徒(其中包括蒙古人),而人民群众中广大的基督教徒则如同穆斯林一样,照样在蒙古人的压迫下受苦受难。

③ 参阅勒·莫舍米:《传教士所撰蒙古人的历史》〔法文〕,赫尔姆斯泰特,1741年(附录12,文献);伯希和:《蒙古人与教廷》〔法文〕,载《基督教东方评论》,第23卷,第1—2期,1922年—1923年;第24卷,第3—4期,1924年;第28卷,第1—2期,1928年;还可参阅尼·维·皮古列夫斯卡娅:《〈马尔·牙巴拉哈三世和拉班·扫马传〉引言》,莫斯科,1958年。

④ 其中一位使者是聂思脱里派主教拉班·扫马。他是中国畏吾儿人,在1287年至1288年期间曾访问过君士坦丁堡、罗马、热那亚、法兰西国王(在巴黎)和英国国王(在波尔多)。关于他出使情况的记载,请参阅:《马尔·牙巴拉哈三世和拉班·扫马传》,第79—95页。

尔。伊利诸汗同西方国家就共同组织"十字军讨伐"叙利亚问题进行了谈判。法国和英国像教皇一样,对这件事都承诺下来。但是,伊利诸汗希望西方出面帮助的愿望,最终却成了泡影:西欧诸国当时对十字军讨伐这件事,实际上已毫无兴趣。热那亚想利用同伊利汗的结盟对付自己的对手——威尼斯,而威尼斯则想对付埃及。罗马教皇的威望在西欧已一落千丈,即使真想帮忙也无能无力;何况他竭力而为(结果也毫无成效)的倒是使伊利诸汗皈依基督教,并使之与东方基督教盛行的罗马合并在一起。伊利汗与西方交往的结果之一,只是建立了一支热那亚和"富浪"商人组成的侨民团体,以及天主教传教士在十三世纪与十四世纪交替时期出现于亚美尼亚、阿塞拜疆和西部伊朗各个城市之中①。

埃及算端为了对付旭烈兀王朝,与金帐汗国术赤王朝诸汗结成同盟;由于术赤王朝的别儿哥汗(1256～1260 年)接受了伊斯兰教,这次结盟在埃及极力被涂上"同异教徒进行圣战"的宗教色彩(尽管别儿哥的继承人,直到月即别汗亦即直到 1312 年时,仍为多神教徒)。伊利诸汗还同察合台兀鲁思开战。比如,为了报复察合台汗蒙古人对呼罗珊的入侵,阿八哈汗(1265～1282 年)摧毁了不花拉(1273 年)。1295 年,察合台的笃哇汗侵入伊朗东部,将该地区劫掠一空。伊利诸汗也对印度进行了袭击。

---

① 十四世纪初,天主教大主教会在孙丹尼牙建立(主要面向的是与罗马进行宗教合并的亚美尼亚人)。十五世纪初,大主教会迁到纳希契万附近的阿帕拉涅修道院,并一直延续到 1766 年(赫翁德·阿里尚:《西萨坎》)。阿鲁浑汗时代,担任算端国第二任天主教大主教的传教士威廉和亚当曾以热那亚政府名义向伊利汗提出如下方案:蒙古人的战船可俘获从印度开出的船只,将它们开进波斯湾的霍尔木兹港,从那里出发经商道亦思法杭—孙丹尼牙—帖必力思—特拉帕作斯—君土坦丁堡—热那亚运送货物,以此断绝威尼斯、埃及同印度的贸易。大约由于情况复杂,这一方案并能付诸实行。

伊利汗国的国内制度

伊利诸汗过着半游牧式的生活。一年中有一部分时间他们带着内宫和营帐（"斡耳朵"）住在京城（京城初为篾剌合，后为帖必力思，从十四世初为曾姜附近的孙丹尼牙），其他时间或者到夏营盘的游牧点（在山中），或者到冬营盘的游牧点（在草原上）。蒙古统治者——最初是大汗的地方官，而后成了伊利汗——保留了花剌子模沙国留下的官僚机构，用以为自己服务。伊利汗手下通常有一名被叫做"纳亦卜"（副手）的宰相，"纳亦卜"手下有自己的"底万"。财政方面的"底万"首领叫做"穆斯塔菲·马马里克"。如果这两职务由一个人担任，则叫做"撒希卜—底万"。几乎全部官僚机构均由伊朗人任职；官方语言是波斯语，间或也用畏吾儿语。苦思丁·穆罕默德·志费尼[①]是呼罗珊波斯家族的后裔，曾为塞尔柱王朝、花剌子模沙和蒙古人服务过，在最初三位伊利汗手下担任过20余年（1263～1284年）的"撒希卜—底万"，他的儿子、亲信遍布民事行政机构的各个上层。后来常常被提及的有名的百科知识学家兼历史学家拉施特丁·法兹拉拉哈，也曾在合赞汗和完者都汗手下担任过19年（1298～1317年）的宰相[②]。最初几位信仰多神教的伊利汗在对宗教少数派（基督教、佛教，阿鲁浑汗执政时期还有犹太教）实行庇护的同时，并不妨害他们对伊朗穆斯林行政机构的依赖。不过，伊利汗手下的波斯官吏们的地位总是那么不稳固。伊利汗（即使是明智有知识的合赞汗）的王宫也永远是互相对立的各派封建主（其参与者有蒙古人和畏吾儿人，突厥人和伊朗人）无

[①] 历史学家阿塔·篾力克·志费尼是他的胞弟。

[②] 名义上是第二宰相，实际上是整个内政、外交的领导人，整个国家机构的首脑；他的10个儿子都是各省的省长。

休止地玩弄阴谋、进行密谋、互相攻讦之地,结果就是接二连三的处决。最能说明问题的是,伊利汗的所有宰相(共 23 名)中,只有一名(塔术丁·阿里沙·吉拉尼)未遭处决,原因也还是猝然去世(死于 1324 年)①。宰相重臣效忠于伊利汗,帮助伊利诸汗压榨本国人民群众,同时也不忘为自己敛集钱财。但是他们一经处决,所敛集的钱财和建造的庄园便被充公,这对伊利诸汗来说自然是再好不过的事了。

伊利汗手下的封建主阶级由四大部分组成:(一)军事游牧贵族,主要是蒙古人和突厥人,他们是处于统治地位的政治集团;(二)省级定居贵族(包括伊利汗分封的附庸,及这些附庸之附庸)②;(三)行政官吏(官员),几乎清一色伊朗人;(四)高级宗教人士——穆斯林宗教人士,还有一些基督教人士(在外高加索和西部诸地区)③,他们不缴赋税④。

其中前两部分封建主,在史籍中被称做"阿赫勒—伊·沙姆希尔"(阿拉伯—波斯语,意即"执剑之人"),后两部分封建主被称做"阿赫勒—伊·卡拉姆"(阿拉伯—波斯语,意即"执笔之人")⑤。后两部分人对伊利汗为代表的强有力的中央政权和中央集权政策很感兴趣。对于这一政策,只要征服行动在继续进行,能够获得新的战利品和新的土地,蒙古—突厥军事游牧贵族也是支持的。但是,自从入侵叙利亚失利,军事征服行动停止之后,军事游牧贵族则开始竭力谋求封建独立。上面提到的前两部分封建主也变成了具有

① 拉施特丁能担任 19 年宰相,全在于他使尽一切手段,排斥或杀害对手的结果;而他本人最终也由互相倾轧的结果,在伊利汗不赛因在位的 1318 年 7 月 18 日被处死。
② 确切点说,是指蒙古人征服时期或征服之后保留下来未被消灭的那部分伊朗封建主。
③ 聂思脱里派最高主教在伊利汗手下(甚至在伊利汗信奉伊斯兰教之后)的地位十分荣耀。其府邸设在报达和篾剌合,但却常常出人于伊利汗王宫,不仅充当自己教派利益的代表人,还充当其他基督教派的代言人。
④ 纳速剌丁·徒昔论财政的文章(波斯文本,第 763 页)谈到免除穆斯林和基督教人士税赋问题。
⑤ 同上,第 756 页。

离心倾向亦即谋求封建割据的代表人物。如果说最初几位伊利汗在位期间汗权还是相当强有力的话,那么最后几位伊利汗[自阿不赛因·把阿秃儿汗(1316～1335 年)死后]则变成了互相对立的封建主集团手中的傀儡了。

各地区由宰相"底万"任命的伊利汗地方官吏进行管理①。在各个大小地区,凡有世袭的受封封建主("阿塔比","蔑力"),就在"蔑力"以下有中央派来的官员。这些官员一般为蒙古人,蒙语叫做"八思哈",阿拉伯语叫做"舍黑捏"。"八思哈"掌握一支蒙古军队②,监督地方上"蔑力"的行动,确保贡品和非常赋税的征牧工作。

军队(确切地讲是封建民团)基本上是由蒙古、突厥游牧诸部组成的。这些部落的全部男子都有义务服兵役。根据成吉思汗《大札撒》的规定,军队分做万户③、千户、百户和十户④。这些军事单位分别代表了游牧部落的组成部分,代表了家族和氏族;"千户"有卫拉特"千户"、速勒都思"千户"、札刺亦儿"千户"、克烈"千户"等等。这些组成部分的首领分别是土绵、千户、百户、十户异密(那颜、别乞)。定居的封建主附庸们的民团附属在这些游牧民士兵之下,他们的组织原则是:十户定居居民出一名士兵。骑兵是军队的

① 据哈姆达拉赫·卡兹维尼《努兹哈特·库鲁卜》记载,这样的地区共有 20 个;其中包括谷儿只与阿不哈兹("谷儿只斯坦·瓦·阿不哈兹")及鲁木(小亚细亚),但不包括其他附属地:特拉帕作斯、吉里吉亚和塞浦路斯。

② 也里("库儿特","库儿提德")的蔑力下属就经常有这样的"舍黑捏"。参阅赛菲:《塔里黑—纳美—伊·也里》,第 127 页及以下,第 274 页,277 页,367 页,595 页,624 页,784 页及以下。关于也里的蔑力,还可参阅伊·帕·彼特鲁舍夫斯基:《赛菲的著作是东呼罗珊史资料》,载《南土库曼综合考古队著作集》,第 5 卷,阿什哈巴德,1955 年。谷儿只皇帝下面也设有这样的"舍黑捏"。在拉施特丁致最后一位皮儿算端之子的信(《穆卡塔巴特—伊·拉施迪》,第 262—265 页,第 44 号)中,称之为"谷儿只斯坦地方官"。

③ 从拉伯化的蒙古—突厥语词"тюменъ"("土绵")——"万户",产生了俄语编年史中的"тъма"和"темник"——"万户长"。

④ 志费尼:《塔里黑—伊·扎罕古沙》,第 1 卷,第 213 页。

主要组成部分,步兵(定居居民组成)用于围困城堡。蒙古军队中还有一些专门技术设备[①]。战利品的分配原则与穆斯林军队的分配原则相同:五分之一归伊利汗及其家族,其余的战利品中骑兵所得是步兵的二倍[②]。

在十三世纪和十四世纪上半叶蒙古征服者上层人士中,可以看到有两种主张。关于这一问题,在弗·弗·巴托尔德和阿·尤·雅库鲍夫斯基的著作中有过一般的论述,在谢·帕·托尔斯托夫和我的著作中则做过比较详细的探讨[③]。第一种主张受到大部分蒙古游牧贵族和一部分突厥游牧贵族的支持。这是一些蒙古习俗和游牧传统的拥护者,他们仇视定居生活(成吉思汗《大札撒》中就干脆禁止过蒙古人向定居过渡)、农耕和城市。他们主张无限制地残暴地剥削定居农民和市民。他们在对待投降和不投降的定居民族方面,没有多大区别,他们认为前者和后者都是掠夺的对象,只不过掠夺方式不同而已:对前者使用重税的方式,对后者使用武器,通过攫取战利品的方式[④]。主张这一意见的人们不去管定居农民是否最终会破产,不去管农业是否能承担起沉重的赋税。

支持第二种主张的是一小批蒙古贵族——他们多数在汗帐和汗的私人庄院中任职,而主要支持者则是为汗服务的伊朗行政官员。他们极力主张建立一个具有强大汗权的中央集权大国,因而

[①] 比如,1220年在围攻你沙不儿时,蒙古人拥有弩弓3000,投石器30,大投石器100,攻城炮1000,投掷油罐装置1700,云梯4000,石头2500驴驮(赛菲,第60页)。

[②] 莫·米诺维,弗·米诺尔斯基:《纳速剌丁·徒昔论财政》,第736页。

[③] 弗·弗·巴托尔德:《突厥斯坦文化生活史》,塔什干,1922年,第39—42页;阿·尤·雅库鲍夫斯基:《帖木儿》,载《历史问题》,1946年,第8—9期,第48—52页;谢·帕·托尔斯托夫:《沿着古代花剌子模文明的足迹》,莫斯科—列宁格勒,1948年,第290页及以下;拉施特丁:《史集》,第1卷,第1册,莫斯科—列宁格勒,1952年,第12—19页;伊·帕·彼特鲁舍夫斯基:《……农业与土地关系》,第48—51页。

[④] 合赞汗在对异密们(蒙古军事贵族)的训话中一再强调指出要区分顺从的拉伊亚特和不顺从的拉伊亚特。参阅拉施特丁:《扎米阿特·塔瓦里黑》,波斯文本,第178页;俄文译本第271页。

主张限制蒙古—突厥游牧贵族的离心倾向、为所欲为和自作主张。为了达到这一目的,必须使汗权与伊朗封建上层互相靠拢,必须保护商人、保护商业和城市生活,必须恢复被蒙古征服者破坏了的生产力,首先是与农民缴纳赋税、出应徭役密切相关的农业。为中央政府国库定期提供一定数量税收的生产力不恢复,强大的的汗权即使以单个兀鲁思的形式也难维持下去。从志费尼、赛菲的记载和其它史籍来看,窝阔台大汗(1229～1241年)是这种主张的拥护者①。这种主张,在蒙哥大汗(1251～1259年)发布的限制农民和市民徭役期限和赋税数量的诏令中也得到了反映②。但是,由于蒙古军事贵族的反对,上述种种努力几乎未能取得任何效果。旭烈兀王朝③最初多半赞成第一种主张,虽则有时并不彻底。到合赞汗执政后,第二种主张才在旭烈兀王朝占了上风。

伊利汗国的封建关系

旭烈兀王朝国内封建土地和水(灌溉设施)的所有制范畴,仍维持着伊朗从前(七世纪至十一世纪之间)的那种情况:国有土地或曰底万所有土地("阿拉吉—伊·底万尼"),直接归国家所有,通过财政机关直接对农民进行剥削,封建地租和赋税是一致的④;西欧自有地式的私有土地(阿拉伯语为"米尔克"、"穆尔克",阿拉伯—波斯语为"阿尔巴比"),一种与公务无关的无条件土地所有制,土地可以自由继承、自由买卖;宗教慈善机关土地,不交赋税,不可收归国有(阿拉伯语为"瓦克夫",阿拉伯—波斯语为"阿拉

---

① 志费尼:《塔里黑—伊·扎罕古沙》,第1卷,第158—195页;赛菲:《塔里黑—纳美—伊·也里》,第94—109页(关于窝阔台不顾蒙古贵族的反对提议恢复也里城的记载)。
② 拉施特丁:《扎米阿特·塔瓦里赫》,第2卷,波斯文本,伯劳舍出版,第308—314页。
③ 除了接受伊斯兰教的脱忽达儿—阿合马汗(1282年—1284年)。
④ 关于这一点,请参阅卡·马克思:《资本论》,第3卷,第2部,莫斯科,1950年,第804页。

吉一伊·瓦克菲");国王伊利汗及其妻子①、宗王和国戚们的私有
庄园(阿拉伯语为"哈思",阿拉伯一波斯语为"阿拉吉一伊·哈
谢",蒙古为语"因主");封地(阿拉伯语为"伊克塔",字面意思是
"份地"),一种有条件的军事官员土地所有制,名义上没有继承权,
实际上早在塞尔柱王朝期间由于有了官职继承的习俗,这种土地
实质上也有了继承权②,征税权转给"伊克塔"的领有者(阿拉伯语
为"穆克塔",阿拉伯一波斯语为"伊克塔一达尔"),换言之,这种土
地(亦如"瓦克夫"土地那样)享有赋税豁免权(阿拉伯一波斯语为
"穆阿菲"),但不享有行政法律豁免权。

　　但是,上述各种所有制范畴的土地之间的相互关系在蒙古人
统治下都发生了变化。在蒙古人征服时期及征服后最后几十年
内,一部分古老的伊朗贵族被消灭,他们的土地被充公,因此国有
土地(底万土地)和国有庄园土地的份额与私有土地份额相比,一
开始要大的多③。后来,由于伊利诸汗将国有土地分给新的领有者
们——蒙古人、突厥人和为伊利汗服务的伊朗官员们,使他们享有
"伊克塔"或"穆尔克"的权利,国有土地的份额逐渐减少,私有土地
的份额重新增加(从十三世纪最后二十五年开始)。到十三世纪
末,伊利诸汗接受伊斯兰教之后,"瓦克夫"土地的份额也开始增加。

　　这一时期的显著特征是土地所有权都集中在大封建主手中。
土地集中过程是通过不同方式完成的:有权有势的人物通过购买、
豪夺或者争讼,从小土地所有者(特别是从那些在兵荒马乱之中丢
失了地契的人)手中取得土地,在得到底万准许的情况下购买国有

---

① 伊利汗通常有合法妻子四名,每个妻子都有自己的宫殿、院落,庄园和收入;至于妾则数目不限,他
　　们没有上述待遇。
② 关于封建土地所有制范畴的详情,可参阅阿·阿·阿里一扎德:《阿塞拜疆的社会经济和政治史》,
　　第 135—192 页;伊·帕·彼特鲁舍夫斯基:《农业与土地关系》,第 233 页。
③ 关于这一点,可参阅阿·阿,阿里一扎德:《伊利汗的土地政策》,载《阿塞拜疆加盟共和国科学院
　　历史所著作集》,第 1 卷,巴库,1947 年,第 5—23 页。

土地①,通过颁发小土地所有者对伊利汗、王子或宗教机构的依附证(阿拉伯语为"伊尔提扎")使土地集中,随着依附者的土地变成"因主"土地或者"瓦克夫"土地而造成土地的集中。

下面是几个有关封建土地有条件或无条件占有的显著例证。上面已经提到的撒希卜—底万苦思丁·穆罕默德·志费尼,利用自己的权势购买了4000万银第纳尔的土地("穆尔克"土地)②;按每个中等村落价值1万银第纳尔计算③,这笔款项可购买4000个村落。撒希卜—底万被处决(1284年)之后,他的全部土地和家产统统充公。拉施特丁任宰相19年,也购置过大量的"穆尔克"土地。此外,由于他写成了历史巨著,完者都汗从每个省中都赐给他两个村庄。从拉施特丁的遗书中还可看出④,他在全国各个省中共拥有12770"菲丹"⑤享"穆尔克"权的耕地,39000棵海枣树,许多果园和葡萄园⑥,数不清的由他任"穆塔瓦里"(监护人)的"瓦克夫"财产,以及在他生前即已分给儿女们享用的土地;另外,他有25万只羊,3万匹马,2千匹纯种阿拉伯马,1万峰骆驼,1万头牛,5万只家禽,3500万第纳尔现款⑦,其中只有250万存在他的金库中,其余的3250万第纳尔托付给"可靠的商人",也就是用于大型商队贸易投资⑧;商人们以商品——纺织品、皮货、毛皮、药材、香料归还他的

---

① 哈姆达拉赫·卡兹维尼(《塔里黑—扎·古吉德》,波斯文本,第485页)记载了将底万土地大批卖给"鲁木地区(小亚细亚)显要人物"(阿拉伯—波斯语为"阿尔巴卜—伊·马钠希卜")一事。

② 拉施特丁:《扎米阿特·塔瓦里黑》,波斯文本,第158页;俄文译本,第96页。

③ 参阅伊·帕·彼特鲁舍夫斯基:《农业和土地关系》,第253页。

④ 《穆卡塔巴特—伊·拉施迪》,第220—240页(第36号信)。

⑤ "菲丹"(阿拉伯语,波斯语同义词为"朱甫特")在这里是指牛耕季节中可以耕种的地块;"菲丹"的面积一般在0.4—24公顷之间,平均6公顷;拉施特丁共有水地约8万公顷。

⑥ 仅帖必力思附近两处这样的果园,就有男女奴隶1200人在其中劳动;参阅《穆卡塔巴特—伊拉施迪》,第52—53页(第17号信),第194—195页(第34号信)。

⑦ 合赞汗时代1第纳尔折合银子13克。

⑧ 《穆卡塔巴特—伊·拉施迪》,第238页(第36号信)。

股份利润①。还有,拉施特丁拥有由他建造的帖必力思附城——鲁卜伊·拉施迪("拉施特街坊"),那里据说有 3 万户(人家)②,24 处商队客栈,1500 个铺子,许多纺织、造纸、颜料作坊("卡尔哈涅")、浴池、制印厂、磨坊③,还有一处医院,一所有学生 1 万名的伊斯兰中等宗教学堂,几处清真寺,一所藏书 6 万册的图书馆④。同大商人接近并参与商队贸易,很能说明拉施特丁这个官僚贵族(民政机构)封建主经济活动的特点。

合赞汗的私人庄园,仅四个省就有 2 万"菲丹"亦即 12 万～14 万公顷水地⑤。伊利汗不赛因曾将法儿思的 100 个村庄赐给泄剌失哈的马扎丁·法里⑥。

总的说来,史籍中有关私人庄园中农民状况的记载不太多。值得注意的是,蒙古和突厥游牧封建主在得到伊利汗赐给的可耕土地后,在继续保持游牧和半游牧生活方式⑦的同时,成了定居农业居民的剥削者。农民的法律地位恶化了。且不说游牧封建主恣意狂为到何种程度,仅成吉思汗《大札撒》规定蒙古当局不时强选女子(亦即从父母手中抢来)一项就甚能说明问题。这些女子经过选择,最漂亮的被送进伊利汗和宗王的后宫,其他的充当万户长、千户长、百户长、十户长的奴仆⑧。这种做法是穆斯林法律中从未

---

① 同上,第 183—193 页(第 34 号信),282—287 页(第 47 号信)。

② 可能抄本有误;将"CE"(3000)误写为"CN"(30000)。

③《穆卡塔巴特—伊·拉施迪》,第 315—327 页(第 51 号信)。

④ 同上,第 236—237 页(第 36 号信)。关于拉施特丁所占土地和拥有家产的大致情况(数字、表格统计),见伊·帕·彼特鲁舍夫斯基:《拉施特丁的封建经济》,载《历史问题》,1951 年,第 4 期,第 87—104 页。

⑤《塔里黑—伊·瓦撒夫》,第 349 页。

⑥ 参阅《伊本·巴图塔游记》〔法文〕,第 2 卷,德弗列麦里—桑维内蒂编,第 61 页(阿拉伯原文与法文译文对照)。

⑦ 他们不可能放弃自己喜爱的游牧生活方式,因为他们的封地内没有自己耕种的土地,换言之,他们不进行生产活动,而只从供养人即农民土地上收取实物地租。

⑧ 志费尼:《塔里黑—伊·扎罕古沙》,第 1 卷,第 24 页。

有过的。

穆斯林法律从不承认封建附庸权和拥有农奴的权利。从法律上看，农民（阿拉伯语为"拉伊亚特"，复数为"拉阿亚"）在人格上是自由的。从实际情况看，由于农民受制于封建主的土地，而存在着农民对土地所有者的封建附庸关系。在十一世纪至十二世纪期间，国家曾赋于封建主（特别是占有"伊克塔"土地的封建主）以某些行政——警察职权。但是从七世纪至十二世纪的史籍中我们却查不到任何有关废止农民流动权利的命令。换言之，封建附庸关系并没有变成农奴状态这种形式。

伊朗和阿塞拜疆农民依附于土地的现象，是在蒙古人统治时期才确立下来的[①]。

上面已经谈到，蒙古人的入侵导致了伊朗和阿塞拜疆经济的深刻而普遍的衰落，居民人口的锐减，以及定居农业居民中劳动力和缴税者的减少。过去，农业居民稠密的地方水地不够耕种，无地农民甚多，土地所有者没有必要把农民——地块耕种者（用穆斯林法律术语来说，就是"永久的"或临时"纳租者"）固定在土地上。现在，恰恰相反，弃耕荒芜之地太多（据拉施特丁记载，许多省达可耕面积的十分之九）[②]，所以，封建国家和相当一部分封建主对于把农民固定在在籍之地，废除流动权利，强迫逃亡农民回到"祖居之地"甚感兴趣。当时逃亡农民很多，他们躲进山林草原中；过分沉重的赋税是导致农民大批逃亡的原因。而大批逃亡又导致伊利汗实行农奴化的政策。他们不必为此制定新的法律。他们只须向定居农

---

① 参阅伊·帕·彼特鲁舍夫斯基的如下著作：《论蒙古统治时代伊朗农民固定在土地上的问题》，载《历史问题》，1947年，第4期；《论十三世纪至十四世纪伊朗农民封建依附的形式问题》，载《苏联东方学》，1955年，第5期；《农业和土地关系》，第7章，第319—339页。我的观点得到了阿·尤·雅库鲍夫斯基的赞同，参阅《中亚分期问题》，载《物质文化史研究所简报》，莫斯科—列宁格勒，1949年，第28期，第41—42页。

② 拉施特丁：《扎米阿特·塔瓦里黑》，波斯文本，第557—558页；俄文译本，第320页。

业居民宣布成吉思汗《大札撒》中有关游牧民若脱离自己所在的千户和百户、离开自己的领袖和主人就将处以死罪的条款就可以了①。向定居民农民宣布《大札撒》中有关农奴化的条款,诚然不只是一项机械的行动,它是适应封建经济中出现的变化、军事封建上层②和国库的利益需要而产生的结果。将农民固定在在籍之地,显然与蒙哥大汗时代进行的居民户籍登记一事(1254年)有关。这一点,从合赞汗1303年的诏令中可以得到证明。

伊利汗国的税制

如上所述,伊朗和阿塞拜疆经济衰退的主要原因,除了征服时期的破坏和劫掠外,还有就是征服者实行的沉重的税收政策。这一政策使各地人民痛苦不堪,其中包括那些在被征服过程中很少遭到劫掠的地区如法儿思的人民在内。伊利汗的税制成了苏联和国外研究家的研究对象③。

蒙古人除了继续推行过去旧的税收法外,还增加了新的税收

---

① 在所有流传至今的《大札撒》版本中,都提到了这一条款,见弗·费·米诺尔斯基所译《叙利亚编年史》,收入格·瓦·维尔纳德斯基:《论〈大札撒〉的内容》一书(布鲁塞尔,1939年,第54页);《元史》,参见雅金夫〔尼·雅·俾丘林〕:《成吉思汗王朝最初四汗史》,圣彼得堡,1829年,第231页;志费尼《塔里黑—伊·扎罕古沙》,第1卷,第24页)写道:"另一条扎撒是,人们只能留在指定的千户、百户或十户内,不得转移到另一单位,也不得到别人那里寻求庇护。违反此令,迁移者当众被处死,收容者也要受严惩。举例说,即使是宗王,也不会让一个普通人在他队伍中避难,以免破坏这条扎撒"。

② 一部分封建主,多半是地方上的封建主,却恰好相反,十分乐意接纳逃亡农民,把他们安排在荒芜的土地上而不怕违犯法律。

③ 除了多桑那部著名的史著以及艾·卡特麦尔为拉施特丁《扎米阿特·塔瓦里赫》一书所做的注释(艾·卡特麦尔:《波斯文蒙古史》,第一卷,巴黎,1836年)外,还可参阅:弗·弗·巴托尔德:《马努切阿尼亚清真寺墙壁上的波斯文题词》,圣彼得堡,1911年;阿·阿·阿里—扎德:《十三世纪至十四世纪阿塞拜疆社会经济史》,第198—253页;伊·帕·彼特鲁舍夫斯基:《农业和土地关系》,第340—420页(第8章);弗·米诺尔斯基:《哈辛·阿黑—火欲鲁的御赐执照》〔英文〕,载《东方学院学报》,第9卷,第4期,1938年;弗·米诺尔斯基:《881年—1476年的法儿思》〔英文〕,载同上学报,第10卷,第1期,1939年;贝·斯普勒:《伊朗的蒙古人》〔德文〕,柏林,1955年,第309—335页;安·卜·斯·兰普顿:《波斯的地主和农民》〔英文〕,伦敦,1953年,第102—105页。

法。在一些地区,土地税("哈拉吉")依旧像从前(始于哈里发王朝时代)那样是主要的税收形式,有的以现金形式文付,有的以收成份额(五分之一,四分之一,三分之一,三分之二)这种实物形式支付①。从文献中可以看到,以实物形式缴纳"哈拉吉"的地区占绝对多数(商品货币经济比较发达的大城市周围的农区除外)。除了主要的"哈拉吉"("阿斯尔—伊·哈拉吉",阿拉伯—波斯语)外,还有一种数额为主要"哈拉吉"的十分之一②到十分之二③的补充"哈拉吉"(阿拉伯语为"法尔",字面意思是"枝叶")。另外一些地区,"哈拉吉"被蒙古人推行的"忽卜出儿"(蒙古语)新税法所取代④。游牧民征收的"忽卜出儿"原是一种按牲畜头数多少征收的税(每年每种牲畜一百头征收一头)⑤。后来征服伊朗和阿塞拜疆之后,蒙古人将"忽卜出儿"扩大到定居农民和市民之中,变成了人头税(向男子征收)。在未征服前,缴纳人头税(阿拉伯语为"吉兹亚")的只有非穆斯林人。现在,"吉兹亚"废除了,但是所有"拉伊亚特"不论宗教信仰如何,仍须缴纳更为沉重的"忽卜出儿"⑥。"忽卜出儿"须用货币交纳,税率常常变化,多半是依财政底万官员的随意想法而定的。在某些地区,人们既需缴纳"哈拉吉",又需缴纳"忽卜出儿"⑦。造成这种不同纳税形式的原因,目前尚不清楚。

---

① 哈姆达拉赫·卡兹维尼(《努兹哈特·库鲁卜》,第31页)记载说,苦法一带收成的三分之一归国家(赋税),三分之一归土地领有者(封建地租),三分之一归农民——土地耕种者("巴尔吉加尔")。

② 《塔里黑—伊·瓦塔夫》,第435页。

③ 米·米诺维,弗·米诺尔斯基:《纳速剌丁·徒昔论财政》,第792页。

④ 拉施特丁:《扎米阿特·塔瓦里黑》,波斯文本,第452—453页;俄文译本,第256页。波斯所辖伊朗(西北伊朗)和阿塞拜疆(伊朗所辖)也属于"忽卜出儿"通行地区。

⑤ 这里是说蒙古"忽卜出儿"的原始形式。

⑥ 米·米诺维,弗·米诺尔斯基:《纳速剌丁·徒昔论财政》,第763页。

⑦ 《塔里黑—伊·瓦撒夫》,第347页(关于法儿思);《穆卡塔巴特—伊·拉施迪》,第34页(第13号信件,关于亦思法杭一带的税赋);波斯诗人普尔—伊·巴哈也谈到过同时交纳"忽卜出儿"和"马尔"(这里是"哈拉吉"的同义语)两种税赋的情况。参阅弗·米诺尔斯基:《普尔—伊·巴哈,一篇蒙古颂诗》〔英文〕,载《东方学院学报》,第18卷,第2期,1955年,第175页,第11节诗。

除了主要的税——"哈拉吉"和"忽卜出儿",在十三世纪至十四世纪的文献中,我们共发现了 45 个税收名词术语;在后来的文献中也分别发现了 31 个和 27 个①。如果考虑到这些名词术语中有一些是同义词而略去不计的话,那么人们普遍缴纳的税目至少不会少于 20 种。其中只有 5 种是以穆斯林宗教法律("沙里阿特")为基础制定的,其他种种则是在此后不同年代逐步增加的(大部分是十世纪至十一世纪之间增加的)。到蒙古人时代,由于农业经济的普遍衰落和农民的贫困化,缴纳这些税变得更沉重起来。这里我们不可能一一对这些税赋作详细交待,只想谈谈其中最重要的几种:"非常"税(阿拉伯语为"阿瓦里兹"),实际上是一种经常缴纳的税②;军需税(波斯语为"塔合尔"),须缴纳谷物、酒、牲畜③;供养各种官员、驿使费用及其开销的一批赋税(阿拉伯语为"伊赫拉扎特")④;果园税⑤,等等。

实物徭役"比加尔"(波斯语)或曰"哈沙尔"(阿拉伯—波斯语)——集合农民为国家或地方上有封地的封建主修建灌溉工程,建筑宫殿、要塞等等,也相当沉重。服这种徭役时,农民要被赶到遥远的地方,自己花费"哈儿赤",有时可能被弄到破产的地步⑥。比如,哲西尔就曾有 2 万农民被集合起来去修建拉施特丁设计的引底格里斯河水进行灌溉的主干渠⑦。

有一种住宿徭役也给农民和市民带来了沉重的负担。这种徭

---

① 详情参阅伊·帕·彼特鲁舍夫斯基:《农业和土地关系》,第 359 页及以下。

② 同上,第 382 页。

③ 同上,第 394—396 页;阿·阿·阿里—扎德:《十三世纪至十四世纪阿塞拜疆社会经济史》,第 228—230 页。

④ 伊·帕·彼特鲁舍夫斯基:《农业和土地关系》,第 387—391 页。

⑤ 同上,第 387 页。

⑥ 同上,第 394—396 页;A·A·阿里—扎德,《十三世纪至十四世纪阿塞拜疆社会经济史》,第 228—230 页。

⑦ 《穆卡塔巴特—伊·拉施迪》,第 244—245 页(第 38 号信件);试与同上书,第 246—247 页(第 39 号信件,关于为修砌从幼发拉底河引出的"合赞主干渠"而向拉伊亚特征收税赋事)比较。

役就是农民和市民须将异密、驿使、官员和他们带领的奴仆接回家里进行招待。拉施特丁记载说："驿使住到哪个地方,那里的居民立即就要遭殃,因为他们(驿使)的奴隶和军事仆人立刻就会从房顶上跳进邻居的院子,用弓箭猎取鸽子、鸡群,有时甚至发生射中居民小孩儿的事件。他们一旦发现吃食、酒物和牲畜饲料,无论这些东西属谁所有,都要抢到自己手中。……他们把(人骑的和运货的)牲畜放到果木园,一天之内就把几十年中花费千般辛苦培植起来的果木园遭塌殆尽"①。驿站徭役(蒙语为"牙木")也令人苦不堪言。这是一种支应传邮牲畜("乌拉格")和人员的徭役。……拉施特丁说:"很难描述清楚,每年'拉伊亚特'(农民)、商人和其他人要出多少'乌拉格'——驴子,〔驿使〕要使多少'拉伊亚特'大伤脑筋,手忙脚乱啊"②。

拉伊亚特还背负着一项重负:为国家偿还向地方金库借的款项。国家向地方金库借的款项(向官宦人员和债权人)不是以货币偿还,而是以支票("巴拉特","哈瓦列")偿还,这些款项又转嫁到拉伊亚特身上③。此外,同一种赋税,每年征收两三次甚至更多,这类情况常常发生④。

对于市民来说,特别沉重的当是蒙古人向手工业和商业征收的赋税——"塔木合"⑤。"塔木合"的税率几达每件商品批发或零售价格的百分之十⑥。

但是,对这种税制最感沉重的还是农民。由于财政官员特别

① 拉施特丁:《扎米阿特·塔瓦里赫》,波斯文本,第460页;俄文译本,第260页。
② 同上,波斯文本,第556页;俄文译本,第319页。
③ 同上,波斯文本,第453—457页;俄文译本,第256—259页;志费尼:《塔里黑·扎罕古沙》,第2卷,第249页。
④ 拉施特丁:《扎米阿特·塔瓦里黑》,波斯文本,第453页;俄文译本,第256页。
⑤ 米·米诺维,弗·米诺尔斯基:《纳速剌丁·徒昔论财政》,第761页。
⑥《穆卡塔巴特—伊·拉施迪》,第33—34页(第13号信件)。

是包税人——或者是封建主(蒙古人和突厥人),或者是当地商人和高利贷者的恣意妄为,税制的份额越来越重。有些地区,农民被迫交出收成的百分之八十至九十以纳地租和税赋,还是完不成税租,经常有所拖欠。下面是拉施特丁对合赞汗改革之前的税收情况所做的一般描述:"当税官员下到某个地区,他们先找一个熟悉各家各户的泼皮,然后根据他的指点把隐藏起来的人们从角落、地下室、果园和残墙废垣中搜寻出来。如果逮不住男子,就把他们的妻子抓起来,像驱赶羊群一样把她们从一个地方赶到另一个地方,最后集中到税务官那里。税务官把他们双腿朝上吊在绳子上进行拷打;女人们的呻吟哀号声直冲云霄"①。

伊利汗国的农民斗争

农民阶级斗争的形式之一是从户籍所地逃亡(消极斗争)。这种情况在十三世纪末带有普遍性质。拉施特丁曾举过这样一个例子:耶兹德地方最大几个大土地所有者来到自己的庄园,却找不到一个农民——所有的农民都逃跑了,果园荒芜了。连影子也看不到了②。拉施特丁还写道:有一个大土地所有者来到耶兹德地方一处属他所有的村镇收租,既找不到村长,也找不到农民——人们统统逃亡了。但是他却看到几个收税人,他们带着税票,来这个村镇征收归自己征收的那份税赋。这帮家伙在草原上抓到三个隐藏起来的农民,把他们带回村子,用绳子吊起来进行拷问,让他们说出其他农民都藏到什么地方去了,然而却什么也没拷问出来③。在十三世纪至十四世纪交替时期,瓦撒夫在提到法儿思时这样写道:

---

① 拉施特丁:《扎米阿特·塔瓦里黑》,波斯文本,第 458 页;俄文译本,第 259 页。
② 同上,波斯文本,第 458—459 页;俄文译本,第 258—259 页。
③ 同上,波斯文本,第 460 页;俄文译本,第 260 页。这件事发生在 1292 年。

"这里一片荒凉","根本没有拉伊亚特"①。拉施特丁在写给担任起儿漫地方官的儿子马赫穆德的信中也说道,由于地方当局和军队的过错,农民逃亡带有普遍性质,因此他命令要让农民回到祖辈居住的地方,并答应三年不征赋税以示优待②。

　　逃进山林草原的农民自然要变消极反抗为积极反抗。到十三世纪八十年代至九十年代,当重赋引起的经济萧条达到极限之后,向伊利汗国及其封建上层发动游击战争的起义部队增加了。拉施特丁曾对这些队伍的活动情况作过描述。他把他们称做"强盗和小偷"(波斯语为"拉赫扎南·瓦·都兹丹"),"城市渣滓和蛆虫"(波斯—阿拉伯语为"鲁努德·瓦·阿乌巴什")。③ 从他的叙述中却可以看到,这些队伍是由破产农民、赤贫游牧民、逃亡奴隶以及城市贫民组成的。他们之中有塔吉克人④、库尔德人、罗耳人、舒尔人、阿拉伯人,甚而至于还有(赤贫的)蒙古人⑤。据拉施特丁说,这些"强盗"得到了社会下层的完全支持。村落里的一些居民"同他们串通一气,为他们担任向导"。游牧民的每个氏族中,定居农民中,甚至农村的村长中,都有"强盗"们的朋友和同志。这些人帮助他们,供给他们食品,把他们藏在自己家中,有时他们在那里做客可达一两个月时间。"强盗"们在城市设有"间谍"。"间谍"为他们报告"各色人等出城"的消息,以至那些下级地方政权人士不敢上达游击队的情况,害怕他们施行报复。相反,当地居民倒把地方军队的行动情况报告给游击队,于是常常发生这样的事:起义队伍将某个异密的驻地包围起来,把他掠夺一空。"强盗"们袭击商队时

①《塔里黑—伊·瓦撒夫》,第433页。

②《穆卡塔巴特—伊·拉施迪》,第11—12页(第5号信件)。

③ 拉施特丁:《扎米阿特·塔瓦里黑》,波斯文本,第486页;俄文译本,第276—277页。

④ "塔吉克人"这个词在当时指一切定居的伊朗人而言。参阅弗·弗·巴托尔德:《塔吉克》,原载《伊斯兰百科全书》,第4卷(还可参阅同时出版的法文版本和德文版本)。

⑤ 拉施特丁:《扎米阿特·塔瓦里黑》,第276—277页。

(他们事先就得到了商队行动的路线),每每高叫道:"我们跟一无所有或者钱财不多的人没事儿!"结果商队中的穷人和钱财不多之人便乖乖地走到一旁,"强盗"们朝那些贵族人士和富裕商人下手(商队中有没有这样的人,他们事先也会得到消息),抢了他们的钱财之后,把他们杀掉。在"强盗"们看来,这些人的钱财也如同蒙古军队和当局眼中农民的钱财一样,都是理所当然的战利品。一些起义者在居民中享有盛誉,如果他们有谁被逮住要处死时,人们就会愤怒地说:"怎么会处死这样的好汉!"①。从这段记载可以看出,这些人根本不是脱离社会、丧失阶级性的强盗团伙,而是反对压迫者的游击队。

当然,也并非所有的逃亡农民都躲进山林中。他们当中有许多人迁到蒙古游牧贵族影响较弱、封建剥削相对较轻的地区。如上所说,地方上的许多封建主(特别是南方)很愿意接纳逃亡农民。这些农民被安置在闲散的土地上。一些来自绿洲的农民,在大路旁设置了岗哨。一旦岗哨看到远处来了陌生人,就发出信号;其他农民马上钻进地下渠道或逃进沙漠之中②。

1295 年,在法儿思发生了一次大规模的农民和游牧民起义。起义的领导人是一个自称是麻合底的"赛德"舍里甫丁。他说,上天派他来地上建立正义的王国,为此"平民"("阿瓦米·安—纳斯")要起义③。1291 年,鲁尔游牧部落爆发起义,一度占领亦思法杭。农民和市民还参与了伊利汗分封的附庸们比如也里蔑力发动的推翻或剥弱蒙古人统治的斗争④。

---

① 整个故事见拉施特丁:《扎米阿特·塔瓦里黑》,波斯文本,第 486—490 页;俄文译本,第 276—279 页。

② 同上,波斯文本,第 458 页;俄文译本,第 259 页。

③ 关于这次起义,请参阅《塔里黑—伊·瓦撒夫》,第 191—192 页。

④ 这几次斗争招致伊利汗军于 1298 年、1306～1307 年和 1312～1313 年进行的讨伐战争,结果使也里及周围绿洲再次遭到毁灭。详情参阅赛菲:《塔里黑—纳美—伊·也里》,第 49—467 页,503—541 页,519—595 页。

合赞汗的改革①

国家十分严重的经济财政状况,农业和城市生活的疾剧衰退,普通蒙古士兵因不能按时领到粮饷而出现的抱怨②,所有这些都导致第七位伊利汗——合赞汗(马合木算端,1271～1304 年在位)大刀阔斧地改革内政:与穆斯林官僚贵族和宗教贵族(其中大部分是伊朗人)亲近,以谋求他们的积极支持;学习伊朗国家的某些传统。合赞汗接受了伊斯兰教,使伊斯兰教在销声匿迹多年(1220～1295 年)之后再次成为国教。合赞汗根据上面我们提到的所谓"第二种主张"这条政治路线,进行了一系列改革。任命拉施特丁(过去曾一度是合赞汗的宫廷医生兼史书编撰者)为第二宰相——实际上是第一大臣——就与此有关。从此,大约有 20 年的时间,国家政治的主宰权由不被合赞汗所信任并多次将其代表人物处死的蒙古—突厥军事游牧贵族手中转到伊朗官僚贵族(民政机构贵族)手中。拉施特丁,这位伊朗爱国人士③,视合赞汗为"伊斯兰教的皇帝"、"陛下、哈里发的庇护者、伊朗的'霍斯鲁'④和乞亚王朝⑤的继承人";他的政治纲领代表了伊朗官僚贵族的利益。弗·弗·巴托尔德当年曾对合赞汗的改革"出自一位历史学家之手"这件事不太相信⑥。如今,当拉施特丁的书信被发现和公布之后,拉施特丁是

---

① 关于合赞汗的社会政策与改革,参阅阿·伊·法林娜:《合赞汗的改革》,载《苏联科学院东方学研究所学报》,第 17 卷,1959 年,第 51—76 页;伊·帕·彼特鲁舍夫斯基:《农业和土地政策》,第 52—62 页,83—92 页,333 页—339 页;阿·阿·阿里—扎德:《十三世纪至十四世纪阿塞拜疆社会经济和政治史》。该书虽未辟专节探讨合赞汗的改革,但在各节中均谈到了这一问题。

② 确切点讲,是指实物补给品——马料("乌鲁饷")和"衣服"("扎马吉亚特",波斯语)。

③ 虽然他的祖父可能是个犹太人。

④ 萨珊王朝(226年—651 年)伊朗皇帝的古代王位称呼。

⑤《穆卡塔巴特—伊·拉施迪》,第 141 页(第 26 号信件)。乞亚王朝是传说中的伊朗古代王朝。

⑥ 弗·弗·巴托尔德:《评埃·伯劳舍的〈拉施特丁蒙古史序〉(1910)》,载《伊斯兰世界》,第 1 卷,圣彼得堡,1912 年,第 86 页。

这场改革的倡导者和推行者的看法,便不容怀疑了。确实,在《史集》一书中,这位历史学家只把自己及其他官员描绘成年轻的蒙古国君开明的国事计划的消极执行者。然而,这不过是这位喜弄权柄而企图永保自己在伊利汗宫的地位和影响的官僚的公开奉承而已。从拉施特丁的书信中我们可以确凿不疑地断定,合赞汗改革的基础正是这位历史学家的政治思想。他的政治思想包括如下几点:建立强大的中央政权并同部下特别是蒙古军事游牧贵族的离心倾向进行斗争,遏止这些人的胡作非为;振兴遭到破坏的经济,特别是农业;减轻市民和农民的赋税,改善他的生活状况,从而提高他们的纳税能力;整顿财政机构,制止财政官员滥用职权[①]。

详细阐述合赞汗改革不是本文的任务,因为它与成吉思汗的政策及其国家的建立毫无关系。我们只想提及以下几点。在合赞汗政治改革中最有意义的一项是关于实行"忽卜出儿"和"哈拉吉"新的征税法,其中明确规定了征收数目(在不同的地区或收现金,或收实物)。新税法虽然不能完全根除财政官员们在确定应当所交收成份额或在估计谷物成色时滥用职权的可能性,但毕竟可以有所限制[②]。其他最有意义的改革还有:废除国家以支票形式向地方金库提款并由农民偿还的制度[③],废止驿使、军官、民事官员住宿在拉伊亚特家中的做法[④];废止"乌拉格"(拉伊亚特为驿站提供马和驴)[⑤];在一部分城市里缩减一半"塔姆加"之数[⑥],在另一部分城市则完全废止[⑦];发布诏令允许人们(主要是封建主)占据荒废之

---

① 拉施特丁的政治思想在他的信件中随处均有表露。这些思想最为系统的表述参见他给儿子沙哈巴丁——胡济斯坦地方官的信,见《穆卡塔巴特—伊·拉施迪》,第 93—121 页(第 22 号信件)。

② 拉施特丁:《扎米阿特·塔瓦里黑》,波斯文本,第 446—447 页;俄文译本,第 264—270 页。

③ 同上,波斯文本,第 462—464 页;俄文译本,第 262—263 页。

④ 同上,波斯文本,第 463 页—567 页;俄文译本,第 324—326 页。

⑤ 同上,波斯文本,第 479—486 页;俄文译本,第 272—276 页。

⑥《穆卡塔巴特—伊·拉施迪》,第 33—34 页(第 13 号信件,关于亦思法杭问题)。

⑦ 同上,第 121—123 页(第 22 号信件,关于胡济斯坦城市问题)。

地,只要履行灌溉、居住和耕种的义务,即可享有较大优惠①;恢复合乎规律的货币流通制,稳定银币行市②;建立全国统一的度量衡制(据帖必力思衡制)③;对在官方作坊中作工而事先又交出自己的全部劳动产品的奴隶手工业者,实行代役租制④。

合赞汗时代大力兴修灌溉工程,对于恢复农业具有重大意义。拉施特丁记载说,合赞汗还下令从印度和其他国家运来果树和禾木科作物籽种,进行嫁接和栽培试验⑤。一部有关十四世纪初农业技术情况的无题著作的作者说,他就曾按照合赞汗的指示参加过这类试验⑥。

自然,所有这些措施都是为了振兴这个封建国家遭到破坏的经济,而不是为了农民的直接利益。赋税量现在虽被严格固定下来,但依旧很高。比如,从保存至今的当时胡济斯坦的一张税单看来,该地耕种底万土地(底万土地的税、租相符)的农民须向国家缴纳收成的百分之六十充当实物地租,而耕种私人土地("阿尔巴比",国家对这种土地只收税,封建主征收地租)的农民却只缴纳百分之十的实物地租⑦。合赞汗认为已经存在的这种将农民固定在土地上(固定在户籍所在地即农村,而不是固定在封建主名下)的做法是正确的,并且以三十年为限,要求把逃亡的农民寻找回来、

① 拉施特丁:《扎米阿特·塔瓦里黑》,波斯文本,第556—563页;俄文译本,第319—324页。
② 同上,波斯文本,第490—497页;俄文译本,第279—282页。拉施特丁认为,这次货币改革是"从未有过,最好不过"的一次。
③ 拉施特丁:《扎米阿特·塔瓦里黑》,波斯文本,第496—499页;俄文译本,第282—284页。
④ 同上,波斯文本,第542—545页;俄文译本,第311—313页。
⑤ 同上,波斯文本,第411—413页,第415页;俄文译本,第232—234页,第235页;《穆卡塔巴特—伊·拉施迪》,第175—183页(第33号信件),第244—245页(第38号信件)。第246—247页(第39号信件)。
⑥《乞塔卜—伊·伊尔姆—伊·法拉哈特·乌·吉拉·阿特》,影印本,波斯文本,纳吉马多乌列·阿布德—加法尔出版,德黑兰,回历1332年(1904年),第8页,11页,16页,19页,25页及以下,特别是第86页。
⑦《穆卡塔巴特—伊·拉施迪》,第121—123页;但是从税单上看来,除了土地税"哈拉吉"之外,胡济斯坦的其他税赋("塔姆加"等等)或者免去,或者有也不多。

安顿下来①。

　　合赞汗试图推行的是与封建主义发展普遍倾向相矛盾的中央集权政策。他的这种政策不可能彻底推行下去。在蒙古士兵的直接要求下,他不得不于 1303 年颁发向所有服役的蒙古人分配军事采邑("伊克塔")的诏令②。于是,整整一批地区③成了千户长亦即蒙古人部落首领(下辖千名士兵)的采邑。千户再用抓阄的办法把得到的采邑分给百户长,百户长用同样的办法分给十户长,而十户长再分给普通蒙古士兵,每个士兵由此便得到了一小块份地(一个村庄或村庄的一部分)及固定在份地上的农民。国家确认,士兵只要服役,对采邑就有继承权,采邑领有者享有赋税豁免权——国家所有应该征收的赋税,都转而由他们享用④。

　　对于合赞汗的改革,拉施特丁说对振兴伊朗经济具有巨大的影响作用,这显然是夸大之词。瓦撒夫对这场改革的评价用语比较平实。不过,这场改革促使部分灌溉网修复,农业产量在一定程度上有所提高,却是不容否定的。哈姆达拉赫·卡兹维尼地理著述中有关伊朗和阿塞拜疆(现属伊朗管辖的部分)许多地区的描述和其他若干史籍的记载,均可证明这一点⑤。据拉施特丁提供的资料表明,合赞汗时代中央底万的收入总额由 1700 万⑥银第纳尔增

---

① 拉施特丁:《扎米阿特·塔瓦里黑》,波斯文本,第 514 页;俄文译本,第 293 页。

② 蒙古人时代的"伊克塔"土地一直存在到 1303 年诏令颁发之前。关于"伊克塔"土地,志费尼史曾有过记载(《塔里黑—伊·扎罕古沙》,第 1 卷,第 24 页,第 2 卷,第 66 页);普通士兵群众应得的"饲料"("乌鲁菲")和服装("扎马吉亚特")不能按时领到,有一部分还被军事底万官员剋扣掉。

③ 据拉施特丁(《扎米阿特·塔瓦里黑》,波斯文本第 510 页。俄文译本,第 291 页)记载,在合赞汗时代,以"伊克塔"为名,"从阿姆河到米斯儿边境"(埃及),到处分放土地(从底万土地和"主因"土地之中)。哈姆达拉赫·卡兹维尼在对失儿湾、阿塞拜疆(伊朗辖下)和呼罗珊进行描述时,也谈到过"伊克塔"的范围问题(《努兹哈特·库鲁卜》,第 82 页,92 页,93 页,147 页)。

④ 关于军事采邑的诏令原文,可参阅《扎米阿特·塔瓦里黑》,波斯文本,第 511—517 页;俄文译本,第 292—295 页。

⑤ 详情可参阅伊·帕·彼特鲁舍夫斯基:《农业和土地关系》,第 83—113 页。该文还附所引资料来源。

⑥ 据瓦撒夫记载(《塔里黑—伊·瓦撒夫》,第 271 页),约 1800 万第纳尔。

加到 2100 万第纳尔[①]。但是,就全国经济而言,仍然远未达到十三世纪初的水平。详细情况不再引述,这里只谈一点。据哈姆达拉赫·卡兹维尼提供的数字来看,上述地区在蒙古人入侵之前的税收总额折合成伊利汗时代的货币单位为 10058 万第纳尔,这就是说,当是合赞汗时代的五倍多。还有许多地区,蒙古人入侵之前的是税收总额是合赞汗时代的十倍多[②]。

伊利汗国的衰落

合赞汗的改革没有持续多长时间。这场改革只能延缓而不能防止这个国家的衰落。完者都汗死后(1316 年),蒙古政权又渐渐退回到合赞汗之前的境地之中。到 1318 年左右,历史学家瓦撒夫就指出,法儿思的税赋又出现新的增长趋势[③]。城市和商品生产的衰落[④],各地区之间经济联系的削弱,采邑制和税收豁免权的盛行,伊利汗附庸们(有蒙古人,也有地方上的人士)离心倾向的加剧[⑤],所有这些都促使封建割据进一步发展,为这个国家的衰败准备了条件。不赛因·把阿秃儿汗(1316~1335 年)是全国承认的最后一个伊利汗。他死后,就再没有统一的汗了;全国成了几个封建主集团(其中既有蒙古人,又有依附于他们的伊朗人)争权夺利、进行内

[①]《努兹哈特·库鲁卜》,第 27 页(不包括东部各地和里海沿岸各地;这两处的税收不缴中央底万,而供地方花销)。

[②] 请参阅我根据《努兹哈特·库鲁卜》编制的蒙古人之前时代与 1335 年至 1340 年时期税收比较表(伊·帕·彼特鲁舍夫斯基:《农业和土地关系》,第 96—99 页)。

[③]《塔里黑—伊·瓦撒夫》,第 600—635 页。

[④] 本文中,我们不可能对伊利汗时代的城市体况进行探讨。某些材料可参阅伊·帕·彼特鲁舍夫斯基:《旭烈兀国的城市贵族》,载《苏联东方学》,第 5 卷,莫斯科—列宁格勒,1948 年,第 85—110 页。

[⑤] 据哈姆达拉赫·卡兹维尼记载,在 1335 年至 1349 年期间,中央底万的每年税收额不及合赞汗时代的一半之数(《努兹哈特·库鲁卜》,第 27 页)。

讧的战场。各地纷纷拥立成吉思汗的后裔充当傀儡式的伊利汗。这场争斗从1335年延续到1353年,最后以旭烈兀国分裂成若干独立国家而告终。这些各自独立的国家有的由蒙古人(但已不是成吉思汗后裔)当政,有的则由突厥人或伊朗人当政。

　　不赛因死后掀起的人民解放起义新浪潮,也是促使旭烈兀国崩溃的重要原因之一。其中最大的起义有呼罗珊萨尔巴达尔人的起义(1337～1381年)和里海沿岸地区的起义(十四世纪50年代至70年代)。这些起义当需另文探讨,我们这里不可能再作详细分析①。我们只想指出一点:占据古儿干一带的最后一个伊利汗——图格·帖木儿汗,就是被萨尔巴达尔人起义者于回历752年"朱尔卡迪"月16日(1353年12月13日)攻破其宫殿而灭亡的。这一日期也就是旭烈兀王朝伊利汗国最后残余复灭的日子。

---

① 详情请参见伊·帕·彼特鲁舍夫斯基:《农业和土地关系》,第403—471页(第9章);伊·帕·彼特鲁舍夫斯基:《呼罗珊萨尔巴达人的运动》,载《苏联科学院东方学研究所学报》,第14卷,莫斯科,1956年(波斯译文见伊·帕·彼特鲁舍夫斯基:《纳赫扎特—伊·萨尔巴达兰·达尔·呼罗珊》,"法儿罕—伊·伊朗·扎明"出版,德黑兰,1962年);弗·弗·巴托尔德:《里海各地在穆斯林世界的地位》,巴库,1925年,第82—84页,弗·弗·巴托尔德:《撒麻耳干1395年的人民运动》,载《俄国考古学会东部分会学报》,第17卷,1906年;留·弗·斯特罗耶娃:《撒麻耳干的谢尔别达尔人》,载《列宁格勒大学学报》,第98期,东方学类,第1辑,1949年。

编译者后记

我在 2010 年出版的《西方的蒙古学研究（二十世纪五十年代至九十年代中期）》"译后记"中曾写道："照现在的身体和视力状况来看，这也许是我的最后一部译作了。"不料，四年之后，当我步履开始蹒跚、视力严重模糊之时，竟又为读者献上这本编译之作，实属意外。

这本编译之作得以出版，功劳当归内蒙古人民出版社选题策划中心的樊志强同志。2013 年冬有一天，志强同志造访我家，谈及人民出版社准备出版一套国外蒙古史著作的汉译本，拟收入我已出版过的《蒙古史学史》中。我告诉他，《蒙古史学史》的再版工作一年前我已委托我的外甥——中国人民大学魏坚教授处理，不便再交内蒙古人民出版社，我手头还有一批译稿，似可经过修订以编译本形式汇集出版。这批译稿是我大约 20 年前在内蒙古大学蒙古史研究所《蒙古史研究参考资料》、内蒙古社会科学院历史研究所《蒙古史研究通讯》、内蒙古社会科学院情报研究所《蒙古学资料与情报》上分别发表过的原苏联历史学家有关蒙古西征史的论文译文。他带走译稿，大约一个月之后回复我，说我提供的译稿已列入内蒙古人民出版社的选题计划。2004 年春节过后，我们再次见面，确定了书名《蒙古西征研究》，商定了编辑和出版细节。我的修订工作随之开始，6 月始告结束。

《蒙古西征研究》共收入 7 篇文章，分别记述了蒙古征服东突厥斯坦（西辽）、花剌子模、阿富汗、亚美尼亚、俄罗斯、中东欧、伊朗和阿塞拜疆的全过程。这些文章，我译自原苏联科学院东方学研究所 1977 年出版的论文集《鞑靼－蒙古人在亚洲和欧洲》（莫斯科，科学出版社）。说起这本论文集在苏联的出版，还颇有一些来头。其中既有中苏交恶的因素，又有中苏学者的论争。事情是这样的。1962 年，我国史学界隆重纪念成吉思汗诞辰八百周年。蒙古历史学家韩儒林、周良霄、杨志玖等在《历史研究》、《历史教学》等杂志上发表《论成吉思汗》、《关于成吉思汗》、《关于成吉思汗的历史地位》等论文，对成吉思汗的历史功过和在中国历史上的地位进行了全面论述，并指出：元朝时代是中国大一统时代，元朝时代大大增强了中国与西方诸国的交往。在中苏交恶的大背景下，苏联史学家从他们对成吉思汗的一贯立场出发，由一些史学家出面，在同年的苏联杂志《历史问题》和《苏联历史》上发表《成吉思汗》和《成吉思汗及其遗产》等文章，针对我国史学家的上述论文展开论争。他们在论争中主要强调了两点：蒙古征服给被征服民族带来极大灾难；蒙古统治使被统治国家出现历史倒退。此后，苏联有关方面组织专治亚欧中世纪史的学者们分别就成吉思汗及其继承人征服亚洲和欧洲各国的情况撰写专题论文，进一步强化上述观点。10 年之后，苏联科学出版社将这批论文结集出版，时在 1972 年。又过了五年，在 1977 年，该书修订再版。这部论文集共收入文章 20 余篇，我当初只翻译了其中涉及蒙古西征的文章，依据的是 1977 年的再版本。

这次出版时，我对译文进行了修订和编辑。我的工作主要集中在以下几个方面：更改了文章标题，使其更加醒目；为每篇文章编写了题记，在题记中对文章作者和引用材料做了简要介绍；对每篇文章进行了必要的编辑和删节。这里，我要特别声明：由于文章出自原苏联历史学家之手，我本人蒙古史知识又很有限，文中很多地方便不敢妄加改动，加之有关蒙古大军屠城的记载简直改不甚改,因此尽管经编辑和删节,翻译痕迹依旧十分明显。我建议对蒙古西征感兴趣的读者和学者,在阅读本书时,请跳开那些自己不感兴趣甚至反感的字句,而获取那些有关蒙古西征的有用材料。

在这部《蒙古西征研究》即将与读者见面之际,我既存感激之情,又怀兴奋之意。感激的是本书的出版者内蒙古人民出版出版和本书的策划者兼编辑者樊志强同志。兴奋的是在我与读者告别四年之后又有机会献上一部书。看来,我原以为不再出书的情况可能有变。也许,我还会有新书呈献给读者。对我来说,能出新书,毕竟是件好事。

陈弘法

2014 年 6 月